Découvrez l'histoire par les archives de presse

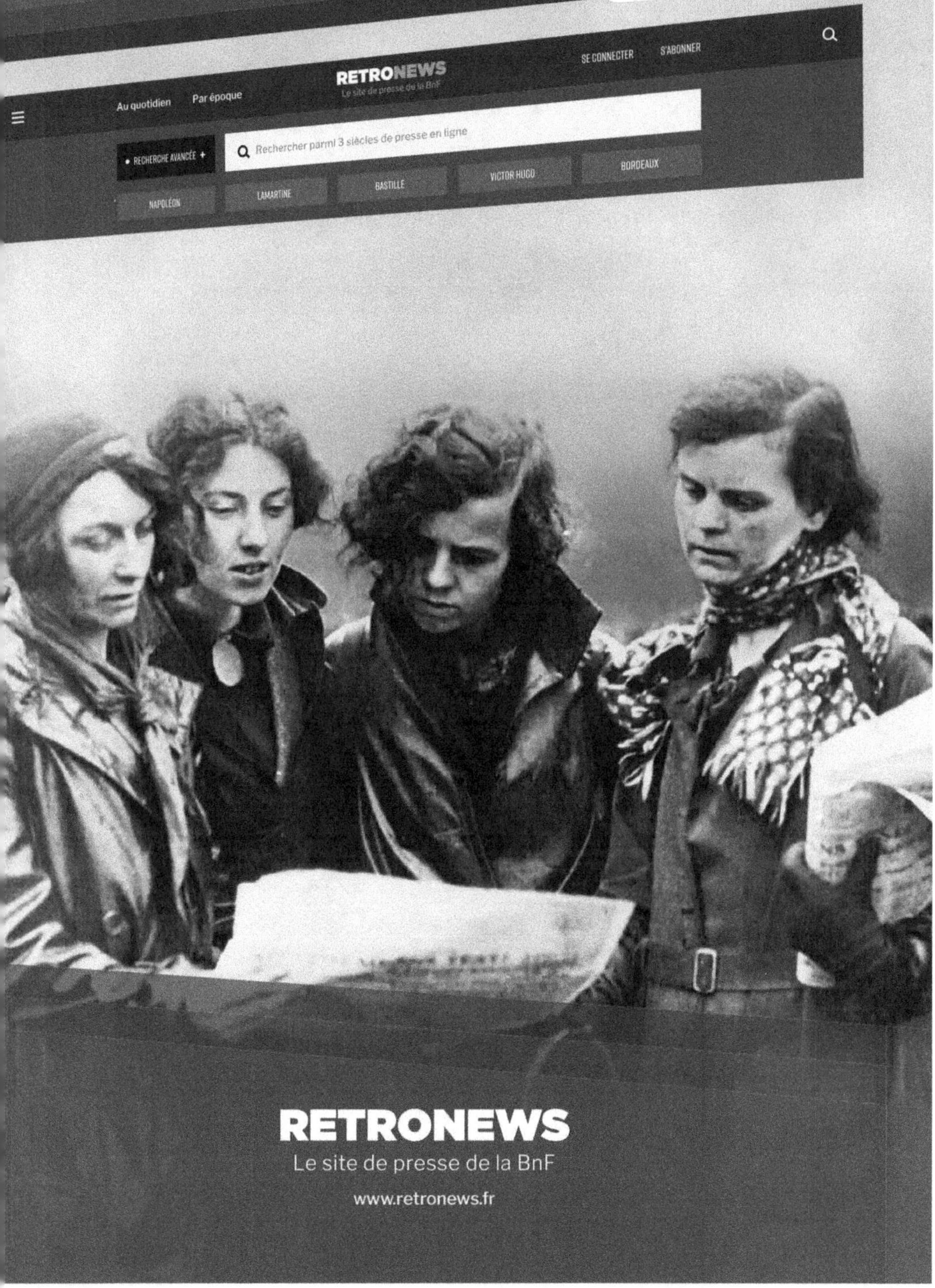

RETRONEWS

Le site de presse de la BnF

www.retronews.fr

BULLETINS

DE LA

SOCIÉTE DES ANTIQUAIRES

DE PICARDIE

Tome XXVIII — 1917-19

PARIS

Auguste PICARD, Libraire-Éditeur, 82, rue Bonaparte

AMIENS

Imprimerie YVERT & TELLIER, 77, Rue des Jacobins et 52, Rue des Trois Cailloux

1920

BULLETIN TRIMESTRIEL

DE LA

SOCIÉTÉ DES ANTIQUAIRES

DE PICARDIE

Année 1917. — 1er Trimestre

AMIENS

IMPRIMERIE YVERT & TELLIER

37, Rue des Jacobins et 52, Rue des Trois-Cailloux

1917

SOMMAIRE

PUBLICATIONS

DE LA SOCIÉTÉ DES ANTIQUAIRES DE PICARDIE

Prix fixés pour les Membres de la Société

Les volumes non indiqués sont épuisés

Mémoires in-8°

Tome II, 1839	3 »
Tome IX, 1848	3 »
Tome X, 1850	3 »
Tome XIII, 1854	3 »
Tomes XV à XXX inclusivement, 1856-1889. Le vol.	3 »
Tome XXXII, 1894	3 »
Tomes XXXV à XXXVIII, 1908 à 1916. Le vol.	3 »

BULLETINS

DE LA

SOCIÉTÉ DES ANTIQUAIRES

DE PICARDIE

BULLETINS

DE LA

SOCIÉTE DES ANTIQUAIRES

DE PICARDIE

Tome XXVIII — 1917-19

PARIS

Auguste PICARD, Libraire-Éditeur, 82, rue Bonaparte

AMIENS

Imprimerie YVERT & TELLIER, 37, Rue des Jacobins et 52, Rue des Trois-Cailloux

1920

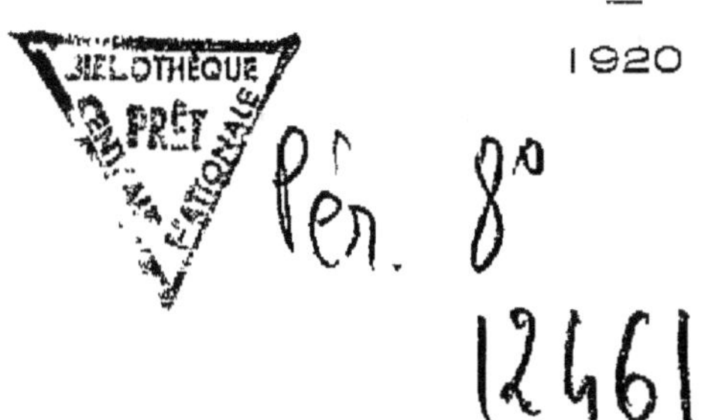

BULLETIN

DE LA

SOCIÉTÉ DES ANTIQUAIRES

DE PICARDIE

Année 1917. — 1ᵉʳ Trimestre.

Séance ordinaire du 9 Janvier 1917

Présidence de Mgr Mantel, Président.

Sont présents : MM. l'abbé Cardon, Collombier, M. Cosserat, P. Cosserat, Dubois, Durand, de Guyencourt, Ledieu, Mgr Mantel, l'abbé Rohault, Roux, Thorel et de Witasse.

MM. Brandicourt et Florisoone s'excusent de ne pouvoir assister à la séance.

Correspondance. — La Société Académique de Boulogne-sur-Mer proteste contre la rafle des vieux papiers actuellement pratiquée, car elle cause la destruction de documents précieux.

— A l'occasion de la nouvelle année, Mme Dupont transmet les vœux de son mari, toujours prisonnier en Allemagne.

Chronique. — Depuis sa dernière réunion, la Société a eu le malheur de perdre l'un de ses membres non-résidants, M. Georges Tattegrain, admis le 11 Avril 1899. — M. Tattegrain, membre de l'Académie d'Amiens, était un sculpteur distingué et un fin lettré ; c'était surtout un homme parfaitement aimable.

— On a appris, par les journaux, la découverte d'un cimetière ancien à Montdidier. — Le peu de renseignements que l'on possède à ce sujet permet pourtant de supposer qu'il s'agit d'un cimetière paroissial abandonné.

— Les Antiquaires de Picardie adressent leurs félicitations à M. le Vte de Bonnault, maire de Mérélessart et membre de la Société, qui vient de mériter une glorieuse citation militaire.

— De chaleureux remerciements sont adressés à M. G. Antoine, ancien maire d'Amiens, qui, en qualité d'architecte, a bien voulu diriger et surveiller la reconstruction de la façade de la maison offerte par M. Hubault à la Société.

Administration. — A cause des circonstances, les membres de toutes les Commissions sont prorogés dans leurs fonctions.

— L'Ordre du jour prévoit l'installation du

Bureau qui doit siéger pendant l'année 1917. A cette occasion Mgr Mantel, président, prononce les paroles suivantes :

Messieurs,

« La situation restant *inchangée*, il en sera de même pour notre bureau en 1917. » C'est en ces termes, ou en termes équivalents, que, à votre dernière séance, vous avez décidé de proroger nos pouvoirs.

Vous avez ajouté, Messieurs, que, d'ailleurs, les Membres du Bureau acceptaient pour douze nouveaux mois la charge qu'ils avaient déjà remplie ces quatre dernières années. Eh ! Messieurs, comment aurions-nous refusé un honneur qui. sans mettre notre modestie à l'épreuve, puisqu'il est uniquement dû à la prolongation de la guerre. n'en est pas moins très flatteur. Veuillez même, Messieurs, pour cet honneur sans précédent dans les Annales de la Société des Antiquaires de Picardie, recevoir nos plus sincères remerciements.

Je viens d'employer, Messieurs, les mots « pouvoirs » et « charge », puis celui d' « honneur » ; c'est « plaisir » que j'aurais du dire : nul mot, en effet, ne rend mieux ma pensée, n'exprime mieux le sentiment que j'éprouve quand je viens ici présider une réunion de collègues si distingués, si courtois, si aimables.

Je n'en déplore pas moins avec vous, Messieurs, la raison qui vous a déterminés à maintenir le *statu quo ante :* la trop longue durée d'une guerre qui désole en ce moment presque tout l'univers civilisé. Je ne vous parlerai pas des effroyables hécatombes qui.

ont jeté le deuil dans tant de malheureuses familles, je passerai même sous silence une question qui pourtant ne peut laisser indifférente une Société d'antiquaires, je veux dire la destruction inutile et sauvage de tant de chefs-d'œuvre de l'art ancien dont s'enorgueillissaient la grande et la petite Patrie : J'aime mieux, avec vous, Messieurs, faire des vœux, des vœux ardents, pour la prompte cessation des hostilités. La paix! comme nous la désirons! Non pas, certes, la paix telle que nos ennemis viennent de nous l'offrir, non pas une paix qui laisserait invengées les souffrances de tant de nobles mutilés, la mort de tant de héros, les ruines accumulées dans les pays envahis, mais une paix glorieuse, après la victoire du droit et de l'humanité sur le crime et la barbarie. Tel est, Messieurs, mon premier souhait pour l'année 1917.

Mon deuxième sera de vous voir apporter à nos séances mensuelles une quantité toujours croissante de communications et de travaux. Plusieurs de nos collègues, aussitôt après avoir demandé la parole pour une communication, commencent par s'excuser, et, comme pour se faire pardonner leur audace, annoncent qu'ils ne retiendront pas longtemps notre attention ! Quelle erreur, Messieurs ! Mais vous avez tous le goût des choses anciennes, vous lisez beaucoup ; pourquoi donc ne nous donneriez-vous pas un résumé, et même un long résumé de vos lectures ? Nous y gagnerions tous et nos séances n'en seraient que plus intéressantes.

C'est que vraiment, Messieurs, notre bilan de 1916 est bien léger : deux études de l'infatigable M. Octave Thorel, l'une sur les « Quatre abeuzes », l'autre sur

le bâton fleuri de saint Joseph ; une autre étude de
M. Amédée de Francqueville sur quelques enseignes en
fer forgé ; une quatrième de M. Hackspill sur la
pierre tombale de Clément de Longroy, chevalier du
xiv° siècle, et c'est tout ! Sans doute vous avez entendu, hélas ! la lecture des notices nécrologiques de
trois de nos collègues : MM. de Calonne, de Puisieux
et Henry Antoine, sans compter le discours prononcé
par votre président aux obsèques de M. Demailly ;
mais puissions-nous, en 1917, n'avoir à rédiger aucune notice nécrologique, à prononcer aucun discours
funèbre !

Notre champ d'ailleurs reste assez vaste ! Et les
modèles ne nous manquent pas ; nous en trouvons
jusque dans l'un des personnages qui jadis, étaient
Membres d'honneur de notre Société et dont d'ailleurs nul ne peut dire qu'ils ne le sont plus ! A ce
titre, je me permets de faire honneur à notre Société
de la belle et si intéressante étude de Mgr de la
Villerabel, évêque d'Amiens, sur Sᵗ Geoffroy ; c'est
ce que, actuellement, nous possédons de plus complet sur ce personnage curieux et très insuffisamment
connu.

Il ne me reste plus, Messieurs, qu'à vous adresser
mes vœux de santé et de bonheur pour l'année qui
commence. C'est de tout cœur que je vous les adresse
et que je prie Dieu de les exaucer !

Travaux. — M. Thorel lit une note pleine
d'intérêt sur une plaque de cheminée datée de
1632. Cette plaque, de provenance inconnue, fut
recueillie à Amiens et porte deux inscriptions.

A droite on lit : « Fortes crux sola coronat », et à
gauche : « Joan. Manel, prior de Rivo ». Au centre
est un écusson timbré d'un chapeau épiscopal.
M. Charpentier, dans son ouvrage sur « les plaques de cheminées », en publie une qui paraît la
réplique de celle d'Amiens. Même millésime,
mêmes légendes, mêmes défauts, il n'y a que le
blason qui diffère, et qui, sur celle décrite par
M. Thorel, porte trois écus fleurdelisés et couronnés, posés 2 en chef, 1 en pointe.

— Après cette communication, la séance est
levée à 3 heures.

Présidence de Mgr MANTEL, Président.

Sont présents : MM. Brandicourt, l'abbé Cardon,
Collombier, P. Cosserat, Dubois, Durand, de
Guyencourt, Ledieu, Mgr Mantel, Milvoy, l'abbé
Rohault, Roux, Thorel et de Witasse.

M. Maurice Cosserat s'excuse de ne pouvoir
assister à la séance.

Correspondance. — M. Hackspill adresse une
note relative à la belle pierre tombale de François
de Riencourt, conservée au château de Tailly.

— M. Dupont envoie d'Allemagne ses souhaits de bonne année.

— M. Cl. Brunel annonce que l'impression de son Catalogue des manuscrits de la Bibliothèque des Antiquaires de Picardie est commencée.

Ouvrages signalés. — On remarque dans le fascicule de la « Gazette des Beaux-Arts », publié en Décembre 1916, une étude sur « la décoration des buffets d'orgue aux xve et xvie siècles », par M. G. Servières, où est représenté celui de Notre-Dame d'Amiens.

— La Société vient aussi d'acquérir un petit volume assez rare, imprimé à Amiens, chez G. le Bel, en 1701, et présentant quelque intérêt local. Cet ouvrage est intitulé : « Règles et constitutions des religieuses de l'Hostel-Dieu de Saint-Riquier ».

Chronique. — Les Antiquaires de Picardie ont été heureux d'apprendre la glorieuse citation méritée par M. Ph. des Forts, leur collègue.

— Un document photographique, d'origine allemande, publié dernièrement par un journal parisien, semble prouver que la belle église Saint-Jean, à Péronne, est absolument ruinée. Par contre, la vénérable église de Nesle aurait, dit-on, peu souffert des effets de la guerre.

— La Société a fait une nouvelle perte très douloureuse en la personne de M. le chanoine

Quignon, décédé le 8 Février, et membre non-résidant depuis le 14 Juin 1898.

Administration. — M. Milvoy annonce qu'il s'occupe activement de la publication des dessins des frères Duthoit conservés au musée d'Amiens. Il est décidé que cette collection sera intégralement reproduite, mais en commençant par ce qui concerne spécialement l'arrondissement de Péronne.

— L'ordre du jour prévoit le rapport annuel de M. le Trésorier sur les finances de la Société. Il résulte de cet exposé, que, pour les Antiquaires de Picardie, malgré la gravité des événements, la situation reste très satisfaisante. Mgr Mantel, président, adresse donc de chaleureux remerciements à M. Ledieu, trésorier, qui a su, grâce à une sage administration et malgré les frais considérables occasionnés par la reconstruction de la façade donnée par M. Hubault, maintenir la fortune de la Société dans un état prospère, sans même avoir recours aux cotisations de ses Membres. — MM. Collombier, M. Cosserat et Roux sont désignés pour former la Commission chargée de la révision des comptes de la Société.

Travaux. — M. Durand lit une étude très documentée, que l'on trouvera dans ce Bulletin, sur le sculpteur amiénois Antoine Anquier, puis la séance est levée à 3 h. 1/4.

Séance ordinaire du 13 Mars 1917.
Présidence de Mgr MANTEL, Président.

Sont présents : MM. l'abbé Cardon, Collombier, M. Cosserat, Dubois, Durand, de Francqueville, Ledieu, Mgr Mantel, Michel, l'abbé Rohault, Roux, Thorel et de Witasse.

MM. Brandicourt, P. Cosserat, de Guyencourt et l'abbé Leroy se font excuser.

Ouvrages signalés. — La Société vient d'acquérir le « Catalogue de l'Exposition d'architecture régionale dans les provinces envahies, (Janvier-Février 1917) », publication qui se recommande par ses nombreuses illustrations dont plusieurs intéressent la Picardie.

— Les 4e et 5e livraisons de la « Bibliothèque de l'Ecole des Chartes (Juillet-Octobre 1916). » contiennent une note élogieuse de M. G. Lardé, sur le tome II des documents inédits relatifs à Amiens, publiés par M. Maugis, dans les mémoires in-4° de la Société.

— M. G. Durand veut bien offrir aux Antiquaires de Picardie, qui l'en remercient, un exemplaire de la 2e édition du « Guide à Saint-Riquier » nouvellement publié.

Administration. — M. Roux communique le rapport de la Commission des finances sur les

comptes de la Société pendant l'année 1916 et sur
le budget de 1917. Toutes les conclusions en sont
adoptées et la Société adresse de nouveaux remerciements à son trésorier, à la Commission des
finances et à son rapporteur. Sur la proposition
de M. Ledieu, il est décidé que les fonds dont on
pourra disposer seront spécialement consacrés à
développer les publications, parmi lesquelles l'édition des dessins des frères Duthoit tiendra la
place principale. La Société, dans les limites de
ses moyens, contribuera aussi le plus possible à
la restauration des monuments ruinés par la
guerre.

Après la cessation des hostilités, la Société
devra encore étudier dans quelle mesure elle
pourra remplacer celles de ses publications qui
ont été détruites dans les Bibliothèques publiques
ou privées.

— A partir du mois d'Avril, les séances mensuelles se tiendront à 5 heures du soir.

Travaux. — M. Thorel étudie une monnaie
des Innocents d'Amiens, datée de 1552. Avec
beaucoup d'ingéniosité, il donne, dans cette note,
de copieuses explications des légendes et des
objets figurés sur cette pièce, où ils constituent
sans doute un rébus picard.

— M. Pierre Dubois signale ensuite d'intéressantes boiseries sculptées dans le style en
faveur sous Louis XV et Louis XVI. Elles se

trouvent dans la maison qui porte le n° 61 de la place du Marché Lanselles à Amiens, et se composent de plusieurs panneaux et de l'encadrement d'un dessus de cheminée. M. Dubois demande s'il ne conviendrait pas de conserver au Musée de Picardie quelques spécimens de la sculpture décorative amiénoise du xviiie siècle, qui deviennent de plus en plus rares. Leur beauté s'explique par la prospérité qui régnait alors à Amiens.

— Enfin M. l'abbé Cardon fait une lecture au sujet des registres paroissiaux, et attire l'attention sur les renseignements précieux pour l'histoire locale qu'on peut y trouver. Il en donne comme preuve un extrait du registre paroissial d'Onvillers, au doyenné de Montdidier. Après cette communication la séance est levée à 3 h. 1/2.

LA BAGUETTE FLEURIE DE SAINT-JOSEPH

Étude par M. Oct. Thorel.

L'art chrétien a toujours mis à contribution les matières précieuses ou relativement rares tirées des trois règnes de la nature.

L'une d'elles, la *coquille* ou *écaille de perle*, fournie surtout par l'*avicule* ou aronde perlière, n'apparait guère, employée entière, qu'au début du xive siècle (1). Après avoir joui d'une grande faveur jusqu'à la fin du xvie, elle fut assez négligée, et nous ne la voyons recouvrer son crédit que sous le règne de Louis XV, où les ouvriers en ivoire de Dieppe savent en entamer au burin l'écorce dure et irisée, la nacre.

La coquille que nous étudions aujourd'hui fut par nous achetée, il y a bien longtemps déjà, à un antiquaire de notre ville qui ne put nous en indiquer la provenance, n'est pas un *burgau* plat et univalve (2), mais une aronde bivalve sur laquelle se voit nettement une petite perle en formation.

(1) H. Havard, *Dict. de l'ameub.*; Paris, Quantin; v^{is} coquille, écaille, nacre et perle.

(2) Le burgau entrait surtout dans les travaux de marqueterie.

La Baguette fleurie de saint Joseph.

Sa profondeur est de un centimètre et demi, et son diamètre, après travail, de douze centimètres environ.

Les traits de burin ont été noircis de façon que le dessin tranche sur l'iris de la nacre.

Le sujet principal est un homme entre deux âges dont la tête est entourée d'un nimbe à aigrettes rayonnantes. Ses cheveux sont longs et il porte toute sa barbe. Des vêtements amples et gracieusement drapés ne laissent à nu que le cou et le haut de la poitrine. Ses pieds sont chaussés de sandales classiques.

De la main droite, il tient une longue baguette surmontée d'une sorte de bouquet; sur son bras gauche est assis un enfant, tout nu, nimbé comme lui, et portant sur ses genoux une boule du monde sur la quelle est dessinée une croix.

Dans le ciel voltigent deux chérubins ; du sol mouvementé s'élèvent quelques maigres arbustes, sans aucun sens emblématique bien apparent. Tout le dessin est entouré d'un marli de feuilles, retenues dans le bas par des rubans croisés. Enfin la coquille est percée d'un trou qui permet de la suspendre, au moyen d'un ruban. (1)

Si la description qui précède dissipe toute incertitude sur l'identification de l'Enfant Jésus, il

____

(1) Littré, Dict. fr. : « *Chérubin*, en peinture et en sculpture, « tête d'enfant, avec des ailes, figurant un ange ».

n'en va pas de même pour le second personnage de la coquille.

Et tout d'abord il convient d'écarter l'hypothèse où l'artiste aurait, faisant pure œuvre d'imagination, voulu représenter Dieu le Père. En effet bien que ce personnage ait le même nimbe que l'Enfant-Dieu, il n'est pas le vieillard sous les traits duquel on a accoutumé de peindre la première personne de la Trinité ; de plus, il est chaussé, particularité qui ne se rencontre jamais (1).

Il ne peut être question de Siméon qui, le jour de la Purification de la Vierge, « prit, dans le temple, l'Enfant Jésus entre ses bras (2) ». Car, en sa qualité de lévite, Siméon est toujours figuré revêtu de ses habits sacerdotaux.

A première vue, notre gravure sur nacre pourrait représenter saint Christophe qui, au rapport de l'abbé Corblet, « ne porte pas toujours Jésus-Christ « à califourchon. C'est ainsi que, à la cathédrale « d'Amiens, le sculpteur Dupuis a assis Jésus sur « l'épaule gauche du saint » (3).

Saint Christophe a cette même attitude dans le beau reliquaire de Longpré - les - Corps - Saints (Somme). Mais, en outre, il s'appuie, de la main

(1) Même, dans les Trinités où les trois personnes sont représentées sous des formes humaines, le Saint-Esprit a toujours les pieds nus. Cf. Oct. Thorel, *une Trinité anthropomorpho*, Bull. Soc. Antiq. de Picardie ; 1913, 3me trimestre.

(2) Saint-Luc, *Evang.*; chap. II, parag. 28.

(3) J. Corblet, *Hag. du dioc. d'Amiens* ; Paris, Dumoulin, 1874; t. IV, p, 209.

droite, sur un gros bâton noueux, surmonté de branches feuillues, comme la baguette figurée sur la coquille, objet de cette étude (1).

Quoiqu'il en soit, comme, de tous temps, les artistes, ont, conformément à la légende, représenté saint Christophe traversant une rivière, les jambes entièrement nues, il ne peut être confondu avec le personnage qui nous occupe.

Il en est de même de saint Antoine de Padoue qui serait apparu à un bourgeois de Limoges, portant l'Enfant Jésus dans ses bras (2). En effet ce miracle si populaire, bien qu'il ne repose que sur l'assertion d'une compilation de la fin du xive siècle, le *Liber miraculorum*, a doté l'iconographie religieuse de nombreux ouvrages de mérites divers où le saint est toujours couvert de son austère costume de capucin et ne porte jamais de baguette à la main.

Cette baguette fleurie, nous allons enfin la rencontrer tenue par saint Joseph dans deux toiles célèbres, appelées l'une et l'autre *le Mariage de la Vierge*. La première, au musée de Caen, est l'œuvre du Pérugin; la seconde, au musée de Bréra, à Milan, et appelée le *Sposalizio*, est signée de son illustre élève, Raphael (3).

Dans ces deux tableaux, comme dans notre

______

(1) Soc. des Antiq. de Pic.; *Album archéol.;* Amiens, Yvert et Tellier, 1886-1898; fig. 37.

(2) L. de Chéramé, *Saint-Antoine de Padoue;* Paris, Poussielgue, 1906; p. 104 et 105.

(3) Eug. Muntz, *Raphaël...;* Paris, Hachette, 1886, p. 111.

gravure, saint Joseph est un homme d'âge moyen.
Mais comment expliquer que, au Musée du Louvre,
dans la *Petite Sainte-Famille* de Raphaël, il apparaît sous les traits d'un véritable vieillard? De
même encore, de grands peintres l'ont figuré
absolument chauve, notamment Martin Schon-
gauer, Filippo Lippi et Hans Memling (Nativité),
et Albert Durer (Sainte-Famille).

C'est que, si les évangiles reconnus par l'Église
sont muets sur l'âge respectif de saint Joseph et
de Marie, « au contraire, dit Monseigneur Ricard,
« les évangiles apocryphes (1) s'accordent pour
« nous représenter saint Joseph comme un vieillard
« décrépit, et cela d'une façon absolument fantai-
« siste (2) ».

Comme Voragine ne lui a consacré aucun article dans *La Légende Dorée* (3) et que les textes
orthodoxes ne précisent aucune circonstance de
la cérémonie du mariage de la Vierge, c'est dans
les évangiles non authentiques, si fertiles en
miracles et en légendes devenues populaires que
les artistes ont puisé leur documentation (4),
notamment sur la baguette fleurie de saint Joseph.

(1) V. note *infra*, la liste de ces évangiles.

(2) Monseigneur Ricard, *saint Joseph, sa vie, son culte;*
Lille, Desclée, M. D. CCCXCII, p. 37, en note.

(3) J. de Voragine (1230-1298), *La Légende Dorée*, trad. par
M. G. B. ; Paris, Gosselin, 1843.

(4) Sur la vie, le culte et l'iconographie de saint Joseph
V. notamment : Pagès, *Ms. sur Amiens*, Amiens, Caron, 1856,
t. I, p. 410; J. Corblet, *Hagiog. du Dioc. d'Amiens*, Paris,
Dumoulin, 1874, t. IV, p. 365 et Msg. Ricard, *op. cit. passim*.

Il y a quelques années M. Catulle Mendès eut
la bonne fortune d'être reçu dans l'abbaye de
Saint-Wolfgang (Autriche), où les dominicains,
qui y partagent leur temps entre l'étude et les
devoirs de leur ordre, lui firent les honneurs de
leur riche bibliothèque.

Parmi les évangiles apocryphes, il lui signalè-
rent et firent copier à son intention un manuscrit
précieux intitulé : *Evangelium infantiæ* (N.S.J.C.)
différent de celui publié par Henri Sike (1) et
d'autant plus curieux que, dans les premières lignes, en manière de préface, saint Pierre déclare
expressément avoir rapporté « les récits que la
« divine Marie lui avait faits des paroles et des
« miracles du Maître tout petit. »

De retour à Paris, M. Catulle Mendès put constater que son *Evangelium Infantiæ* ne pouvait
être confondu avec celui de Sike, non plus qu'avec
ceux de Thilo, de Borberg et d'autres également
apocryphes étudiés par M. Gustave Brunet.
Aussi en fit-il une luxueuse édition où, en regard
du texte latin, se trouve une traduction aussi lit-
térale que possible.

Rien n'est plus touchant que cet évangile
« inédit » dont les éditeurs ont pu dire : « C'est
« comme le conte des fées de la religion catho-
« lique, dont les historiettes merveilleuses furent

---

(1) *Evangelium infantiæ, vel liber apocryphus de infantia
servatoris, ex manuscripto edidit et latina versione et notis
illustravit* HENRICUS SIKE — Trajecti ad Rhenum, MDCXVII.

« jadis contées sans doute, près des berceaux
« des futurs martyrs, par les premières mères
« chrétiennes. »

·De· toutes ces anecdotes si naïves, si tou-
chantes, une seule, *l'épreuve des prétendants au
mariage de la Vierge,* nous intéresse, comme
se rattachant directement à notre sujet.

La voici, d'après l'*Evangelium infantiæ:* (1)

CHAP. II. 7 — « Mais, parce qu'elle avait ac-
« compli sa quatorzième année, Marie ne de-
« vait pas habiter plus longtemps dans le temple,
« et, le temps venu de choisir le juste à qui elle
« serait donnée vierge à garder, il plut aux prê-
« tres que se présentât tout homme sans épouse.

8 — « et qu'il portât une baguette à la main ».

9 — « Car Dieu interrogé avait répondu :
« D'une baguette s'envolera une tourterelle dans
« le ciel, et au maître de la baguette d'où la
« tourterelle sera envolée, que Marie soit donnée
« vierge à garder. »

10 — « Entre les jeunes hommes se présenta
« par hasard Joseph, veuf, qui était charpentier
« et semblait vieux et misérable,

11 — « et il portait une baguette à la main ».

12 — « Voici qu'il y avait devant l'autel trois
« mille baguettes et d'aucune ne s'envola une

(1) L'*Evangile de l'Enfance de N. S. J. C. selon St Pierre,*
mis en français par CATULLE MENDÈS, d'après le manuscrit de
'Abbaye de Saint-Wolfgang ; compositions et encadrements de
CARLOZ-SCHWABE. Paris, Colin et Cⁱᵉ.

« tourterelle. C'est pourquoi le grand prêtre
« Abiathar, après avoir revêtu les ornements
« sacerdotaux avec les douze clochettes, entra
« dans le Saint des Saints et offrit le sacrifice,
« et l'ange de Dieu apparut disant :

13 — : « Vois cette petite baguette que tu as
« regardée comme rien ; c'est d'elle que se mani-
« festera le signe ».

14 — « et cette baguette était celle de Joseph »

15 — « Comme il était vieux et misérable, il
« ne la réclamait pas, de peur qu'on ne lui don-
« nât Marie ; mais, lorsque Abiathar eut crié :
« Venez et reconnaissez vos baguettes », Joseph,
« craignant dans son cœur, tendit la main pour
« reprendre sa baguette ; et de celle-ci s'envola
« une tourterelle plus blanche que les plus blan-
« ches et resplendissante de beauté qui plana
« quelque temps sous les voutes du temple et
« s'évanouit dans les cieux ».

16 — « Alors le peuple complimenta Joseph.
« Mais lui : « Je suis très âgé et j'ai des fils.
« Pourquoi me donnez-vous cette jeune fille ? »

17 — « Cependant il la reçut... »

M. J. James Tissot, dans sa *vie de Jésus*, relate,
en quelques lignes, *l'épreuve des prétendants*,
« d'après, dit-il, les évangiles apocryphes »,
qu'il ne cite pas. Son récit n'est en réalité qu'un
résumé analytique de la version qui précède. (1)

(1) J. James Tissot, *La Vie de N. S. J. C.* Tours, A. Mame,
M D CCCXC VI ; t. I, p. 5, avec gravure.

Mais ici se dresse une objection : Que si le personnage que nous cherchons à identifier est bien saint Joseph, on ne comprend pas comment, sur notre coquille ne figure pas la colombe qui a joué un rôle si important dans l'épreuve des prétendants, car, en réalité, la baguette qu'il tient de la main droite est seulement terminée par une sorte de bouquet.

Cette difficulté n'est qu'apparente. Il échet en effet de signaler que plusieurs évangiles sans autorité reconnue par l'Eglise (1) ne font aucune mention de cette colombe.

C'est ainsi que Mgr. Ricard a emprunté à l'un d'eux, autre, à coup sûr, que celui dit de saint Pierre, le passage suivant de sa *vie de saint Joseph*, relatif à la baguette du prétendant heureux à la main de la Vierge : « Tout à coup l'on « entendit sortir du Propitiatoire une voix qui « disait : Il faut que l'oracle d'Isaïe s'accomplise. « Il sortira une tige de la race de Jessé et une

______

(1) Desobry et Bachelet, *Dict. de biogr. et d'hist.* ; Paris, Delagrave, 1883, v° Evangile : « Les évangiles apocryphes et sans autorité sont : l'Evangile selon les Hébreux, des douze apôtres, de saint Pierre, de Tatien ou des Syriens, l'évangile selon les Egyptiens, l'Evangile de la naissance de la Sainte Vierge, de saint Jacques le mineur, ceux de l'enfance du Sauveur, de Nicodème, de Thadée, de saint Philippe, de saint Barnabé, de saint Jacques le majeur, de Judas Iscariote, de saint André, de saint Barthélemy, de saint Mathias, de Cérinthe, des Ebionites, de Basilide, des Gnostiques, des Simoniens, les évangiles de Lucius, Seleucus, Lucianus, Hésychius et l'évangile éternel, composé au xiii° siècle.

« fleur s'élèvera de cette tige. Que tous les mem-
« bres de la famille de David déposent une verge
« dans le temple. Celui dont la baguette se trou-
« vera fleurie et sur laquelle l'esprit de Dieu
« viendra se reposer, celui-là doit être l'époux
« de Marie. » (1)

Le père Ch. Cahier, dont l'opinion fait autorité
dans ces matières, va nous donner la solution du
petit problème iconographique que soulève notre
coquille dans le passage suivant : (2)

« Après Moïse et Aaron, le premier grand
« prêtre de la loi mosaïque, nous retrouvons la
« baguette entre les mains de saint Joseph, d'a-
« près le récit tiré du vieux livre apocryphe inti-
« tulé l'*Evangile de la nativité de Marie*. (3)
« Il y est dit que, pour choisir un époux à la
« très Sainte-Vierge, le grand prêtre réunit les
« hommes non mariés de la tribu de Juda. On les
« aurait fait venir dans le temple, chacun avec
« une baguette et l'époux désigné par le Ciel de-
« vait être reconnu entre tous, *soit* par la florai-
« son de la branche qu'il portait, *soit* par la
« venue d'une colombe qui s'y serait venue re-
« poser. De là l'usage assez fréquent de placer
« dans la main de saint Joseph une baguette

(1) Mgr RICARD, *op. cit.*, p. 34.
(2) P. CH. CAHIER, *Les Caractéristiques des Saints ;* Paris,
Poussielgue, 1867, p. 108, v° Baguette.
(3) Cf. THILO, *Codex apocryphus novi testamenti*, p. 329,
331. — Cf. *Protevangelium Jacobi minoris ; ibid.*, p. 204, 211.

« fleurie au sommet. On l'a remplacée maintes
« fois par un simple lis qui rappelle sa viginité
« dans le mariage ».

L'iconographie de saint Joseph dans la Sainte-
Famille, la Nativité, la Crèche et la Fuite en Egypte
est fort riche. Aux noms des artistes déjà cités,
on peut ajouter ceux de P. Pontius, de G. Huret,
de Jérome Wierx, de Bernardino Luini, etc.
Mais les réprésentations de saint Joseph en
compagnie de l'Enfant Jésus seul sont assez rares.
L'un des exemples les plus rapprochés de nous,
est fourni, à la cathédrale d'Amiens, par une œuvre de notre compatriote Duthoit, où ce saint
soutient l'enfant debout sur un tronc de palmier.

Cette rareté de la figuration des deux personnages, jointe à la particularité de la baguette
fleurie, fait de notre coquille un objet de curiosité
qui nous a paru digne d'être signalé.

Ces coquilles de perle gravées n'étaient point
des souvenirs de pèlerinage, mais bien de véri-
tables petits tableaux qui, comme les véroniques
les mises au tombeau et autres sujets religieux,
ornaient les intérieurs de nos pieux ancêtres.

L'une d'elles (1), appartenant à notre Président
d'honneur, M. Ed. Soyez, représente une *Mater
dolorosa*, debout, les bras pendants et les mains

(1) Coquille bivalve, avec trou d'accrochage dans le haut et
dont l'ovale a 17 cent. de largeur et 15.50 de hauteur — origine inconnue.

jointes. Elle est aussi nimbée en rayons (1); son côté gauche est percé d'une épée.

Des rosiers en fleur tiennent lieu de marli dans les deux périphéries latérales de l'écaille.

A droite est un rocher d'où sort un serpent tenant une branche de pommier feuillue avec son fruit; à gauche se voit une grosse touffe de lis.

Cette coquille offre avec la nôtre des similitudes nombreuses : même ampleur dans les vêtements, même corrcction de dessin dans les deux figures, les pieds et les mains des personnages, mêmes procédés, traits parallèles ou hachures, pour rendre les ombres, enfin mêmes nimbes rayonnants.

Ces deux œuvres, où ne se révèle aucun faire étranger, italien, espagnol ou allemand, semblent sorties du même burin

M. Soyez estime que sa coquille pourrait bien être un travail dieppois du milieu du XVIIIe siècle. La nôtre, par son marli en feuillages et ses têtes d'ange ailées, rappelant singulièrement celles de la gloire de notre Cathédrale (1770) semble fortifier l'opinion de notre distingué collègue sur la date à assigner à ces deux coquilles de perle.

(1) J. CORBLET, *Manuel d'archéol.*, Paris, Ruffct, p. 515 : « En France, le nimbe (ordinaire) disparaît à la fin du XVe « siècle, pour faire place au rayonnement à aigrettes. » — Signalons ici que dans la *Petite Sainte Famille* de Raphaël, saint Joseph a un nimbe circulaire, et Jésus-Christ un nimbe cruciforme.

Nous en étions là de nos recherches, quand nous fut signalé dans le *Magasin pittoresque* de 1836 (1) un article sur « les *Pèlerins au moyen-âge* », illustrée d'une écaille gravée au burin et désignée à tort, selon nous, comme une « *Coquille de pèlerin sculptée* ».

En réalité, cet article anonyme ne contient aucun renseignement sur cette coquille qui doit retenir encore quelques instants notre attention, parce qu'elle a aussi avec la nôtre quelques analogies qui sautent aux yeux. (2)

Saint Joseph tient de la main droite un baton feuillu à sa partie supérieure et, du bras gauche porte l'enfant Jésus, sans croix ni boule du monde. Mais l'un et l'autre sont aussi nimbés en rayons. Ici non plus pas de colombe.

Une tête d'ange ailée assez disgracieuse et un ornement informe, où l'on peut distinguer des outils de charpentier ou de menuisier, complète le tableau, lequel est entouré d'un marli en rais de cœur d'un dessin extrêmement lourd.

On chercherait en vain dans ce travail l'entente de la décoration, l'harmonie des draperies, l'habileté du burin et le style affecté, pour ne pas dire un peu mièvre, qui caractérisent les deux coquilles sus-décrites.

---

(1) ANONYME, *Les Pèlerins au moyen-âge* ; Mag. Pittor., 4º année, 1836 ; p. 349 et ss.

(2) Coquille bivalve, oblongue et paraissant avoir les dimensions de celle à la *Mater dolorosa*, et munie comme les deux autres, d'un trou d'attache.

Ajoutons qu'il paraît plus ancien et d'origine italienne, à en juger par l'inscription qui s'y lit : S. JOSEF, inscription qui confirme les conclusions de cette étude.

ANTOINE ANQUIER

Notice biographique par M. Georges Durand.

Vers le 22 mars 1512, n. s., date de son contrat de mariage, Antoine Anquier, *(alias* Ancquier), tailleur ou entailleur d'images à Amiens, épousait Berthine de Fontaines, fille de Robert de Fontaines (1). Sire Robert de Fontaines, qui demeurait à Bernes (2), était prêtre ; il était entré dans les ordres après la mort de Jehanne Choquet, sa femme, dont il avait eu sept et même plutôt huit enfants, notamment, outre Berthine, Jehan et Pierre de Fontaines, orfèvres à Amiens, Nicolas de Fontaines, procureur et conseiller au siège du bailliage d'Amiens (3). C'était donc une famille

(1) Cité dans l'inventaire après décès d'Antoine Anquier, du 28 novembre 1562. Archives de la ville d'Amiens F F 235.

(2) Probablement Bernes (Somme, arr. Péronne, cant. Roisel).

(3) 22 novembre 1526. Saisine à Nicolas de la Vallée, armurier, et à sa femme, d'une maison basse rue Notre-Dame à Amiens, à eux vendue par « sire Robert de Fontaines, prebtre, Jehan de Fontaines, orfèvre, Nicolas de Fontaines, procureur et conseiller au siège du bailliage d'Amiens, Pierre de Fontaines, aussi orfèvre, Robert de Fontaines, escollier estudiant en l'université de Paris, Jehennet de Fontaines, Anthoine Ancquier, entailleur d'ymages, demiselle Berthine de Fontaines, sa femme, et Eloy Graval, absent de ceste ville d'Amiens, Andrieu Ricart, procureur en la Court spirituelle d'Amiens, demiselle Marye

occupant déjà une certaine situation sociale. Berthine de Fontaines est souvent qualifiée damoiselle dans les actes.

Antoine Anquier était aussi proche parent, sans doute cousin germain, d'Antoine Morel, tailleur d'images comme lui, et fils de Jehan Morel, maréchal, et de Perrigne Anquier. Antoine Morel fut tout d'abord établi à Mailly, où son père lui donna en 1510 une maison pour s'acquitter d'une somme à lui léguée par sa défunte mère. C'était l'époque où Isabeau d'Ailly, veuve de Jehan III de Mailly, faisait construire l'église du lieu, dont il subsiste encore un somptueux portail chargé de sculptures. On peut en induire que ces

de Fontaines, sa femme, lesdits de Fontaines frères et sœurs, enffans dudit sire Robert et héritiers de deffuncte demiselle Jehenne Chocquet, qui fut sa femme et mère ausdits enffans », ladite maison chargée de 30 s. de cens, pour le prix de 100 l. Arch. Amiens, FF 53, fo 26 vo. — Jehan et Pierre de Fontaines paraissent être la souche d'une notable famille d'orfèvres qui fleurit à Amiens dans le courant des xvi⁰ et xvii⁰ siècles, et qui même paraît avoir essaimé dans d'autres villes. Il n'est peut-être pas sans intérêt de rappeler que Jehan de Fontaines avait épousé Jacqueline, fille de Pierre de France, aussi orfèvre à Amiens. — Eloy Graval indiqué tout simplement comme « absent de cette ville » au milieu des enfants de sire Robert de Fontaines, avait sans doute aussi épousé une fille de celui-ci, bien que l'acte précité n'en parle pas. Peut-être était-il veuf. Serait-ce Eloy de Graval qui était orfèvre à Roye en 1549? (V. La Fons Melicocq, dans *Annales archéol.*, t. IV, p. 253). Les Graval ou de Graval étaient aussi une importante famille d'orfèvres dont le plus remarquable représentant paraît avoir été Jehan de Graval, orfèvre à Amiens dans les dernières années du xv⁰ siècle et au commencement du xvi⁰.

travaux n'ont pas été sans influence sur l'établissement d'Antoine Morel à Mailly (1). Nous le verrons plus tard, revenu à Amiens, collaborer avec Antoine Anquier. Ce dernier devait être également proche parent de Simon Anquier, éperonnier à Amiens, oncle d'Antoine Morel et aussi de Jehan Anquier, tuteur dudit Morel (2). Il y eut vers la même époque plusieurs éperonniers, fourbisseurs, lormiers, forgeurs de gardes d'épées de ce nom, qui paraissent bien avoir fait partie de la même famille. L'un d'eux était établi à Paris (3).

Le nom d'Anquier est assez répandu à Amiens et porté par des gens de situations sociales très diverses (4).

Après environ deux ans de mariage, Antoine Anquier et sa femme achetèrent de Pierre de Gand, verrier, une maison rue au Lin, chargée de

(1) V. Georges Durand, *Mailly*, dans *La Picardie histor. et monum.*, t. V, p. 87.

(2) Il y eut à cette époque plusieurs Jehan Anquier, mais le document qui nous révèle cette parenté n'est pas assez explicite pour nous permettre de l'identifier.

(3) Jacques Anquier, éperonnier à Amiens au xvᵉ siècle ; Jehan Anquier, dit Notiat éperonnier à Amiens, mort vers 1554 ; Etienne Anquier, son fils, aussi éperonnier à Amiens ; un autre Antoine Anquier, éperonnier à Paris, vers le même temps ; un autre Jehan Anquier, forgeur d'épées à Amiens aux environs de 1580, sans parler de Pierre Anquier qui était sellier à Amiens au milieu du xvᵉ siècle.

(4) Signalons seulement Guillaume Anquier, orfèvre, vers 1501, Marguerite Anquier, qui, en 1518, était femme de Guillaume Cornet, hucher. Arch. Amiens, FF 41, fᵒ 114 vᵒ.

32 s., 4 d. de cens, pour le prix de 22 l., plus 12 d. au denier à Dieu, et 18 s. pour le vin du marché (1). Nous ne savons au juste s'ils l'ont jamais occupée, dans tous les cas ce ne fut pas pour longtemps, car le 22 mars 1515, n. s , ils achetèrent des Sœurs Grises (2), pour le prix de 65 l. t., la maison de la Fleur de lys, chaussée au Blé, vis-à-vis l'église Saint-Leu, qui leur avait été léguée par Anne d'Encre et qui était chargée de 6 l. de cens (3).

Ils eurent peu après une excellente occasion de se défaire de la maison de la rue au Lin. Elle était contiguë à celle de Pierre Aux Cousteaulx, riche bourgeois et marchand, appartenant à une des premières familles Amiénoises et pour lors

---

(1) 1er mars 1514, n. s. Arch. Amiens, CC 91, fo 112; FF 37, fo 50.

(2) On donnait à Amiens le nom de Sœurs Grises à des religieuses du tiers-ordre de Saint-François, chassées par la guerre, et à qui les échevins de cette ville avaient donné l'hôpital de Saint-Nicolas-en-Cocquerel en 1481. Echev. du 13 février 1481, n. s. BB 18, fo 170 vo.

(3) Arch. Amiens, CC 93, fo 28 et 29 vo; FF 39, fo 80. — L'acte de vente énumère les religieuses du couvent : Sœurs Jehanne de le Vallée, maîtresse, Ysabeau Jouglet, Jehanne Poirel, Marguerite du Verbier, Magdelaine Boursse, Anne Dippre, Jehanne Blairel, Jehan *(sic)* Michenyne, Ysabeau de Héronval, Perringne Brouay, Anne Dufour, Anne Lemaistre, Jehanne Foulon, Marie de le Vallée, Loyse Cocquelet, Jehanne Cornet, Marie Duval, Katherine Carpentier, Jehanne Pièce, Marie Leroux, Françoise Gouche et Michelle Simonne. Ce sont pour la plupart des noms bien amiénois ou tout au moins picards.

échevin, qui ne la leur paya pas moins de 100 l. t.,
le 5 mars 1516, n. s. (1).

La Chaussée au Blé, aujourd'hui rue Saint-Leu,
que les vieux Amiénois appellent encore la
Chaussée Saint-Leu, était alors la grande artère
de la ville. Pour un tailleur d'images, à la porte
d'une église, c'était une place de choix.

Suivant Auguste Dubois (2), l'ancienne maison
de la Fleur de lys porte aujourd'hui le n° 69 de la
rue Saint-Leu, occupé par le bar Wallet; elle se
trouve bien juste devant le portail de l'église, un
peu plus haut que l'entrée de l'ancien hôpital
Saint-Julien (n° 77), dont elle était séparée par
les maisons de l'Aigle d'or (n°s 71, 73) et de
l'Echiquier (n° 75). Elle occupe environ 7 mètres
de façade sur 30 mètres de profondeur; ce n'était
donc pas tout à fait une petite maison. Il n'y subsiste absolument plus rien d'ancien. Du temps
d'Antoine Anquier, elle comprenait, au rez-de-
chaussée, un ouvroir, une sallette, une chambre
basse garnie d'ustensiles et de meubles de cuisine :
la traditionnelle crémaillère « à trois branchons »,
le gril, le « verrier d'ozière », la potière de bois
de chêne, un seau lié de fer, deux chaudrons
d'airain, une lampe à quatre branches, six chan-
deliers d'airain, dont un à broche, le « corbillon
à candeille », six cuillers aussi d'airain — il n'y

(1) Arch. Amiens, CC 93, f° 99; FF 39, f° 67.
(2) *Rues et enseignes d'Amiens*, p. 53.

avait pas d'argenterie, — la vaisselle d'étain et
de tierçain, deux rouets, et, dans un banc de
chêne à deux coffres, avec quelques menus objets,
« unes heures en pappier couverte de cuyr noir, à
usage d'Amyens », etc

A l'étage, il y avait au-dessus de la sallette une
chambre où l'on remarquait surtout un grand
coffre de chêne « ouvré devant », c'est-à-dire
sculpté par devant, et la chambre haute, la pièce
principale, occupant sans doute, comme dans la
plupart des maisons de ville de l'époque, toute la
largeur de la façade et éclairée par un fenestrage
continu. Là se trouvait la « couche » — nous
dirions le lit (1) — en bois de chêne. Elle devait
être, comme cela se faisait souvent, placée dans
un angle de la pièce, car elle était garnie seulement
de trois courtines de scapulaire vert et rouge :
une pour le petit côté, deux pour le grand, les
deux autres côtés étant serrés contre le mur ; une
pièce de gouttière garnie de frange régnait au haut
des courtines. D'autres meubles garnissaient la
pièce : un buffet à deux « huissets » ou vantaux,
une petite table à deux guichets, une autre table
à tréteaux, deux escabeaux, une « chaielle à doz »,
c'est-à-dire la chaise à dossier, le siège d'honneur, le « cados » des picards, un « petit bancq
tournoir », vraisemblablement un banc dont le
dossier était sur pivot, pour qu'on puisse à volonté

____

(1) Le mot « lit », dans les documents de l'époque, désignait
plutôt un sommier.

s'y asseoir d'un côté ou de l'autre, une « escame »,
c'est-à-dire un banc sans dossier, le tout en chêne ;
dans la cheminée un « andier » — en accolant
l'article au mot, nous disons un « landier », — etc.

Quelques objets hors d'usage étaient relégués
dans le grenier, sous les combles (1).

En 1531, Antoine Anquier et sa femme vendirent pour 18 l. à Antoine Noël, un appentis derrière cette maison (2).

Ils possédaient encore d'autres immeubles,
notamment une part indivise avec le père et les
frères et sœurs de Berthine de Fontaine sur une
maison basse rue Notre-Dame, chargée de 30 s.
de cens, qui fut vendue à réméré le 22 novembre
1526 à Nicolas de la Vallée, armurier, moyennant 100 l. (3). Robert de Fontaines, prêtre (4), frère
de Berthine, en faveur de qui ses frères et sœurs
avaient renoncé à la succession de leur père lors
du décès de celui-ci en 1531 (5), donna à sa sœur
et à sa nièce Jehanne de Fontaines, fille de Jehan
de Fontaines, orfèvre, un certain nombre de cens
et d'héritages (6).

(1) Inventaire après le décès d'Antoine Anquier, du 28 novembre 1542. Arch. Amiens, FF 235. — Cet inventaire était-il bien complet ? On est notamment un peu surpris d'y trouver si peu de linge.

(2) Arch. d'Amiens, CC 118, f. 66.

(3) Arch. d'Amiens, FF 53, f. 26 v°.

(4) Celui que l'acte du 22 novembre 1526, qualifie d' « escollier estudiant en l'université de Paris ». V. ci-dessus.

(5) Arch. Amiens, FF 58, f. 46.

(6) Saisine du 18 février 1534, n. s, Arch. Amiens, FF 64, 1 f. 79.

Antoine Anquier mourut en 1542, dans sa maison de la Fleur de lys. Il ne paraît pas avoir laissé d'enfants et ne devait pas être âgé. A lui supposer environ trente ans en 1512, au moment de son mariage, il n'aurait pas eu plus d'une soixantaine d'années lors de sa mort. Quand il mourut, il y avait dans son ouvroir quatre images de pierre appartenant à Julien Legay (1).

Par son testament daté du 11 septembre 1542 (2), il instituait sa femme sa légataire universelle. Il eut pour exécuteurs testamentaires Jehan de Fontaines, probablement son beau-frère, et Hubert Cuvellier (3). Deux ans après sa mort, Berthine de Fontaines avait déjà convolé en secondes noces avec Jehan Blanmaton, tapissier de hautelisse (4), devenu veuf en 1543 de Jehanne de

(1) Invent. après le décès d'Antoine Anquier, 28 novembre 1542. Arch. Amiens, FF 235.

(2) Cité dans l'inventaire après son décès, du 28 novembre 1542. Arch. Amiens, FF 235.

(3) *Ibid.*

(4) 31 janvier 1544, n. s Vente par Jehan Blanmaton, tapissier, et demoiselle Berthine de Fontaynes, sa femme, à Jehan Bidaire, marchand, pour se décharger envers lui de 41 l. par lui prêtées à ladite Berthine alors veuve d'Anthoine Anquier, entailleur d'images, de 60 s. t. de cens sur une maison grande chaussée au Blé, devant l'église Saint-Leu, à l'enseigne de l'Ecu de France. Arch. Amiens, FF 77, f. 52 v°. — Cette maison de l'Ecu de France occupait l'emplacement du n° 85 actuel de la rue Saint-Leu, un peu plus bas que celle de la Fleur de lys, et séparée de l'hôpital Saint-Julien par la Rose (n° 79) et la Serpette (n° 81, 83). V. Aug, Dubois, *Rues et enseignes d'Am.*, p. 53. V. ci-dessus.

le Viéville, et qui demeurait rue du Soleil (1). Il vint habiter avec elle à la Fleur de lys, sur laquelle maison sa femme et lui vendirent en 1545 à demoiselle Marie Aux Cousteaulx, 40 s. de rente, pour le prix de 20 l. (2). Ce second mariage ne fut pas de longue durée : Blanmaton mourut en 1549 (3), et aussitôt après, Berthine de Fontaine vendit la maison de la Fleur de lys à Marie Bosquel (*alias* Bocquet), veuve de Lambert Postel, pour le prix de 300 l., plus 2 s. au denier à Dieu et 100 s. au vin du marché (4).

Voilà ce que nous pouvons connaître du *curriculum vitæ* d'Antoine Anquier. Les quelques renseignements parvenus jusqu'à nous sur les travaux qui ont pu lui être commandés de différents côtés montrent bien qu'il jouissait d'une assez grande réputation, réputation pleinement justifiée par les œuvres auxquelles nous pouvons attacher son nom avec plus ou moins de certitude.

(1) 1ᵉʳ juin 1543. Invent. après le décès de Jehanne de le Viéville, femme de Jehan Blanmaton, tapissier de hautelisse, rue du Soleil. Arch. Amiens, FF 238.

(2) 31 octobre 1545. Arch. Amiens, FF 82 f. 3.

(3) Invent. après son décès daté du 27 mai 1549. Arch. Amiens, FF 269.

(4) 11 août 1549. Arch. Amiens, FF 86, f, 107 vᵒ. — Marie Bosquel possédait encore la susdite maison en 1571. Aug. Dubois, *Rues et enseignes d'Amiens*, p. 53.

Nous ne connaissons l'histoire de la confection des magnifiques stalles de la cathédrale d'Amiens, commencées en 1508, que par des documents de seconde main dont les auteurs ont pu voir les registres du chapitre qui n'existent plus (1). Nous savons ainsi qu'après avoir traité pour l'ensemble de l'œuvre avec Ernoul Boulin et Alexandre de Heudebourg dit Huet, maîtres menuisiers, le chapitre fit marché à part avec « Antoine Avernier », tailleur d'images à Amiens, pour l'exécution de 72 sellettes ou miséricordes, au prix de 32 s. la pièce (2).

Mgr Dehaisnes s'est jadis demandé (3) si cet Antoine Avernier et Antoine Ancquier ne seraient pas un seul et même personnage. Il est possible que le nom ait été mal lu sur les registres du chapitre, et cette opinion, sur laquelle, tout en en reconnaissant la valeur, j'avais fait tout d'abord quelques réserves (4), me paraît de plus en plus plausible. Depuis lors en effet, sur l'énorme quan-

(1) *Chapitres généraux de la cath. d'Amiens*, ms. xviii⁰ s., Bibl. Amiens, ms. 517.

(2) « Quant aux sculptures et histoires des scellettes, le marché a esté fait à part avec Antoine Avernier, tailleur d'images demeurant audit Amiens, moyennant trente-deux s. la pièce, y en ayant soixante-douze ». Bibl. Amiens., ms. 517, f. 39. — Le chanoine Villeman, qui écrivait au xviii⁰ siècle, reproduit le même fait dans les mêmes termes, mais a lu « Avenier », au lieu d' « Avernier. » Arch. Somme, G 3011.

(3) *L'Art à Amiens vers la fin du moyen âge*, dans *Revue de l'Art chrétien*, t. VIII, 1889.

(4) *Monogr. de la ..... cath. d'Amiens*, t. II, p. 149.

tité de documents concernant les habitants d'Amiens qui m'ont passé par les mains, je n'ai jamais rien rencontré sur Antoine Avernier (1); Antoine Anquier au contraire, y est, comme on peut le voir, très fréquemment cité. D'autre part, nous verrons qu'Antoine Anquier exécuta la statue funéraire d'Adrien de Hénencourt, et probablement aussi la partie de la clôture du chœur de la cathédrale d'Amiens sous laquelle se trouve cette statue; cela montre qu'il était du nombre des artistes auxquels le chapitre accordait sa confiance. C'est donc à Antoine Anquier qu'il faudrait faire honneur au moins d'une partie de l'imagerie des stalles de la cathédrale d'Amiens. En 1508 il devait être toutefois assez jeune et n'était pas encore marié.

» Peu de temps avant sa mort, arrivée le 3 octobre 1530, Adrien de Hénencourt, doyen du chapitre de la cathédrale d'Amiens, qui s'est rendu célèbre par tant d'œuvres charitables et artistiques (2), avait commencé à faire exécuter la

(1) Le nom d'Avernier lui-même est extrêmement rare à Amiens, et encore ne l'ai-je jamais trouvé qu'avec l'article : « Marguerite Lavennier », en 1523, Arch. Amiens, CC 102, f° 71 ; « Nicolas Lavrenier », cordonnier, 23 octobre 1534, inventaire après le décès de Marie Accart, sa femme, *ibid.*, FF 203 ; « Jehan Lavernier », 1589, compte du domaine de la ville d'Amiens, bibl. de l'Arsenal, ms. 2644, f. 13. Comme nous l'avons vu, le nom d'Anquier est au contraire très répandu dans cette ville.

(2) Sur Adrien de Hénencourt, v. les histoires d'Amiens et de sa cathédrale.

seconde partie de l'histoire de saint Firmin dans la clôture du chœur de la cathédrale, et la porte latérale du chœur de ce côté, ornée de six figures d'apôtres. Par son testament (18 juillet 1527), il avait ordonné que, si ce travail était inachevé au moment de son décès, il serait terminé aux frais de sa succession. Lorsqu'il mourut, toute la partie sculpturale était terminée ; il ne restait plus qu'à la peindre et à la dorer, à l' « estoffer », comme on disait. Ses exécuteurs testamentaires en chargèrent Pierre Pallette, peintre à Amiens (1). En plus de ce que le testateur n'avait ordonné, ils firent tailler par Antoine Anquier quatre figures de docteurs à la tourelle du petit escalier conduisant à la loge du guidon ou gardien de la cathédrale, près de la porte latérale du chœur.

Adrien de Hénencourt ordonnait en outre de placer dans le soubassement de ladite clôture, devant laquelle il voulait être inhumé, et pour lui servir de monument funéraire, « la représentation d'un homme mort, selon le patron qui sera baillé » ; cet homme mort devait le représenter lui-même en gisant. Ce fut également l'œuvre d'Antoine Anquier, d'après un dessin pris sur le lit de mort du défunt par Guillaume Laignier peintre (2).

Si les exécuteurs testamentaires d'Adrien de

(1) Sur Pierre Pallette, voy. Georges Durand, *Monogr. de la ..... cath. d'Amiens,* t. II, p. 11.

(2) Testament d'Adrien de Hénencourt et compte d'exécution dudit testament. Arch. Somme, Chapit. d'Am., G 1072.

Hénencourt se sont adressés à Antoine Anquier pour terminer et compléter le travail entrepris par le défunt doyen, c'est vraisemblablement qu'il avait déjà été chargé par celui-ci d'en exécuter le commencement. On peut donc en induire, suivant toute probabilité, qu'Antoine Anquier serait l'auteur de la seconde partie de la clôture du chœur du côté sud, représentant d'une part la vie de saint Firmin avant son arrivée à Amiens, et de l'autre, l'invention de ses reliques par saint Sauve. Quoi qu'il en soit, la statue funéraire d'Adrien de Hénencourt, qui est bien son œuvre, est parvenue jusqu'à nous et permet jusqu'à un certain point de juger de son talent.

Le défunt est représenté à peu près de grandeur naturelle. Il a le visage rasé, les cheveux blancs, tonsurés, et il porte les vêtements sacerdotaux, les mains jointes. Il est couché sur une natte enroulée à un bout pour former sous la tête une sorte de traversin, à la place où d'habitude on met un coussin ; il a les pieds nus, et rien ne les soutient (1). Comme je l'ai fait remarquer ailleurs, ces derniers détails peuvent faire penser à la coutume très répandue alors de s'affilier au tiers-ordre de saint François et de se faire enterrer dans le costume de l'ordre (2).

(1) Les mains, une partie des pieds, le nez et une partie du visage ont été refaits.

(2) V. G. Durand, *Monogr. de la ....., cath. d'Amiens*, t II, p. 14, 87, 121, — etc.

Quelle que soit leur importance et leur haute valeur artistique, ces monuments sont peu de chose en comparaison de tous les autres travaux que notre artiste a dû produire et qui ne sont pas parvenus jusqu'à nous. Sur plusieurs d'entre eux les archives nous ont transmis des renseignements intéressants qui ne nous en font que davantage regretter la disparition.

Depuis le temps de Philippe-Auguste, et surtout depuis le lendemain de Crécy, où fut décidée la construction d'une enceinte plus vaste englobant les faubourgs, la ville d'Amiens n'a pour ainsi dire jamais cessé de travailler à ses fortifications : le plus clair de son revenu y a passé. Le caractère essentiellement utilitaire de ces sortes d'ouvrages n'empêchait pas d'y apporter par endroits quelques ornements de sculpture. Jamais alors on ne négligeait le côté artistique et pittoresque.

En 1513, la ville avait entrepris un travail assez considérable dans la portion des remparts longeant la Somme, derrière le Vidame (1), probablement entre le pont Saint-Michel et la tour du Vidame(2),

(1) Quartier d'Amiens, tout à fait à l'extrémité ouest de la ville, appartenant aux seigneurs de Picquigny, vidames d'Amiens.

(2) Sur l'emplacement du port d'Aval actuel. Là se trouvait une courtine tournée vers le nord, longeant la Somme sur la rive gauche.

la première pierre en avait été posée solennelle-
ment par le maieur accompagné de plusieurs
échevins. Là se trouvait une tour dite de Guingrelot sur laquelle Antoine Anquier tailla trois
écussons aux armes du Roi et de la ville, pour
le prix de 7 l., 9 s. (1).

Le pont du Cange, appelé aussi par les documents pont Sire Jehan du Cange, et situé à l'autre bout de la ville, à l'est, était un de ces ponts
défendus, faisant partie de son périmètre septen-
trional au nord de la Somme, et par lesquels la
fortification franchissait les divers bras de cette

(1) « A Anthoine Anquier, entailleur demourant à Amiens,
pour avoir fait trois escuchons aux armes du Roy et de la ville
mys au Gingrelot, sur la rivière, près le Vidame, ... vii l. ix s. ».
Arch. Amiens, compte de 1512-13, CC 90, f. 46 v°. — « Fait
iiii longues agrapes de fer de viii piedz de long, et iiii aultres
petites à tenir les armoiries de la tour de Gingrelot ». *Ibid.*,
compte de 1512-13, CC 90, f° 42. — « Livré v° d'herbe à
couvrir le Gingrelot près le Vidame ». *Ibid.*, compte 1513-14,
CC 91, f° 46. C'était sans doute une couverture provisoire avant
que la tour n'ait reçu sa couverture définitive. — Il devait y
avoir une autre tour pareillement dénommée à l'autre extrémité
de la ville, près des tours de Guyenne et de la Haye et du pont
du Cange. « Jehan Bulant, maistre maçon de ladite ville,
entendra chacun jour à l'ouvrage de massonnerie que fait de
présent Nicolas de Baillon entre les tours de Guyenne et de
Guingrelot. Arch. Amiens, échevinage du 19 août 1563, BB 36,
f. 38 ; v. aussi, *ibid.*, f° 63 v°, 129 v°, etc. En picard *guingrelot*
signifie un grelot et par extension un ornement futile, fanfre-
luche (Jouancoux, *Gloss. du patois picard*) ; peut-être étaient-ce
des tourelles munies d'une clochette, à laquelle on donne
parfois le nom de grelot. Le P. Daire place aussi une tour de
Guingrelot près de la porte Montrécu (*Hist..... de la v.
d'Amiens*, t. I, p. 502).

rivière. Tels étaient le pont du Cange, le pont Baraban, le pont de Duriame, le pont Saint-Michel. Le pont du Cange se trouve à l'endroit où la Somme entre dans Amiens, au point de raccord de la nouvelle enceinte de la rive gauche avec celle de la rive droite qui n'avait pas été élargie au xiv⁰ siècle.

Sire Jehan du Cange, quatre fois maieur de 1331 à 1347, passe pour avoir élevé le premier pont en cet endroit. A en croire le P. Daire, ce pont aurait été en bois (1). Toujours est-il qu'il fut une première fois reconstruit en maçonnerie en 1419 (2). Près de cent ans après, 1514, on y entreprit d'importants travaux qui durèrent plusieurs années.

Les deux tours rondes qui en défendaient les deux bouts vers l'extérieur furent reconstruites et rehaussées en 1514 et 1515, par Robert de Sorel, maçon (3). Pour la décoration de l'une, vraisemblablement celle qui se trouve à l'extrémité nord

(1) Daire, *Hist..... de la v. d'Amiens*, t. I, p. 482.
(2) Arch. Amiens, compte de 1418-19, CC 17.
(3) « Arch. Amiens, compte de 1513-14, CC 91 et 1514-15, CC 91. — Robert Sorel, ou de Sorel, maître maçon juré, appartenait à une famille de maçons dont plusieurs membres ont travaillé pour la ville d'Amiens à la fin du xv⁰ siècle et au commencement du xvi⁰. Il doit en avoir été le plus remarquable. Etait caticheur de la ville, et à la mort de Pierre Tarisel (1510) fut l'un des candidats pour sa place de maître maçon de la ville, qui fut donnée à Jonas de la Vaquerie. C'est lui qui, en 1520, commença les travaux du fameux boulevard Montrécu, dans lesquels il fut interrompu par la mort arrivée en janvier 1524, n. s.

du pont, vers l'actuel boulevard du Cange,
Antoine Anquier tailla une licorne tenant les armoiries de la ville, qui lui fut payée 30 s. (1). On
sait que les armes actuelles d'Amiens, ont pour
tenants deux licornes. Ces tenants ne sont pas
très anciens : c'est précisément à l'époque dont
nous parlons qu'ils commencent à apparaître, et
comme nous le voyons, il n'y a encore cette fois
qu'une seule licorne. Le manuscrit des *Chants
royaux* du Puy Notre-Dame offert en 1518 par
l'échevinage d'Amiens à la duchesse d'Angoulême, mère de François Ier (2), présente déjà dans
sa première miniature les armes d'Amiens tenues
par deux licornes. C'en est peut-être le premier
exemple connu.

L'autre tour portait déjà, en 1482, le nom de
tour à l'Ours, ou tour de l'Ours (3), probablement
à cause d'un ours qui en faisait l'ornement. Tou-

(1) « A Anthoine Ancquier, entailleur d'images demourant à
Amiens, pour avoir par luy fait une licorgne tenant les armoiries de la ville mises sur la tour du pont du Cange,.... xxx s. »
Arch. Amiens, compte de 1513-14, CC 91, f. 49. — « Une
vergue ronde de trois piedz et demy de long, à ung œullet, à
tenir la licorgne de la tour du pont du Cange ». *Ibid.*, f. 42.

(2) Bibl. Nat., ms. fr. 145. — V. *Chants royaux et tableaux
de la confrérie du Puy Notre-Dame d'Amiens*, publ. par la
Soc. des Antiq. de Pic., gr. in-4°.

(3) « Pour un cent d'erbe, à recouvrir la tour de l'Ours....
A. Colart Brunel, couvreur d'erbe,.... à recouvrir la tour à
l'Ours ». Arch. Amiens, compte de 1481-82, CC 60, f. 154 et
167. — En 1490, le maieur accompagné de plusieurs échevins,
des conseillers et officiers de la ville, pose la première pierre
« de la machonnerie nœuve entre la tour de Guienne et la tour

jours est-il qu'Antoine Anquier fut chargé en 1515 de tailler pour la nouvelle tour un ours qui lui fut payé 24 s. (1).

Ce n'était pas la seule décoration que ces tours aient reçu. Comme on aimait alors à le faire, des ornements de plomberie « heuze, fétissures, fleurs de liz et pommeaux » exécutés par Antoine Le Scellier, plombier (2), peints et dorés par le peintre Andrieu de Moncheaux, enjolivaient leurs toitures d'ardoises (3).

à l'Ours. » *Ibid.*, compte de 1489-90, CC 68, f. 138 v°. La tour de Guyenne se trouvant à l'angle nord-est de la nouvelle enceinte, sur la rive gauche de la Somme, ce texte montre bien que la tour à l'Ours était celle placée à l'entrée du pont du Cange de ce côté.

(1) Arch. Amiens, compte de 1514-15, CC 92, — Avant les travaux de 1514-1515, une de ces tours devait être carrée. « Une serrure neufve en bois mise et assize à l'uys de le tour quarrée du pont Sire Jehan du Cange. » *Ibid.*, Compte de 1458-59, CC 43, f. 91.

(2) « A Anthoine Le Scellier, plommier demeurant à Amiens,... pour la dite thour du pont du Cange, IIIIᶜ livres de plomb, en heuze, fétissures, fleurs de liz et pommeaux mis sur ladite thour. » Arch. Amiens, compte de 1513-14, CC 91, f. 40 ; — compte de 1514-15, CC 92.

(3) « A Andrieu de Moncheaux, paintre demourant à Amiens, pour avoir paint et doré les ploumeries servant à la tour faicte de neuf au pont du Cange. » Arch. Amiens, compte de 1513-14, CC 91, f. 49 ; — compte de 1514-15, CC 92. — Andrieu de Moncheaux ou de Monceaux, appartenait à une famille amiénoise de peintres, et dut jouir d'une assez grande réputation, à en juger par les nombreux et importants travaux dont il fut chargé pour la ville depuis 1495 environ, jusqu'à sa mort arrivée en 1533, tels qu'un tableau du Crucifiement pour

Ce pont existe encore, mais odieusement mutilé, avec ses trois arches et le soubassement de ses deux tours.

Que l'on juge de l'effet pittoresque et monumental qu'il devait produire à l'entrée de la Somme dans Amiens, flanqué de ses deux tours hérissées d'ornements en plomb doré, sur lesquelles l'ours et la licorne se faisaient vis-à-vis, et qu'on le compare avec l'état misérable dans lequel les derniers siècles nous l'ont laissé.

La porte de Gayant, appelée aussi porte de Duriame ou de Saint-Maurice, s'élevait à l'extrémité nord de la ville, un peu à l'ouest de la porte Montrécu, dans l'angle nord-ouest des remparts, s'ouvrant sur le chemin du village de Saint-Maurice. En 1522 et 1523, Jehan Descaubry, maçon, faisait à sa voûte un important travail, sur les dessins du peintre Jacques Platel (1). Ce Jacques

l'œurieul (chambre du Conseil) de l'hôtel des Cloquiers (hôtel-de-ville) d'Amiens, en remplacement de celui qui avait été fait en 1454 par Simon Marmion, et qui était détérioré ; des dessins pour le boulevard Montrécu, des relevés des remparts et autres, pour le maréchal de Châtillon et M. de la Trémouille, une vue de la ville de Térouanne, etc.

(1) Arch. Amiens, comptes de 1521-22 et 1522-23, CC 101 et 103. — Jehan Descaubry (nom diversement orthographié par les registres de la ville d'Amiens), est le plus illustre représentant d'une famille amiénoise de maçons des xvie et xviie siècles. Nommé maître maçon de la ville le 16 mars 1522 n. s., il fit de nombreux travaux pour celle-ci, notamment aux boulevards Montrécu et Guyencourt et mourut vers la fin de décembre 1522 ou le commencement de janvier 1523, n. s.

Platel n'est pas un inconnu. C'est lui qui, comme on le sait, fut chargé de prendre des dessins des tableaux du Puy de la cathédrale d'Amiens pour le fameux manuscrit de la duchesse d'Angoulême en 1518 (1). Ce travail fait à la porte de Gayant fut embelli par une pierre taillée par Antoine Anquier, mais nous en ignorons le sujet (2).

Au milieu du Grand Marché, autrement dit Marché aux herbes, qui était la place principale de la ville d'Amiens, non loin du puits qui se trouvait à peu près au débouché de la rue des Orfèvres, s'élevait le pilori — édifice important dans les villes du moyen-âge — sur lequel on exposait les délinquants et où se faisaient les exécutions pour les seigneurs hauts justiciers. Les

(1) V. ci-dessus. — En janvier 1491 n. s., « Jacotin Platel », peintre, était fiancé avec Mariette Ostren. En janvier 1526, n.s., c'est-à-dire, environ trois ans après les travaux de la porte de Gayant, Mariette Ostren était veuve de lui. Il a donc dû mourir entre 1522 et 1525. Les assez nombreuses commandes que Jacques Platel reçut de la ville d'Amiens montrent qu'il devait avoir une assez grande réputation : peinture d'un groupe du Christ en Croix entre la Vierge et saint Jean, dans la chapelle des sœurs repenties, deux cartes de la Somme entre Long et Longuet, nettoyage d'une peinture représentant l'histoire de la ville, œuvre de Milet Marmion (1465), et d'un tableau du Crucifix, à l'hôtel des Cloquiers, par le célèbre Simon Marmion. — (V. ci-dessus la note sur Andrieu de Moncheaulx), etc.

(2) « A Anthoine Ancquier, tailleur d'images, demourant à Amiens, pour avoir taillié une pierre mise à la porte de Duryame, xxvii s., iii d. » Arch. Amiens, compte de 1522-23, CC 103, f. 92.

sergents de nuit y faisaient le guet. On l'appelait aussi la « tour du Marché ». Cité dès 1343, il existait sans doute bien antérieurement (1).

Originairement, ce pilori devait être en bois. Un épi de plomberie avec une bannière de cuivre où étaient peintes les armes de la ville le surmontait (2).

Déjà en 1444, il avait fallu le raccourcir, parce que la flache en était pourrie dans la terre (3).

La nouvelle bannière fut peinte par « maistre Jehan Marmion », peintre à Amiens, père du célèbre Simon Marmion (4). Cette réparation ne dut pas être très efficace, car, peu d'années après, le pilori vint s'abattre dans les poteries d'un des petits détaillants qui étalaient leur marchandise sur le marché, nommé Laurens Coustant. Celui-ci réclama de l'échevinage une indemnité « pour récompensation du dommage qui, au moyen du pilory de ladite ville, qui par pourreture et fortune de vent, chey samedi derrain passé sur les pos de

(1) « Sur ce que, pour le cas de houllerie (mauvaise vie), Mahiet de Blangi » et autres « furent prins et ou Beffroy emprisonnez et ..... furent pour chelle cause mis au pillory et après bany, environ l'an mil IIIᶜ XLIII. » Arch. Amiens, AA 12, f. 38 vº.

(2) Arch. Amiens, compte de 1391-92, CC 7, f. 142 vº.

(3) Achat de mairien duquel « on estaya le pilory.... et si en furent fait hours autour dudit pilory sur le cauchie (la chaussée), lequel pilory on mit tout jus pour le racourchier plus bas qu'il n'estoit, pour tant que le flasque estoit pourrie en terre ». Arch. Amiens, compte de 1443-44, CC 32, f. 161.

(4) *Ibid.*, f. 170 vº.

terre, gressez et plateaux dudit suppliant, dont sa
femme, qui estoit assise autour de sadite marchan-
ndise, auprez dudit pilory, fu en dangier de mort,
et là où, à ceste cause, ledit suppliant avoit bien
perdu de V à VI l., qui estoit la plus part de sa
chevance. » Il lui fut alloué 40 s. (1).

En 1525, on se décida à réédifier le pilori
en maçonnerie (2). Guillaume Prévost, maître
maçon, fut chargé d'en dresser le projet (3) : il le
fit avec un luxe que nous ne penserions pas à

(1) Echevinage du 14 octobre 1457. Arch. Amiens, BB 8,
f. 78.

(2) « Le pilleris estant au Grant Marchié sera édifié de nœuf,
de bonne pierre, et se fera ung logis ou retraicte pour les ser-
gens de nuit. » Echev. du 28 août 1425. Arch. Amiens, BB 22,
f. 150 v.

(3) « A Guillaume Prévost, machon, pour avoir faict le patron de ladicte tour, et avoir esté à la Faloise visiter la pierre,
paié X s. » Arch. Amiens, compte de 1525-26, CC 109, f. 18.
— Mᵉ Guillaume Prévost, *alias* Le Prévost, était un des premiers maîtres maçons d'Amiens. A souvent travaillé pour la
ville ; néanmoins, candidat à la place de maître maçon de la ville
en 1510, à la mort de Pierre Tarisel, il se vit préférer Jonas de
la Vacquerie. S'étant de nouveau présenté à la mort de celui-ci,
(1522 v. s.) il échoua encore devant Jehan Descaubry. Il n'en
fut pas moins maître maçon du Roi ; fit partie en 1529 d'une
commission présidée par Mᵉ Flourens Planchon, maître des
ouvrages du Roi en Picardie, chargée de visiter les importants
travaux du boulevard Montrécu. C'est vraisemblablement lui
que les comptes de l'hôtel Dieu d'Amiens désignent par
« Maistre Guillaume » et qui fut le maître de l'œuvre de la
grande salle de l'hôtel Dieu, dont il nous reste de si beaux débris mais si odieusement mutilés. C'est dommage que le laconisme du comptable de l'hôtel Dieu ne nous permette pas de lui
attacher sans réserve le nom de Guillaume Prévost. L'inventaire après son décès est daté du 20 juillet 1537. Serait-il mort

mettre à un instrument de supplice : bien gothique en cela, Guillaume Prévost voulait faire contribuer celui-ci à l'embellissement de la place. Toutefois les échevins jugèrent qu'il y avait trop de « menuiserie » — c'est-à-dire de sculpture décorative, car il ne faut pas oublier que tel était alors le sens de ce mot, s'appliquant aussi bien à la sculpture sur pierre qu'à la sculpture sur bois (1) — et que les finances de la ville n'étaient pas en état de supporter une pareille dépense. On se contenterait donc d'une construction en pierre de la Faloise ou de Croissy, avec soubassement en grès, « sans menuyserie, et aux moindres fraiz que faire se porra » (2). Jehan Descaubry, maître maçon de la ville (3), Pierre Le Sage (4) et Jehan

de mort violente ? Huit ans après, la ville payait 8 l., 4 s. à trois procureurs pour une information ordonnée par le procureur du Roi au sujet de cette mort (1545). — Il y eut à Amiens un certain nombre de maçons et de charpentiers du nom de Prévost ou Le Prévost, aux xive, xve et xvie siècles, notamment Jehan le Pruvost, maître maçon de l'église de Corbie (1503).

(1) V., G. Durand *Ernoul Boulin, Alexandre Huet*, etc., dans *Mém. de l'Acad. d'Amiens*, 1908.

(2) « Mons. le maieur a dit que l'on avoit fait quelque pourtraict du pilloris ordonné estre fait au Grant Marchié de ceste ville, mais pour ce que, à raison de la menuyserie quy estoit audit pourtraict, ledit ouvrage porroit estre de grant coust, il a esté conclud que l'embassement dudit pilloris se fera de bon grès et le résidu de pierre de Faloise ou de Croissy, sans menuyserie et aux moindres fraiz que faire se porra ». Echev. du 22 septembre 1525. Arch. Amiens, BB 22, f. 153.

(3) Sur Jehan Descaubry, v. ci-dessus.

(4) Pierre Le Sage appartenait à une famille de maçons dont plusieurs membres, et lui notamment, travaillèrent pour la ville d'Amiens à la fin du xve siècle et au commencement du xvie.

Boileaue (1), maçons à Amiens, prirent en tâche l'exécution du travail de maçonnerie (2).

C'était une tour hexagonale. Toute espèce de décoration n'en fut pourtant pas exclue. On avait notamment fait appel à la collaboration d'Antoine Anquier pour tailler une image de la Vierge Marie au sommet de la porte; elle lui fut payée 60 s. (3). Devant cette image une lanterne de fer forgé était soutenue par un candélabre de même qui fut peint et doré par Andrieu de Moncheaulx (4). Au dire de Pagès (5), qui avait encore vu le pilori en place, des salamandres, des F et des fleurs de lis couronnés avaient été au surplus sculptés « aux six faces du corridor ou parquet qui forme

(1) Jehan Boileaue, maçon à Amiens, exécuta divers travaux pour la ville en cette même année 1526. Arch. Amiens, compte de 1525-26, CC 109. Est-ce le même que Jehan Boileaue, maçon limousin qui, en 1490, travaillait au couvent des Saintes-Claires de ladite ville ? *Ibid.*, compte 1489-90, CC 68, f. 46 v°.

(2) Arch. Amiens, compte de 1525-26, CC 109, f. 18.

(3) « A Anthoine Ancquer, tailleur d'ymages pour avoir par luy fait une ymage de la Vierge Marie mise sur l'huys de ladite tour, payé lx s. ». Arch. Amiens, compte de 1525-26, CC 109, f. 18.

(4) A Pierre Parent, serrurier, pour avoir « faict le candélabre et buisines et autres ferrures servant à pendre la lanterne devant l'image du piloris..... Faict toutes les ferrures de la lanterne de l'image dudit piloris..... A Adrien Otiger, verrier demourant à Amyens, pour avoir fait une lanterne de voirre à mettre devant l'ymage Nostre-Dame à ladite tour..... A Adrien (*sic*) de Monceaulx, paintre, pour avoir par luy painct et doré le candélabre à soustenir la lanterne devant ladicte ymage ». Arch. Amiens, compte de 1525-26, CC 109, f. 18.

(5) Mss. de Pagès, édit. Douchet, t, II, p. 76.

le haut de cette tour. » Elle n'était pas en effet, comme les précédentes, surmontée d'une toiture à épi de plomb et bannière d'airain, mais sa partie supérieure formait plateforme bordée d'une galerie (1). A chacun des six angles de celle-ci, il y avait une gargouille sculptée représentant des lions et des aigles, et « la figure d'un homme vêtu d'un habit tailladé, portant la main sur la gorge » (2) — le geste d'un homme qui rend ce qu'il a de trop dans l'estomac.

A cette gargouille, l'imagination populaire avait attaché, en l'embellissant et en l'amplifiant, le souvenir d'un fait exact en lui-même, mais un peu antérieur à la reconstruction du pilori. En 1522, Jehan Carbonnel, exécuteur des hautes œuvres de la ville, avait été assassiné à l'instigation de Jehan de Calais, seigneur de Fossemanant, qui fut condamné en 80 l. p. d'amende, dont 20 l. en faveur des travaux faits à l'hôtel-Dieu d'Amiens pour les pestiférés, et le reste envers la ville (3). Pour le peuple, le personnage portant

(1) « C'est un bâtiment octogone, plat par dessus, avec une galerie qui le borde ». *Descr. des rues ..... de la v. d'Amiens* (XVIIIe s.) dans BEAUVILLÉ, *Doc. inédits concern. la Picardie,* t. I, p. 317.

(2) Mss. de Pagès, *loc. cit.*

(3) De, Jehan de Calais, seigneur de Fossemanant,... pour raison de ce qu'il avoit esté cause mouvante de la mort et homicide commis en la personne de Jehan Carbonnel, exécuteur de la haulte justice d'icelle ville, en faisant excerssant ledit office sur le Marchié de ladite ville,... a esté condempné en la somme

sa main à sa gorge, représentait le bourreau égorgé.

Des « escames » ou bancs et autres sièges fabriqués par Guillaume Desmaretz, hucher, furent établis autour du pilori (1).. Etait-ce pour contempler les suppliciés plus à l'aise ?

La Vierge exécutée par Antoine Anquier aura subi quelque avarie, car en 1537, celui-ci toucha de nouveau 60 s. « pour avoir faict une ymage de Nostre-Dame à poser sur l'huis du pillory », laquelle fut peinte par Jehan Delabbaye, peintre (2).

L'étage inférieur du pilori était garni d'une série de logettes, étaux ou boutiques, louées à quelques petits marchands (3). Il fut détruit en 1757.

de IIII^xx l. p. d'amende, assavoir XX l. p. à emploier aux ouvrages qui se font en l'hostel-Dieu d'Amiens pour retirer les malades de peste, et les lx l. p. envers ladicte ville. Arch. Amiens, compte de 1521-22, CC 100, f. 32. — Sur les détails de la légende qui est venue se greffer sur ce fait, v. Mss. de Pagès, édit. Douchet, t. II, p 76 ; DAIRE, *Hist.....* de la v. d'Amiens, t. I, p. 480.

(1) « A Guillaume Desmaretz,... qu'il a fait des sièges au piloris,... qu'il a fait des sièges pour mettre à l'entour du piloris,.. Escames autour du piloris. » Arch. Amiens, compte de 1525-26, CC 109, f. 530 v°. — Guillaume Desmaretz, hucher, travailla souvent pour la ville d Amiens de 1513 à 1530.

(2) Arch. Amiens, compte de 1536-37, f. 90. — Jehan Delabie ou Delabbaie, peintre à Amiens, est connu depuis 1535. Il mourut en 1550. Entre autres travaux exécutés par lui pour la ville d'Amiens, on peut citer des dessins pour des ouvrages de maçonnerie à faire à la porte Montrécu (1541). Il ne faut pas le confondre avec d'autres Jehan Delabie, aussi peintres à Amiens dans la seconde moitié du xvie siècle et au début du xviie.

(3) Echevinage du 4 juin 1551. BB 27, f. 19 v°.

Antoine Deschamps, qui fut maître de l'hôtel-
Dieu d'Amiens au commencement du xvi⁰ siècle,
a laissé un curieux mémorial de ce qu'il a fait
dans cet établissement durant son administration.
Il rappelle, entre autres choses, que, le jour des
Innocents (28 décembre) 1514, il traita avec
Antoine Anquier pour l'exécution d'une image en
pierre de saint Antoine, haute de cinq pieds et
demi, « avœuc un hermitage et désert, entrepiet
(support) à cul-de-lampe », et deux priants aussi
sur des culs-de-lampe, l'un pour accompagner la
susdite image, l'autre « servans au saint Jehan
que feu nostre maistre (son prédécesseur) a fait
faire », et, ajoute Antoine Deschamps, « doibt
estre ledit ymage aussy bon que ymage d'Amiens »,
le tout moyennant 20 l. (1).

Quelques années plus tard, Antoine Anquier
exécuta, en collaboration avec son cousin Antoine
Morel, une « table », ou retable d'autel pour
l'église paroissiale de Formerie (2). Le marché
que Pierre Liévrois et Philippe de Rely, marguilliers du lieu, avaient passé avec eux, stipulait
que ladite table devait avoir neuf pieds de long
sur quatre et demi de haut, sauf le « marquet »
ou compartiment du milieu, qui devait s'élever à

____

(1) Arch. hospit. Amiens. Mémorial d'Antoine Deschamps,
f. 11 et 18 v⁰.

(2) Oise, ch.-l. de c., arr. de Beauvais.

six pieds et demi et représenter Jésus en croix (1) ;
on devait s'inspirer du retable du grand autel de
Saint-Martin-au-Bourg — l'une des plus riches
paroisses d'Amiens — dont les parties « avoient
fait visitation », et cela pour le prix considérable
de 130 l. Sur ce prix, les marguilliers versèrent
50 l., mais, se déclarant mécontents du travail,
refusèrent de solder le reste. Pour se faire payer,
nos imagiers firent arrêter à la loi privilégiée de
la ville Pierre Liévrois qui se trouvait pour lors à
Amiens. L'affaire vint donc devant l'échevinage.
Les marguilliers eurent beau protester que la
table d'autel était « petite, meschante, de maul-
vaise estoffe (matière), qui ne porte ladicte hauteur
de vi pietz et demy…… et ne vault icelle table la
moictié de celle de ladite église de Saint-Martin-
au-Bourcq », demandant du moins qu'expertise en
soit faite « par gens en ce congnoissans » ; les
échevins n'admirent pas leurs raisons, et, jugeant
la réputation des artistes suffisamment établie,
décidèrent que « à bonne cause lesdits demandeurs
ont fait arrester ledit Liévrois ; se parfera ledit
arrest sur les biens et namptissement desdits
deffendeurs et adjoinctz, pour ladite somme de
quatre-vingtz l. t., restans de ladite somme de
six vingtz-dix l. » (2).

Nous serions curieux de savoir si le retable de

(1) C'était la forme habituelle donnée alors aux retables.
(2) Sentence de l'échevinage d'Amiens du 15 mai 1523. Arch.
Amiens, FF 703, f° 39. — Voy. G. Durand, *Mailly*, dans *La
Picardie histor. et monum.*, t. V, p. 88.

Saint-Martin-au-Bourg donné comme modèle à Antoine Anquier et à Antoine Morel était aussi leur œuvre.

Les monuments qui témoignent la véritable floraison artistique dont Amiens fut le centre aux environs de l'an 1500, c'est-à-dire à la belle époque de la Renaissance française, si nombreux qu'ils nous paraissent encore, ne sont pourtant qu'une épave infime de toutes les merveilles sorties des mains des ouvriers d'art amiénois de cette heureuse époque. Je n'en veux pour preuve que les innombrables renseignements fournis à ce sujet par les archives, celles de la ville d'Amiens en particulier, et malgré cela, l'impossibilité où nous sommes, la plupart du temps, de mettre un nom sur une œuvre existante.

Nous sommes donc très heureux quand l'auteur d'une de celles-ci peut se révéler à nous. C'est une bonne fortune que nous avons eue avec Antoine Anquier, puisque nous connaissons de lui certainement une œuvre et probablement aussi deux autres. Puisque d'autre part les archives nous ont fourni des documents assez abondants sur les principales actions de sa vie, et sur ses autres travaux, et que les œuvres qui peuvent lui être attribuées dénotent en lui un des plus grands artistes amiénois d'une époque particulièrement brillante, il ne m'a pas semblé sans intérêt de chercher à reconstituer sa biographie.

SUR
UNE MONNAIE DES INNOCENTS
DE 1552.

Note par M. Oct. Thorel.

Le 15 janvier 1835, le docteur Rigollot fit, à l'Académie d'Amiens, une lecture intitulée : « ESSAI sur UNE MONNAIE D'OR *frappée sous les Mérovingiens et portant le nom de l'Eglise de Saint-Martin-aux-Jumeaux d'Amiens.* » (1)

On sait que notre Ville était autrefois dotée de deux églises sous le vocable de saint Martin.

La première, la plus ancienne, était édifiée à l'endroit (2), où, à une date oscillant entre 332 et 350, (3) ce saint partagea sa chlamyde avec un

---

(1) ACAD. D'AMIENS, *Mémoires* ; Amiens, Machart, 1835 ; in-8°, p. 672 à 699. — Dans ce même vol. p. 712, à la table des travaux de 1830 à 1835, l'essai dont il s'agit est mentionné : « *Mémoire archéologique de M. Rigollot sur la fête de saint Martin à propos d'une monnaie d'or.* »

(2) Aile septentrionale du Palais de Justice actuel, rue Lesueur, où, au dessous d'un bas-relief moderne, on lit :

> *Chy sainct Martin divisa sen mantel*
> *En l'an trois cens, adjoutez trente sept.*

(3) ED. SOYEZ, *Monum. de saint Martin, à Amiens* ; Amiens, Yvert et Tellier, MDCCCCV, p. 2 en note et p. 14, relève les diverses opinions relatives à la date où se placerait l'acte de générosité de saint Martin.

mendiant, non loin d'une porte romaine qui, selon la tradition, était surmontée de la louve allaitant Rémus et Romulus ; d'où son nom de *Saint-Martin-aux-Jumeaux*. (1) Au commencement du ve siècle, ce n'était qu'un simple oratoire confié à quelques filles dévotes remplacées plus tard par des religieuses mendiantes. Au xie siècle, elles avaient cédé la place à des clercs, pour lesquels on construisit une église plus importante. Ces clercs obtinrent, en 1709, le droit de former un prieuré qui devint une abbaye démolie en 1725.

La seconde église, appelée indifféremment *Saint-Martin-au-Bourg* ou *Aux-Waides*, élevée sur la place Saint-Martin actuelle, était une paroisse supprimée en 1790.

L'historique de ces deux églises ne doit pas nous retenir. Mais, en ce qui concerne celle de Saint-Martin-aux-Jumeaux, il nous suffit de mentionner l'essai précité de Rigollot et la monographie de notre collègue M. Ed. Soyez sur *les monuments de saint Martin à Amiens*, en attendant l'étude définitive qu'en entreprend, à l'aide de documents inédits, Monseigneur Mantel, notre président en exercice.

Rigollot, après avoir établi que, sous les rois de la première race, on battait monnaie à Amiens,

______

(1) Rigollot, *op. cit.*, p. 678 : « Cette opinion (de Dusével, « *Hist. d'Amiens*) est probable ; mais elle est dépourvue de « preuves directes. »

décrit une petite pièce d'or où l'on voit : « d'un
« côté, une espèce de coupe et
« les lettres SCI. MAR. ; et, de
« l'autre, une croix avec la lé-
« gende GEMELLOS. Elle se
« rattache, sans aucun doute, au monument
« fondé, il y a treize ou quatorze siècles, pour
« consacrer le lieu où saint Martin exerça sa
« bienfaisance. »

« Cette coupe à deux anses, continue Rigollot,
« n'est certainement pas un calice, mais bien, de
« l'avis de tous les numismates, une tasse, un
« vase à boire. C'est que les fêtes de saint Martin
« ont été longtemps pour nos ancêtres une occa-
« sion de débauche. Le 11 novembre (1) répon-
« dait aux anciennes fêtes de Bacchus et, saint
« Martin étant en quelque sorte le successeur du
« Dieu des vendanges, il est naturel qu'une
« coupe ait été son emblème. »

Rigollot consacre dix-huit pages d'une érudi-
tion profonde et d'une solide documentation à
l'appui de sa thèse. « Mais, dit-il, en terminant,
« ce qui a encore corroboré sa conviction, c'est :
« une pièce de plomb, frappée à Amiens, en 1552,
« où saint Martin est représenté, tenant, d'une
« main, un vase à boire, et, de l'autre, enfonçant
« une lance dans la gueule d'un dragon à longue
« queue qu'il foule aux pieds. On a voulu par

____

(1) Une foire aux vins se tenait à Amiens, chaque année, le
jour de la saint Martin.

« là exprimer sa victoire sur les divinités du
« paganisme. » (1)

Malgré l'autorité dont jouissent à juste titre les
travaux de notre savant compatriote, nous ne
pouvons souscrire à son opinion sur le genre de
la coupe qu'il voit entre les mains de saint Martin,
tant sur la pièce mérovingienne en or que sur le
méreau en plomb de 1552. ——

Si vraiment, comme il le dit, une coupe était
son emblème, on ne s'explique pas le silence à ce
sujet de l'abbé J. Corblet et surtout celui du
Père Cahier à qui cette caractéristique n'eut certainement pas échappé. (2)

Que des coupes de festin antiques aient été à
deux anses ; cela ne fait pas question. En effet
A. Rich définit le *calix* : « un gobelet peu pro-
« fond et circulaire, de l'invention des Grecs.
« Il avait un pied bas et deux petites anses, et
« servait surtout dans les banquets et les scènes
« bachiques. » (3)

On sait les nombreux emprunts que le culte

(1) Des dessins de nos compatriotes les frères Duthoit illus-
trent l'*Essai* de Rigollot. Ils comprennent, outre les deux monnaies reproduites dans cette étude, dix-sept chapiteaux provenant de l'Eglise Saint-Martin-aux-Jumeaux.

(2) Le P. Cahier, *Caract. des Saints*, Paris, Poussielgue,
1867 ; et J. Corblet, *Hagiog. du dioc. d'Amiens ;* Amiens,
Prévost-Allo, 1874.

(3) A. Rich, *Dict. des Antiquités Romaines*, Paris, Didot,
1861, v° Calix.

extérieur de notre religion naissante dut faire au
paganisme ; et ainsi s'explique comment le vase
à boire profane a passé dans nos cérémonies avec
le même nom, mais avec une légère modification
spécialement dans sa profondeur et un changement intégral dans son affectation. (1)

Depuis bientôt un siècle, la numismatique et
l'archéologie ont apporté une contribution très
sérieuse à la connaissance du passé.

Dans un ouvrage récent que nous a signalé
M. Ed. Soyez, on peut voir un nombre extrêmement considérable de calices chrétiens à deux
anses, en usage du temps des catacombes au
x⁰ siècle inclus. (2)

Le souci de la vérité historique nous faisait un
devoir de relever l'erreur de Rigollot.

Cela dit, revenons à notre méreau amiénois.

Cette pièce de 1552, dont l'avers seul intéressait Rigollot, nous allons la retrouver dans son
ouvrage alors « en préparation » sur *les monnaies
des Evêques*, etc., avec notes et introduction de
Ch. Leber. (3) Il la décrit dans les termes suivants :

(1) Cf. l'antienne du *Magnificat : O sacrum convivium*, devenu
en français, dans la langue liturgique, le banquet sacré, le
banquet eucharistique.

(2) Ch. Rouault de Fleury ; *La messe*, études archéologiques
sur ses monuments, Paris, Imp. réunis ; t. IV, pl. 272 à 303.

(3) M. M. J. R. d'Amiens, *Monnaies inconnues des évêques des
Innocents et des fous avec notes et introduction*, par Ch. L.; Paris,
Merlin, 1837, p. 87, fig. 43. — Cet ouvrage, imprimé en 1833,
n'a été publié qu'en 1837.

« S. MARTINORAPRONOBIS. 1552.

« Saint Martin tenant, d'une main, un vase à
« boire... etc. (comme ci-dessus). Le vase a pro-
« bablement rapport aux fêtes de saint Martin, où
« l'on se livrait surtout à l'ivrognerie.
« R = FVNDATUS SVPRAFIRMAN PETRA +
« un rébus formé des lettres TEL, d'un chariot
« dans lequel se trouve une boule, et, dans le
« bas du dessin, d'un cube ou pavé.———

« L'explication de cette pièce est donnée par
« une autre, où est gravé, d'un côté un chariot
« tout pareil avec la légende CAVCHIE, et la
« date 1571 ; l'autre face représente une sorte
« de renommée sonnant de la trompette, et, sur
« la légende, on lit VERITAS ET... On doit en
« conclure que la légende et le rébus de la pièce,
« frappée en 1552, ont aussi rapport aux chaus-
« sées et qu'elle vient peut-être des Ingénieurs
« des ponts et chaussées de ce temps. On re-
« marquera qu'à Amiens, saint Martin était re-
« gardé comme le patron des voyageurs ; on les
« touchait, eux et leur monture, avec la clé d'une
« de ses églises. »

Cette conclusion de Rigollot ne satisfait pas notre curiosité pas plus que le déchiffrement de la monnaie de 1571 par notre regretté collègue M. A. Demailly qui, dans le véhicule y représenté, voit un *coche*, pour pouvoir le rapprocher du nom de famille amiénois *Cauchy*. (1)

A coup sûr, ce char, non bâché et sans siège, que nous identifierons plus tard, n'est pas le coche défini par un auteur contemporain, d'Avila, en 1553 : « un chariot couvert qui se nomme en « Hongrie *Coche* ; le nom et l'invention viennent « de ce pays. » (2) Ce n'est pas non plus la voiture à voyageurs, ancêtre de nos anciennes diligences, chantée par La Fontaine. (3)

. Nous entrons ainsi de plain-pied dans notre sujet, à savoir l'étude du revers du méreau (4) amiénois de 1552, chargé du très curieux rébus picard qu'il nous faudra déchiffrer.

Mais, tout d'abord, il convient de nous attarder

(1) A. DEMAILLY, *Inventaire des monnaies des évêques des Innocents...* Mém. antiq. de Pic. ; Amiens, Yvert et Tellier, 1910 et tirage à part, p. 85.

(2) LITTRÉ ; *Dict. fr.,* v° Coche.

(3) LA FONT., *Le coche et la mouche.* L. VII, f. 9.

(4) Les auteurs ne sont pas d'accord sur le nom à donner à ces pièces de plomb. Dans LEBER, *introd.,* p. 33 *méreau* ; dans M. R. (Rigollot) *op. cit., passim, pièce de plomb, monnaie, jeton,* dans DEMAILLY, *op. cit., monnaie ;* dans LITTRÉ, *dict. cit., médaille ;* dans le P. CAHIER, *op cit., plombs historiés ;* etc.

un instant devant la légende FVDATUS..., sur laquelle Rigollot et M. Demailly ont gardé, l'un et l'autre, le silence le plus complet.

Il n'est pas étonnant que le mot *pierre* se rencontre dans un méreau, sans date, avec ces légendes latines :

TV ES PETR. SVP HANC PETRA
EDIFICABO ECCLEAMEA LE MAISTRE (1)

Un autre, de 1571, est plus intéressant, en ce que la légende est en français et que nous y trouvons l'adjectif *ferme* associé au mot *pierre*, comme dans celui qui nous occupe :

MAISON.DE.DIEV.FONDEE.SVR FERME.P.(2)

Mais voici que, sur un méreau à l'effigie de saint Martin et portant la date de 1563, se rencontre cette légende :

FVNDATAES SVP FIRMA PETRA

où, comme sur notre pièce de 1552, le mot *pierre* est accompagné de l'adjectif *ferme*. (3)

C'est que cette légende n'est pas seulement applicable aux églises sous le vocable de saint Pierre, mais à l'Eglise en général. On la retrouve déjà dans ce passage des écritures, relatif à la pérennité de l'Eglise : « *Fundata enim erat super petram.* » (4)

(1) Demailly, *op. cit.*, p. 72, f. 62. — St Matthieu, C.XVI, v.18.
(2) M. R., *op. cit.*, p. 183, fig. 110.
(3) Demailly, *op. cit*, p. 60, fig. 45.
(4) St Luc, *évang.*. Ch. VI, v. 48, et St Matthieu, Ch VII, v.25.

— 63 —

Il y a mieux ; car les mots *ferme* et *pierre* sont
certainement extraits de la troisième antienne
des laudes de la dédicace de toutes les Eglises :
« *Firmiter ædificata hæc est domus Domini ;*
« *bene fundata est supra firmam petram.* » (1)
Nous aurons l'occasion de revenir plus loin sur
ces deux citations latines.

On se rappelle que le rébus du méreau de 1552
se compose du mot TEL, écrit au-dessus d'un
chariot portant une boule, lequel chariot est au-
dessus d'un pavé ou cube.
Mais les trois lettres de TEL vont en grandissant de gauche à droite. C'est faute d'avoir tenu
compte de cette intéressante particularité que
Rigollot n'a pu déchiffrer le rébus. (2).
Le mot *Tel* entre dans beaucoup d'aphorismes
dans lesquels il est toujours accompagné d'un
verbe suivi de son contraire ou antonyme, pour
exprimer deux idées contradictoires.

Deux exemples classiques seulement :
— *Tel qui rit vendredi dimanche pleurera* (3)
— *Tel brille au second rang qui s'éclipse au premier* (4)

C'est surtout dans nos aphorismes picards, où
le mot *Tel* (celui) est remplacé par le substantif

(1) Communic. de Mgr Mantel.
(2) Dr MAILLY, *op. cit.*, 31 et 32, mentionne deux rébus où
cette particularité ne se rencontre pas.
(3) RACINE, *Les Plaideurs*, I, 1, v. 2.
(4) VOLTAIRE, *La Henriade*, I,

abstrait *on* que cette antonymie est curieuse, car le deuxième verbe n'est autre que le premier précédé simplement de la syllabe *dé*.

Exemples = *On donne pis* (puis) *on dédonne*, locution qui répond à : « On donne d'une main et on reprend de l'autre. »

= *On se voit et on se dévoit* ; autrement dit : « aujourd'hui, l'on est dans l'aisance et, demain, dans la gêne. » (1)

= En parlant d'un enfant *bien moyen, langreux* et qui ne *profite* pas, ne disons-nous pas encore maintenant : « *I n' vient ni n' dévient* » ?

Si l'aphorisme de notre méreau picard obéit à cette loi, le mot TEL, dont les lettres vont en grandissant doit se lire : « *Tel qui se gonfle*, se donne de l'importance, *se croît*. »

Mais alors, par voie de conséquence, le pavé ou le cube de Rigollot doit aussi désigner une idée d'amoindrissement ; et il en est ainsi.

En effet ce cube est un dé, mais un dé évidé, creusé, un dé creux.

Le participe passé du verbe *avoir* (*Eu*), prononcé *u* en français, se prononce chez nous comme il s'écrit. (2) De même nos deux poètes patoisants MM. Robert de Guyencourt (3) et Edouard David (4)

(1) Jouancoux, *Glossaire picard*, Amiens, Jeunet, 1880 ; v^is *dédonner* et *dévoir*.

(2) Et le plus souvent *ieu* Ex. : *i s'os ieus*, il les a eus.

(3) R. de Guyencourt ; *Qu'qu's vers patois, la légende de Ste Ulphe*.

(4) Éd. David ; *Chés hortillonages* ; Amiens, Imp. Pic. ; *La chanson de la phalène*, p. 15.

écrivent *creuèl* pour cruel. En quoi ils se conforment à la vieille prononciation française, témoin ce passage de Marot :

> *Ce qu'ils ont fait ; car par rapt, tromperie*
> *Ont augmenté et creu leur seigneurie (1).*

Dès lors *Dé creux* (*décreu*) = décru, amoindri.

Il ne nous reste plus qu'à déchiffrer le chariot dans lequel se trouve une boule.

Il n'est pas, on l'a dit, un coche, mais bien le chariot à quatre roues, découvert et garni de ridelles en forme d'échelle horizontale et traîné par l'attelage, dit picard, composé de deux limoniers et de trois chevaux en tête, encore en usage pour la rentrée des récoltes.

Dans un vieux rébus de Picardie, ce véhicule représente la conjonction *Car*, nom sous lequel il est toujours désigné dans nos campagnes. (2)

Ce *Car* porte une boule qui, étant dépourvue de croix, n'est pas le monde comprenant le ciel et la terre, caractéristique ordinaire du Père Eternel, mais bien la terre seule, le monde, la machine ronde du bûcheron de la Fontaine. (3)

Ainsi la figure centrale de notre méreau, placée entre *Tel qui se croît* et *décreu* représente le chariot portant le monde = *le Car du monde*.

Mais, dans l'espèce qui nous occupe en ce

---

(1) Littré, *Dict. cit.*, vᵒ croître ; J. Marot, V. 69.

(2) Oct. Thorel, *Les rébus de Picardie*, Amiens, Yvert et Tellier, 1903, p. 87.

(3) La Fontaine, I, f. 16, La Mort et le Bucheron.

moment, quel sens donner à cette locution ?
De nos jours, on nomme *Monde* la haute Société,
expression qui se rencontre dans *homme, habitudes du monde.* — Dans le *demi-monde,* pièce
d'Al. Dumas fils, représentée en 1855, les héros
sont d'une réputation équivoque. (1) — Enfin le
quart de monde est la société tout-à-fait dévergondée, qui affecte certaines prétentions à l'élégance, stigmatisées par Xavier de Montépin. (2)
Au xvie siècle, il n'en était pas ainsi. Le *monde*
était la cour, la noblesse, les personnes de qualité et les belles compagnies. Cette expression
demi-monde, au sens indiqué ci-dessus est-elle
un néologisme ? (3) Nous ne le pensons pas ; mais
elle pouvait bien s'appliquer à une classe de la
Société qui ne brillait pas précisément par la modestie. On sait l'idée de dénigrement qui s'attachait déjà au mot *demi,* dans la bouche de
Pascal, parlant des *demi-habiles.* (4)

Ce demi-monde est celui que la Fontaine a si
peu ménagé dans ses fables et où

Tout bourgeois veut bâtir comme les grands seigneurs. (5)

C'est encore de lui qu'il a pu dire :

(1) Larousse, *Dict. fr.,* vo monde, et Littré ; op. cit.,
vo monde.
(2) Larousse, *eod. op. ; eod.* vo.
(3) A. Hatzfeld et A. Darmesteter, vo monde : « Demi-monde, (néologisme), la société que forment les femmes de
mœurs équivoques. »
(4) Littré, *Dict. cit.,* vo Demi.
(5) La Fontaine, I, f. 4, la grenouille qui veut se faire aussi
grosse que le bœuf.

> *Se croire un personnage est fort commun en France.*
> *On y fait l'homme d'importance,*
> *Et l'on n'est souvent qu'un bourgeois.*
> *C'est proprement le mal françois (1).*

Le *quart de monde* occupe le bas de l'échelle sociale. C'est le *vulgum pecus* d'Horace, la plèbe de Rome, les serfs du moyen âge, les gens du commun de l'époque de la Renaissance. Littré le cite, sans aucune référence, comme étant au-dessous du demi-monde. (2) N'est-ce pas pour nous une véritable aubaine de le voir pour la première fois, en 1552, apparaître non dans un texte mais dans un rébus de Picardie.

Ce rébus d'un méreau à l'effigie de saint Martin, l'apôtre de la charité est une leçon de morale donnée aux mauvais riches qui éclaboussent les malheureux ; c'est, en figures, la déchéance des puissants et l'exaltation des humbles. (3) En effet le sens en est très net et ne peut être que celui-ci :

TEL QUI SE CROIT

AU-DESSUS DU

CAR DU MONDE,

AU-DESSOUS DE LUI

(est) DÉCREU

Ce rébus conserverait le même sens avec *se*

(1) *Ibid.*, VIII, f, 15, le rat et l'éléphant.

(2) Littré, *Op. cit.*, v° monde.

(3) Cf. dans Demailly, *Op. cit.*, p. 64, un méreau sans date, à l'effigie de saint Martin divisant son manteau avec ce rébus : « AV POVVRE FAVLT ESTRE COVRTOIS » et p. 83, un autre de 1523, où l'on lit : « DEVS SVPERBIS RESISTIT HVMILIBVS DAT VENIAM. »

croit du verbe croire, puisque, en picard, *se croire* signifie « avoir une grande estime de soi-même. »(1) Mais cette lecture doit être rejetée ; car, avec elle, s'évanouirait l'antonymie signalée, qui semble être de l'essence des aphorismes picards et dont notre rébus tire sa particulière élégance.

Un mot encore. Le méreau de 1552 est-il une monnaie de Fous ou d'Innocents ?

M. A. Demailly, après avoir constaté que les plombs historiés sans indication de nom de paroisse sont des monnaies des Innocents de la Cathédrale, ajoute que l'évêque de Notre-Dame avait des coadjuteurs dans toutes les églises et même les abbayes de notre ville. (2) Dès lors, il est permis de supposer que la fête des Innocents se faisait ici partout avec le même cérémonial.

D'après Corblet : « Au moyen âge, à la Cathé-
« drale, avait lieu la fête des Innocents (28 déc.).
« Aux vêpres de saint Jean, quand on chantait le
« verset du *magnificat* : *Deposuit potentes de*
« *sede et exaltavit humiles*, celui qui régissait
« l'office cédait son bâton à un enfant de chœur ;
« ses jeunes collègues échangeaient leurs basses
« stalles avec les hautes stalles des chanoines.

----

(1) Jouancoux, *Gloss. cit.*, v° croire. — *Adde* dans Littré, *Op. cit.*; de Fénelon : « Ecoutez tout le monde, croyez peu de
« gens, gardez-vous de vous croire trop vous-même. »
(2) A. Demailly, *Op. cit.*, p. 14 et 16.

« Plus tard, les enfants de chœur élisaient l'un
« d'entre eux évêque, portant crosse et mitre. » (1)

N'y a-t-il pas une allusion frappante du *Tel qui
croît*, avec le verset du magnificat ? L'élection de
l'évêque, entrant en fonctions pour une année,
n'est-elle pas visée, avec une confusion voulue,
dans le *Fundatus...*, inspiré lui-même des
laudes de la dédicace de toutes les Eglises ?

Ces deux considérations nous portent à croire
que le méreau de 1552 est une monnaie des Innocents de notre Ville.

Que nous voilà loin de la piécette mérovingienne signalée par le docteur Rigollot !

Comment en un plomb vil l'or pur s'est-il changé ?

C'est que la rarissime médaille, fut-elle, ce
qui n'est pas, mi-payenne et mi-chrétienne, ne
laissait pas d'être un témoignage pieux rendu à la
charité de saint Martin. La seconde, au contraire,
même avec ces éléments disparates, mais renfermant sous couleur de religion, une prière, une
légende orthodoxe et un rébus d'une haute mo-
ralité, n'était, à vrai dire, qu'un jeton, qu'une
monnaie ayant cours aux jours d'esgaudissement
et de liesse de nos Innocents amiénois de la paroisse Saint-Martin-au-Bourg, selon toutes les
vraisemblances.

(1) J. CORBLET, *Op. cit.*, t. IV, p. 324 ; et M. R., *Op. cit.*, p. 6
note : « Pendant la fête des Innocents on répétait plusieurs fois
« le verset : *Deposuit...* qui fait directement allusion aux sa-
« turnales, du moins à l'objet de ces fêtes. »

OUVRAGES REÇUS

PENDANT LE 1ᵉʳ TRIMESTRE DE L'ANNÉE 1917.

I. Le Ministère.

1º Bibliographie générale des travaux historiques et archéologiques publiés par les Sociétés savantes de la France, etc., T. VI, nº 3. — 2º Journal des savants, nᵒˢ 10, 11 et 12, 1916. — 3º Revue historique, T. CXXIV, nᵒˢ 1-2, 1917.

II. Les Auteurs.

M. G. Durand : Guide à Saint-Riquier, 2ᵉ Ed. — M. G. Servières : La décoration des buffets d'orgue aux xvᵉ et xvıᵉ siècles (Gazette des beaux-arts, décembre 1916).

III. Dons.

Dons de M. Brandicourt : 1º Fausse alerte ! — 2º Lafleur journaliste. — 3º Mein Camarade. — 4º Lafleur à Berlin, pièces en vers patois, par M. Camille Dupetit.

III. Acquisitions.

1º Exposition d'architecture régionale dans les pays envahis, janvier-février 1917. — 2º La cathédrale de Reims, par M. P. Vitry, fasc. VI. — 3º Les arts français. L'Art de la Champagne. Région de Reims, par M. L. Demaison. — 4º L'Muche, saynète en patois picard de Louis Seurvat, etc. — 5º The battle of the Somme ; first phase, par John Buchan.

BULLETIN

DE LA
SOCIÉTÉ DES ANTIQUAIRES
DE PICARDIE

Année 1917. — 2me Trimestre.

Séance ordinaire du 10 Avril 1917

Présidence de M. Oct. Thorel, doyen d'âge.

Sont présents : MM. Brandicourt, l'abbé Cardon, Collombier, P. Cosserat, Dubois, de Guyencourt, Ledieu, l'abbé Rohault et Thorel.

Mgr Mantel, M. Maurice Cosserat et M. Michel se font excuser.

Correspondance. — La famille fait part de la mort de M. Adrien Duthoit, artiste peintre, chevalier de la Légion d'honneur et membre non-résidant de la Société qui s'associe au deuil causé aux siens par le décès de ce regretté collègue.

— M. Héren, toujours présent aux armées, donne de ses nouvelles qui sont satisfaisantes.

— M. Rodière déclare que, dans sa note sur la pierre tombale de Senarpont, M. Bacquet s'est fait l'écho d'une erreur. Ce n'est point là un cénotaphe en mémoire d'Edmond I de Monchy, dont le corps fut inhumé en l'abbaye de Séry, mais c'est bien le véritable tombeau d'Edmond II de Monchy, fils du précédent. Ce fait a été absolument démontré par divers auteurs.

— M. Brière écrit, de Noyon, une lettre au crayon, pour demander le fascicule de « la Picardie historique et monumentale », concernant le canton de Roye, en remplacement de celui que les Allemands ont réquisitionné chez lui. Cette lettre, datée du 28 avril 1916, a mis près d'une année pour parvenir à Amiens, et l'on a eu le regret d'apprendre le décès de son auteur avant qu'elle fût arrivée. M. Brière était membre de la Société depuis le 8 novembre 1898.

— La Société de l'Ecole des chartes réclame le concours de tous, pour dresser la statistique des monuments historiques ou artistiques détruits ou mutilés par la guerre.

Ouvrages signalés. — L'assemblée remarque particulièrement, parmi les ouvrages déposés sur le bureau, ceux dont les titres suivent :

1° *L'Muche*, saynète en patois picard de Louis Seurvat, achetée pour la bibliothèque. —

L'auteur y a employé le mot *ébreux* (pour *ébrieux*, du latin *ebriosus*), sur lequel M. Thorel s'est appuyé pour justifier l'étymologie du mot *rabeuse* (pour *rabieuse*, de *rabiosa*) dans son étude intitulée « *les quatre abeuzes* ».

2° *Quatre petites pièces* en vers patois, par M. Camille Dupetit, offertes par M. Brandicourt.

3° *La bataille de la Somme*, première phase, par John Buchan, (texte anglais).

4° Deux volumes de « *Mémoires et documents pour servir à l'histoire des pays qui forment aujourd'hui le département de l'Oise*, par M. de Caix de Saint-Aymour.

Chronique. — Les Antiquaires de Picardie protestent avec indignation contre la destruction systématique des monuments historiques exercée par les Teutons, destruction dont viennent d'être victimes, entre autres, les belles églises de Péronne et de Roye, le château de Ham et surtout les admirables ruines de Coucy.

— On annonce aussi la démolition, — non occasionnée par la guerre, — des anciens bâtiments de l'abbaye du Gard, construits au xviii° siècle.

— La Société est douloureusement affectée en apprenant que M. Hector Josse, malgré son âge et son état de santé, a été enlevé par les Allemands, vers le milieu du mois de février dernier, et transporté on ne sait où, sans que depuis on ait reçu de ses nouvelles.

— La façade d'une pittoresque maison du xvie siècle, construite en pans de bois et qui se dresse sur la place principale de Roye, paraît n'avoir pas trop souffert des effets de la guerre.

— L'assemblée est heureuse d'apprendre que M. Duhamel-Decéjean réside toujours à Nesle et qu'il va bien.

Travaux. — M. Thorel proteste à nouveau contre l'état regrettable où se trouve « la pierre saint Firmin » abandonnée dans le jardin du musée, malgré les nombreux souvenirs qu'elle rappelle. La Société n'a aucun pouvoir sur les objets anciens qui composent les collections municipales, mais elle peut voter un subside en leur faveur et prier un de ses membres, faisant aussi partie de la commission officielle du Musée, de le proposer à qui de droit, pour qu'il soit consacré à la conservation d'un monument auquel se rattachent tant de traditions amiénoises.

— M. Thorel signale aussi, dans le bureau de l'architecte de la Ville, un intéressant mortier d'apothicaire de l'époque gallo-romaine, trouvé dans les fondations de l'école de musique, rue des Corps-nuds-sans-tête. — Cet objet mériterait d'être déposé au Musée.

— M. le Secrétaire perpétuel lit la description d'un grillage de fenêtre remarqué jadis à Ansenne par M. Hackspill. Cette ferronnerie, de la fin du xve siècle ou du début du suivant, fut achetée et enlevée depuis par un brocanteur. Après cette communication la séance est levée à 6 heures.

FUNÉRAILLES DE M. EDMOND SOYEZ.

—

Après les deuils si nombreux qui l'ont attristée depuis quelques années, la Société des Antiquaires de Picardie devait encore avoir la douleur de perdre le plus ancien de ses membres titulaires et aussi l'un de ses bienfaiteurs les plus éminents, M. Pierre-François-Edmond Soyez, mort à Amiens, le 20 avril 1917, à l'âge de 78 ans.

Le 23 du même mois, tous ceux des nôtres à qui les circonstances actuelles l'ont permis, accompagnaient à sa dernière demeure cet excellent et regretté collègue. — Le deuil était conduit par M. J. Dehesdin proche parent du défunt.

Les cordons du drap mortuaire étaient tenus par Mgr Mantel, président de la Société et par M. Ledieu, trésorier ; par M. Oct. Thorel représentant la Société des amis des arts du département de la Somme ; par M. Rousseau, président de la Société industrielle d'Amiens ; par M. Eug. Delattre, membre du conseil paroissial de la Cathédrale et par M. Desprez, capitaine de la Compagnie fondamentale des chevaliers-archers d'Amiens, dont la magnifique bannière, offerte jadis par le regretté défunt précédait le cortège.

Une délégation des élèves de l'école libre dont M. Soyez était l'insigne bienfaiteur, s'était jointe à la foule où l'on remarquait, parmi un grand nombre de notabilités, M. G. Antoine, adjoint au maire de la ville d'Amiens, représentant la municipalité.

La croix de commandeur de l'ordre pontifical de Saint-Grégoire-le-Grand, dont M. Soyez était titulaire, était portée derrière le cercueil.

Après un service solennel, célébré dans le chœur de la Cathédrale en présence de S. G. Mᵍʳ l'évêque d'Amiens, celui-ci retraça à grands traits, en une éloquente oraison funèbre, la vie de l'homme de bien, enlevé à l'affection de tous. — Mᵍʳ de la Villerabel donna aussi l'absoute, puis, après une station à la chapelle de Notre-Dame-de-Foy, que M. Soyez avait particulièrement aimée, le corps fut transporté au cimetière de la Madeleine et inhumé dans une sépulture de famille avec la simplicité que notre collègue avait exigée.

Étaient présents : MM. Brandicourt, l'abbé Cardon, Collombier, M. Cosserat, P. Cosserat, Dubois, Durand, de Guyencourt, Ledieu, Mᵍʳ Mantel, Michel, le Chᵐᵉ Rohault, Roux, Schytte et Thorel, membres titulaires de la Société, ainsi qu'un grand nombre de membres non-résidants et d'amis ; M. l'abbé Leroy s'était fait excuser.

Séance ordinaire du 8 Mai 1917

Présidence de Mgr MANTEL, Président.

Sont présents : MM. Brandicourt, l'abbé Cardon, Collombier, P. Cosserat, Florisoone, de Francqueville, de Guyencourt, Ledieu, l'abbé Leroy, Mgr Mantel, Michel, Milvoy, l'abbé Rohault, Roux, Schytte, Thorel et de Witasse, membres titulaires.

M. l'abbé Olive, membre non-résidant assiste à la séance.

M. Maurice Cosserat se fait excuser.

Correspondance. — M. le Secrétaire perpétuel, après avoir déclaré que le nouveau deuil qui vient de frapper la Société prime pour elle tous les autres événements, mais que Mgr Mantel, président, se réserve d'en parler, commence le dépouillement de la correspondance mensuelle.

— M. Brunel vient de mettre sous presse le Catalogue des manuscrits de la Bibliothèque des Antiquaires de Picardie et déclare qu'il y écrit toujours sans *h*, le nom du *Ponthieu*, car cette forme n'est qu'une graphie fautive du XVIIe siècle.

— La Société française d'archéologie trace un programme pour la restauration des églises dévastées par la guerre.

— M. Duhamel-Decéjean, à qui M. le Secrétaire perpétuel avait écrit, de la part de la Société, dès la libération de Nesle, adresse la lettre suivante dont l'assemblée décide l'impression à titre de document historique.

Nesle, 8 Avril 1917.

Monsieur le Secrétaire perpétuel,

Je suis très sensible aux sentiments de bonne confraternité qui ont dicté votre lettre, et je vous en remercie très sincèrement.

Je viens de traverser, en vérité, deux ans et demi les plus tristes et les plus douloureux. Surtout depuis le refus qui a été fait d'examiner les propositions de paix du Kaiser, les Prussiens ont agi avec une violence, une barbarie, je pourrais même dire une férocité sans pareille.

Les mauvais traitements que nous avons subis étaient infligés avec cette fierté et cet orgueil inflexibles qui caractérisent la race teutonne.

On y sentait surtout le parti pris de ruiner la région, de la faire souffrir, et d'anéantir sa richesse, non seulement dans le présent, mais dans un long avenir.

C'est dans ce but que nos forêts de chênes et nos plants de peupliers ont été rasés. Il faut trente ans pour refaire des peupliers, et il faut cent ans, et plus, pour refaire des chênes semblables à ceux qui ont été emportés en Prusse, pour une valeur de plusieurs millions. La nation allemande fait, de la guerre, un vrai commerce qu'elle sait rendre très lucratif. A peine a-t-elle envahi le pays que celui-ci est organisé au point de vue des affaires, en même temps qu'au point de vue administratif.

Les rapports des espions ont déterminé d'avance les sources de bénéfices à exploiter, et le brigandage s'organise sans retard. C'est ainsi que nos forêts ont disparu.

C'est ainsi encore que des milliers de kilog. de laine provenant des matelas réquisitionnés, sont partis chez les filateurs d'Outre-Rhin. C'est ainsi que tous les métaux, cuivre, bronze, étain, zinc, nickel, etc... ont été soigneusement recueillis : cloches des églises, des hôtels-Dieu, des châteaux, des usines, sonnettes des maisons particulières, tuyaux des orgues (1.927 tuyaux ont été enlevés de la Collégiale de Nesle, objets d'art, pendules, candélabres, bougeoirs. garnitures de foyer, ustensiles de zinc, tonnes, toitures, bacs, etc., etc...

Mais je ne veux pas raconter les désastres de notre région ; un volume n'y suffirait pas ; une lettre ne ferait que rapetisser l'étendue des ruines. Sans parler de la culture si riche autrefois, qui n'a plus aujourd'hui ni chevaux, ni bestiaux, ni instruments, et dont les terres exigeront, pour être remises en état, dix ans de travail ..

Au milieu des disparitions lamentables des monuments des cantons de Nesle, Roye, Rosières, Chaulnes, Péronne, etc..., voici que la publication de la Picardie Monumentale est devenue d'une valeur plus précieuse encore qu'auparavant, en conservant les photographies et les descriptions d'un grand nombre d'édifices qui ne sont plus que d'informes décombres.

Telles la Collégiale de Roye, les églises de Billancourt, Biarre, Rethonvillers, Champien, Omiécourt, Chaulnes et quantité d'autres dont la liste serait trop longue.

On en fera nécessairement le relevé officiel. Déjà divers volumes ont paru, soit pour raconter la guerre en Picardie, soit pour faire connaître les souffrances des prisonniers français en Allemagne. Et la guerre n'est pas finie. Il faut croire que l'histoire complète sera écrite. ce sera un acte de bonne justice.

Je vous remercie encore, Monsieur le Secrétaire perpétuel, de votre affectueux souvenir, et je vous prie d'agréer la nouvelle assurance de mes meilleurs sentiments.

Duhamel-Decéjean.

P.-S. — Nous avons été très malheureux sous le rapport de la nourriture. Plus de viande, plus de lait, plus de volaille ; les pigeons eux-mêmes ont tous été exterminés par la kommandantur. Du pain noir, à consistance de mastic, dont les chiens n'auraient pas voulu, et cela pendant deux ans et demi. Même plus de médicaments pour les malades...

A Nesle, cent cinquante maisons, sur 400, ont été démolies à coups de pioche, ou incendiées. Les ponts détruits par la mine, et les rues bouleversées.

Six cents habitants ont été emmenés en Prusse, (au nombre desquels mon petit-fils, parti le 30 juin 1916, et de qui nous sommes sans nouvelles depuis dix mois).

Presque tous les puits de la Ville ont été empoisonnés ; on ne peut plus sans danger se servir de l'eau.

Veuillez m'excuser si je dépasse les bornes d'une lettre, après avoir eu l'intention de n'ajouter qu'un mot. — D.-D.

Ouvrages signalés. — M. le Secrétaire perpétuel appelle l'attention sur divers numéros du *Dimanche,* semaine religieuse du diocèse d'Amiens, où l'on trouve des renseignements d'un réel intérêt historique sur la dévastation exercée par les Germains dans le Santerre. Le n° du 29 avril contient aussi l'oraison funèbre prononcée par Mgr de la Villerabel aux funérailles de M. Soyez, ainsi qu'une liste des églises plus ou moins ruinées du doyenné de Roye.

— Le n° 33 du périodique « la Picardie » présente un intérêt du même ordre.

— Le Bulletin du musée des beaux-arts de Boston publie la photographie d'un saint Adrien, statuette en bois, que l'on croit une œuvre de l'école abbevilloise du xvie siècle.

Chronique. — Il n'y a pas lieu d'énumérer à nouveau les monuments détruits en la région picarde par la fureur teutonique ; tous les journaux en ont publié la liste. — On accordera cependant un regret tout particulier à la très intéressante église d'Autrèches (Oise), décrite jadis dans la collection intitulée : « Eglises, châteaux et beffrois les plus remarquables de la Picardie et de l'Artois ». — De ce sanctuaire, il ne parait point rester pierre sur pierre.

Administration. — M. Gérard Deberly, présenté en la dernière séance, est élu membre non-résidant.

— M. le Président communique à la Société une lettre par laquelle M. Devisme, notaire à Amiens, annonce que M. Soyez a légué à la Société une somme importante et qu'il lui assure en outre les fonds nécessaires pour l'achèvement de « la Picardie historique et monumentale ». M. Soyez a aussi attribué par testament aux Antiquaires de Picardie plusieurs dessins et quelques miniatures.

— M. Brandicourt veut bien promettre de rédiger, dans le plus bref délai possible, une notice biographique sur M. Soyez, puis la séance est levée en signe de deuil.

Séance ordinaire du 12 Juin 1917

Présidence de Mgr MANTEL, Président.

Sont présents : MM. l'abbé Cardon, Collombier, P. Cosserat, Dubois, Durand, Florisoone, de Francqueville, de Guyencourt, Ledieu, Mgr Mantel, Michel, Milvoy, l'Abbé Roh'ault, Roux et Thorel.

MM. Maurice Cosserat et Schytte s'excusent de ne pouvoir assister à la réunion.

Correspondance. — M. G. Deberly remercie de son élection en qualité de membre non-résidant.

— L'Académie d'Amiens met au concours un ouvrage qui sera intitulé : « l'Arrondissement d'Abbeville pendant la guerre (1914-19..). Etude historique et documentaire ». Un prix de six cents francs, (prix Ernest Prarond), sera décerné, s'il y a lieu, à l'auteur du mémoire couronné.

Les ouvrages des concurrents devront parvenir au Secrétaire perpétuel de l'Académie, avant le 1ᵉʳ novembre 1918, si, à cette date les hostilités sont terminées depuis plus de six mois, et, au cas contraire, dans les six mois qui suivront la cessation des hostilités. Les autres conditions sont celles adoptées pour la plupart des concours.

— M. Braut, de Paris, fait hommage de quelques brochures dont il est l'auteur et qui traitent de la « réparation des dommages artistiques causés par l'invasion », notamment dans le département de la Somme.

Ouvrages signalés. — On remarquera avec intérêt dans le Bulletin des Antiquaires de Londres, (année 1915-16, pages 246-247), des dessins de chapiteaux provenant du prieuré de Saint-Nicolas d'Exeter, qui offrent la plus grande analogie avec ceux de l'abbaye de Dommartin conservés au musée d'Amiens.

— L'attention doit aussi se porter, dans les mémoires de la Société de l'histoire de Paris et de l'Ile-de-France, (T. XLII, 1915), sur une étude intitulée : « un Collège inconnu des bons

enfants d'Arras à Paris, du xiiie au xve siècle »,
par M. A. Guesnon.

Chronique. — Pour la huitième fois, M. l'abbé
Hénocque, membre non-résidant de la Société,
vient d'être cité à l'ordre du jour du corps d'armée auquel il appartient en qualité d'aumônier
militaire.

— Le prix du Cange, attribué chaque année à
un élève du Lycée d'Amiens, sera décerné en
1917, à M. Nicolas (Hassein), né à Ochrida
(Macédoine).

— M. P. Dubois annonce la découverte, à
Rosières, de remarquables boiseries artistiques.
Il s'agit des lambris en bois sculpté qui garnissent tout un appartement de l'habitation de M.
Habavent, notaire, et proviennent, dit-on, de
l'hôtel de Mme Récamier à Paris. Ces boiseries,
actuellement protégées contre les bombes par des
sacs de terre, sont difficiles à examiner.

— M. l'abbé Cardon, de la part de M. le chanoine Rohault, communique des recherches sur
une religieuse de Port-Royal, confiée aux sœurs
de Saint-Julien d'Amiens.

Cette exilée, sœur Anne de Sainte-Cécile
Boiscervoise, âgée de 86 ans, arriva le 2 novembre 1709 dans le couvent qui lui était destiné.
Elle y vécut seulement quelques jours, car,
atteinte d'une fluxion de poitrine, elle expira
bientôt, après avoir fait sa soumission entre les

mains de Mgr Sabatier, évêque d'Amiens. Une lettre écrite par une religieuse de Saint-Julien d'Amiens a fait connaître tous ces détails. Cette lettre, extraite d'un recueil des mandements de Mgr Sabatier, échappa à l'abbé Corblet, lorsqu'il écrivit sa notice sur quatre religieuses de Port-Royal des Champs, exilées dans divers monastères d'Amiens.

— M. l'abbé Bouvier rectifie une erreur de Montfaucon, reproduite par le Père Daire. Ce dernier signalait dans son « Histoire littéraire d'Amiens », un document intitulé : « *Anonymi liber de compositione castri ambianensis*, etc., », conservé dans la collection de Christine de Suède, au Vatican, sous le n° 1024.

Une photographie de la première page de ce document prouve qu'on doit lire « *ambasien-sium* » le mot « *ambianensium* » qu'on avait cru y reconnaître. Ce n'est donc pas à *Amiens* mais à *Amboise* qu'il faut restituer ce document.

— M. l'abbé Bouvier signale, en second lieu, un ancien sacramentaire dont il a retrouvé quelques feuilles dans la reliure d'un missel du xviie siècle. Le recto et le verso de la première page renferment une partie du canon de la messe. La disposition du « *memento* » des morts, précédé de deux autres « *memento* » plus anciens, indique que ce manuscrit ne peut être postérieur au xiie siècle.

— M. Florisoone présente quelques photo-

graphies de Roisel et de son église, qui possédait
d'intéressants panneaux relatifs à la vie de Sainte-
Barbe. — Que sont-ils devenus ?

A 6 heures du soir la séance est levée.

UNE PLAQUE DE CHEMINÉE
DE 1632

Note par M. Oct. Thorel.

Tandis que nos constructions actuelles sont d'une ennuyeuse uniformité, celles de nos pères présentaient, au contraire, un cachet d'originalité dont témoignent non seulement les façades des maisons des xv°, xvi° et xvii° siècles, mais aussi les détails secondaires de leur décoration intérieure, spécialement les plaques de cheminée (1).

Rien ne peut mieux en rendre compte que l'album photographique qu'en a récemment donné M. Henri Carpentier, comprenant 1290 types différents, allant du milieu du xv° siècle au second Empire inclus, et tirés tant de la mythologie que de l'histoire générale (2).

L'un de nos membres titulaires non-résidants, M. Ernest Magniez, a trouvé dernièrement chez un

(1) Sur les synon. de Plaque, v. notamment : F. Godefroy, *Dict du vieux français*. Paris, F. Wieg, *v°* contrecuer et tache; Le Roux, *Dict. comique*, etc. Lyon, Béringos, 1735, *v°* cœur ; Havard, *Dict. de l'ameublement*, Paris, Quantin, *v°* bretagne, contre-cœur, contre-feu, taque ; *Littré, dict. fr., v°* cœur, contre-cœur, taque; (*adde v°* tache). — *Taque*, du wallon *tak*, est encore employé en Picardie, au sens de plaque de cheminée.

(2) H. Carpentier, *Plaques de cheminée*, Tome 1°; Paris, chez l'auteur, 1912. — Bibliothèque des Antiquaires de Picardie, L. C. VIII, 17 — 1 — n° 34.825.

2

marchand de vieux métaux de notre ville, une de ces plaques de fonte dont — comme toujours — la provenance ne lui fut pas indiquée, et qui mesure 0^m79 de hauteur, 0^m77 de largeur et 0^m028 d'épaisseur; d'où un poids approximatif de 92 kilog. Entre les deux angles supérieurs coupés à 45 degrés se lit la date de 1632.

De chaque côté de ce chiffre sont ces deux légendes. A droite : FORTES CRUX SOLA CORONAT et à gauche : IOAN. MANEL PRIOR DE RIVO. Au centre de la plaque est un écusson timbré d'un chapeau d'évêque, à en juger par les six bouffettes des cordons.

En l'absence de lignes et de points qui représentent conventionnellement les métaux et les émaux héraldiques, M. R. de Guyencourt l'a déchiffré comme suit à notre intention : « *d'or (?) à trois écus de France, couronnés et posés 2 et 1* ».

Dans P. Palliot (1) on ne trouve que trois familles ayant des armoiries rappelant celles de la plaque, savoir : 1° *De mont Saint-Jean* : « *de gueules à 3 écussons d'or* » ; 2° *De Charny, au duché de Bourgogne* : « *de gueules à 3 écussons d'argent* » ; 3° *d'Abbeville en Flandres (sic)* : « *d'argent à 3 écussons de gueules* ». Nous avons vainement cherché celles de Jean Manel.

Les indications fournies par les plaques n'ont d'ailleurs d'ordinaire qu'une précision très relative. En effet, quelques grands dignitaires n'attachaient que peu d'importance au timbre de leur écu ; il en est d'autres, qui laissaient aux artistes, graveurs, peintres ou sculpteurs une très grande latitude. C'est ainsi qu'un *ex libris* de Mgr H. Feydeau de Brou a pour timbre un chapeau d'archevêque à dix houppes, alors que ce prélat n'était qu'évêque d'Amiens (2).

(1) P. PALLIOT, *La vraye science des armoiries* ; Paris, MDCLX, pages 309 et 310.

(2) ED. SOYEZ, *Les évêques d'Amiens*, Amiens, Langlois, 1878, p. 240 : « Mgr Feydeau de Brou, 1692-1706 » — *L'ex-libris* est de 1701.

De même on peut relever dans l'album de M. H. Carpentier de nombreuses plaques dans lesquelles le timbre ecclésiastique n'est pas en concordance avec la qualité du personnage représenté par ses armes (1).

L'identification de cette plaque est encore rendue plus difficile par ce fait que le mot latin *Rivus*, donnant *Rivo* à l'ablatif, peut s'appliquer à un nombre considérable d'abbayes d'hommes.

En outre des quatre *Rivus* signalés par Mas-Latrie (2), ce mot pourrait s'appliquer à Rieu, Ry, Ris (3), Ru, Rus (4) et même à Rupt (N. E. de la France), dont les deux lettres finales P et T sont purement parasites et ne se prononcent pas.

Il est vraisemblable que le monastère dont Jean Manel était le prieur était de l'ordre de Cîteaux qui, lors de sa suppression en 1789, comptait près de 1800 abbayes d'hommes et 1400 de femmes (5). Ajoutons que leur richesse avait fait créer des bénéfices attribués à un certain nombre de leurs dignitaires notamment : l'abbé, le prieur

(1) H. Carpentier, *Op. cit.*, Armes d'évêques, nos 645, 646 et 713 ; d'archevêques, 680, 715 et 1144 ; de cardinal, 776.

(2) De Mas-Latrie, *Trésor de chronol.*, Paris, Palmé, 1889, p. 1916 : « *Rivus ferrarius*, Saint-Martin-en-Vallespir, près Perpignan ; *Rivus grandis* ou Saint-Polycarpe, près Narbonne ; *Rivus niger*, Carcassonne.

(3) L. Lalande, *Dict. hist. de la France* ; Paris, Hachette, 1877.

(4) Dans Le Nain, *Histoire de l'ordre de Cîteaux*, Paris, Muguets, 1697, t. IX, p. 252.

(5) Desobry et Bachelet, *Dict. de biog. et d'hist.*, Paris, Delagrave, 1883 ; vo Cîteaux.

couventuel, le chambrier, l'aumônier, l'hospitalier, le sacristain et le cellérier (1). .

Les plaques de prieur doivent être rares, car l'album n'en fournit que deux. L'une de 1633, où ne se voient ni mitre, ni crosse, ni chapeau, est celle d'un prieur de Luxembourg, de l'ordre des Dominicains (2). L'autre, comme on va le voir, nous ménage de singulières surprises.

Elle est incontestablement une réplique de la

(1) A. CHÉRUEL, *Dictionnaire des Institutions de la France*; Paris, Hachette, 1870, v° Abbaye.
(2) H. CARPENTILR, *Op. cit.*, n° 729.

plaque de M. Magniez : mêmes dimensions, même millésime de 1632, mêmes légendes latines et enfin même chapeau d'évêque (1).

L'identité est telle que toutes les fautes de dessin, les failles et autres vices de fonte se retrouvent dans l'une et l'autre de ces plaques.

La dissemblance va s'accuser très nettement dans les écussons. Celui de la plaque de M. E. Magniez est, on se le rappelle : « *d'or (?) à 3 écus* « *de France couronnés et posés 2 et 1* ». Celui de la plaque nouvelle est, encore d'après M. de Guyencourt : « *De..... au lion rampant de...* « *tenant une colonne surmontée d'une croix* « *potencée et couronnée de....,.* ».

M. Carpentier accompagne le dessin de cette seconde plaque de la note suivante : « Monastère de Rivo-del-Sil (Espagne) » que, avec raison, il fait suivre d'un point d'interrogation. Car sa référence à « Dom Vessette », t. III, p. 229, ne fournit qu'une mention pure et simple de cette abbaye, sans aucune référence (2). -

A ce taux, la dite plaque pourrait tout aussi bien provenir du monastère de Rivo-Sicco, en vieille Castille, que Le Nain cite dans les mêmes conditions d'incertitude (3).

La plaque de l'album Carpentier appartient à M. Sacleux, propriétaire de l'auberge du Grand-

____

(1) H. Carpentier, *Op. cit.*, p. 294, n° 821.

(2) Dans Dom Vaisete, *Hist. du Languedoc*, Paris, J. Vincent, 1730-1745, simple indication de cette abbaye.

(3) Le Nain, *Op. cit.*, p. 226 et 243.

Cerf aux Andelys (Eure), installée dans l'ancien hôtel de N. Duval, seigneur de Viennois (1).

Sans doute, le lieu où une plaque a été trouvée n'est pas une preuve qu'elle ait été fondue dans ce lieu même ou dans ses environs, et M. H. Carpentier ne cite aucune fonderie ayant existé aux Andelys ou à Amiens (2).

Etant donnés le millésime des deux plaques et leur travail essentiellement français, nous inclinons à penser qu'elles sortent de l'une des usines de la Lorraine, des Ardennes, de l'Alsace ou de la Meuse, tous pays où, de plus, les abbayes cisterciennes étaient fort nombreuses.

Vraisemblablement l'un des modèles en bois, pommier ou tilleul, de ces deux plaques — sans pouvoir préciser lequel — a servi à fondre les plaques destinées aux dépendances du prieuré proprement dit, et l'autre celles des appartements privés du prieur Jean Manel, par substitution du second écu au premier.

Parfois un même sujet est traité avec des nuances insignifiantes. Témoin les trois plaques de l'album Carpentier (3) et une quatrième nous appartenant, à l'image de Marie Leczinska. Mais la similitude absolue de celles qui font l'objet de cette note, dans toutes leurs parties, excepté les écus, nous a paru une particularité peu commune et, à ce titre, digne d'être signalée.

(1) H. CARPENTIER, *Op. cit.*, p. 294 et 821.
(2) H. CARPENTIER, *Eod., op.*, p. 9 et 10.
(3) H. CARPENTIER, *Op. cit.*, p, 456, nᵒˢ 1269 à 1271.

LES REGISTRES PAROISSIAUX

Étude par M. l'abbé Cardon.

ONVILLERS

Avant la Révolution et l'établissement de l'état civil, les registres paroissiaux servaient seuls à recevoir les actes de baptême, de mariage et de décès. On trouvait encore un autre registre où étaient inscrits les inventaires des titres et des biens de l'Eglise.

Régulièrement ces registres ne contenaient que les notions essentielles en suivant de plus en plus un modèle sans doute donné par l'autorité diocésaine. Cependant certains ecclésiastiques y inscrivaient des mentions étrangères et se plaisaient parfois à relater dans des notes plus ou moins sommaires les événements marquants, les faits qu'ils jugeaient intéressants voire même des poésies, comme l'abbé Carpentier dans le registre de la paroisse de Fignières.

Les auteurs de ces notes sont amenés par la nature de leurs fonctions à traiter surtout de questions religieuses comme les travaux exécutés dans leur église ou leur presbytère, la décoration des autels et des chapelles, l'achat d'ornements, la bénédiction des cloches, l'établissement de confréries, etc., etc.

Mais entre toutes les notes celles qui se rapportent à la marche des saisons, à la question des subsistances tiennent une grande place. On signale les températures exceptionnelles de l'hiver et de l'été, les pluies persistantes, les sécheresses prolongées, les grands orages. etc., etc. Le cours des grains est régulièrement noté. On signale la cherté des vivres qui occasionne les disettes et quelquefois même des famines. On cite les maladies contagieuses qui sont tombées sur le pays et y ont occasionné de nombreux décès, etc.

Ces registres sont pour l'histoire locale une source qui n'a guère encore été explorée et je crois que dans le fond des sacristies on pourrait peut être faire des trouvailles intéressantes. Je signale cette étude à la sollicitude de nos confrères ecclésiastiques ; qu'ils cherchent et recueillent patiemment dans leurs anciens registres, ces notes qui ne sont pas à négliger pour l'établissement d'une monographie de leur paroisse.

Après vous avoir cité en 1913 (1) les notes que les curés de Querrieu avaient rédigées sur un des registres de la paroisse, je vais aujourd'hui vous donner celles inscrites sur les registres de catho-

(1) *Bulletin des Antiq. de Picardie,* 3ᵉ *Trim.* 1913. — *Ephémerides de Querrieu.*

licité de la paroisse d'Onvillers, doyenné de Mont-didier, de 1696 à la fin du xviii° siècle.

Les registres de catholicité de la paroisse d'On-villers remontent à 1657. De 1666 à 1674, ils sont rédigés en latin. A partir de 1696, le nou-veau curé, l'abbé Louis Ricbourg, commence à y ajouter quelques notes intéressantes. Ce bon curé aimait bien écrire ; déjà, à un volume qui avait passé par ses mains l'*Obsequiale*, incuna-ble de la bibliothèque d'Abbeville, il avait ajouté quelques feuillets couverts de notes qu'a publiées le Cabinet historique d'Artois et de Picardie (1891 p. 157 et s.)

Il a rempli également de notes les registres paroissiaux et nous ne sommes pas de l'avis de ce greffier du bailliage qui, mécontent de voir ces notes en un tel lieu, écrit à la fin du registre de 1709, une longue diatribe contre « le faiseur de remarques qui tout en constatant la cherté des vivres et en dépit de la misère des autres a su se procurer un petit fond de 3 à 400 livres de revenu », et qui ajoute « rien de plus surprenant et de plus scandaleux que de trouver le prix des œufs, du foin, de la bisaille à la place de l'enregistrement des baptêmes ; si on a trop de papier, il faut le laisser en blanc ou bien l'employer à paraphraser le miserere ». Au contraire il eut été désirable de voir beaucoup de curés faire comme celui d'On-villers ; ces notes auraient été d'un précieux se-cours pour les histoires locales.

Voici ces notes :

1696

En 1696, le blé n'a valu que 40 et 50 sols le setier. En 1695, le prix estoit le mesme, mais en 1694, il a valu 15 livres. Il est mort bien du monde cette année-là. En 1693, il a valu une pistole (10 livres) à la fin de l'année il a été jusqu'à 12 livres le setier, mesure de Montdidier.

1698

Au mois de mars 1698, le Roy a fait son camp près de Compiègne pour faire voir la guerre aux dames et montrer au prince d'Orange, usurpateur du royaume d'Angleterre et à ses alliés qu'il estoit encor en estat de faire la guerre. Il n'y avoit rien de plus beau à voir et avec d'autant plus de plaisir qu'il n'y avoit rien à craindre. L'armée estoit campée dans la plaine de Monchy à Compiègne. La bataille s'est donnée près de Gournay (1). Le maréchal de Boufflers estoit le generalissime de l'aile droite et le maréchal de Villeroy, celui de l'aile gauche. Ils ont livré bataille l'un contre l'autre après trois semaines de campement. Les canons, les mousquets et les carabines tiroient avec de la poudre seulement sans boulet, ni balle.

(1) Gournay-sur-Aronde, canton de Ressons.

1704

Le sixième may 1704, Mgr d'Amiens Henry Fedeau de Brou a fait sa visite dans cette paroisse : il a esté harangué dans l'église par Charles le Grand, enfant de la paroisse âgé de 17 ans, à qui sa Grandeur a promis sa protection dans le cours de ses études ; il a confirmé 30 personnes ; il a esté très content du Catéchisme qui a duré trois heures.

1705

Cette année le 15 aoust, jour de l'Assomption de la Vierge, Marie, Jeanne et Marguerite de Frénoy, trois sœurs natif de cette paroisse, aujourd'huy demeurantes et mariés à Moreuil, ont donné à l'église un ciboire d'argent, la coupe doré au-dedans coutant la somme de cent livres, y compris une petite boite d'argent qui a été donné pour l'église et qui servoit à porter le viatique aux malades. Pour reconnaissance de ce don, elles demandent à MM. les curez et clerc de la paroisse d'être recommandez aux prières des fidèles les deux jours de Saint Maclou, le 15 novembre et le 13 juillet avec une messe le lendemain de chaquum des deux jours de patron pour elles et leur père et mère ; je leur tiendrai parole tant que je seré curé de la paroisse et j'espère que messieurs mes successeurs leur accorderont volontiers cette reconnaissance et qu'ils se souviendront du zèle et de la dévotion avec laquelle ces femmes ont offert ce présent à l'église qui n'avoit jamais eu de ciboire, étant obligé de se servir d'un corporal pour conserver les hosties.

1706

Le six du mois de juin est décédez l'illustrissime et reverendissime Henri Fedeau de Broue, évêque d'Amiens en son palais épiscopal, au retour de ses visites après la retraite générale de tous les vicaires du diocèse. Il etoit zélez, vigilant et savant : il commençoit à jouir du fruit de ses travaux et de ses visites paroissiales ; il parcouroit son diocèse en cinq ans. Nous eumes icy sa visite deux fois, en 1699 et en 1704, au mois de may toutes les deux fois : j'oublie la première et la plus éclatante de ses vertus qui étoit la charité envers les pauvres familles de la ville d'Amiens surtout et de son diocèse à proportion ; il avoit trente mil livres de rente, vingt cinq de l'évêchez d'Amiens et cinq de son patrimoine, il en dépensoit douze mil et faisoit bien les choses, il donnoit le reste aux pauvres chose de fait et très assurez, car il n'y a rien qui gagne les cœurs coe la charitez ; il emporta les larmes et les regrets universelemēt de tout son diocèse, il fut regretez de tous et particulièrement des honnestes gens.

1706

Cette année le jour de la Pentecote, le maré-

chal de Villeroy commandant l'armez de France
dans la Flandre espagnolle sous Louis XIV, roy
de France et Philippe V roy d'Espagne, petit fils
de Louis XIV roy de France, a été batue, s'est en-
fuit avec plusieurs lieutenant généraux auprès
d'un village qui s'appelle Ramilly ; nous avons
perdu en cette bataille de Ramilly trente mil
hommes (?) bien de braves gens, le canon pris,
toutes les munitions de guerre, les Hollandois et
Anglois victorieux étoient commandez par le
milor Malbrouque, Anglois de nation, élevez dans
sa jeunesse au Jésuite de Paris où il fut pension-
naire, vailliant capitaine, il prit cette campagne
vint-deux villes ; notre armez ne peut se remettre
de toute la campagne ; d'auprès de Mastrique ou
etoit le sieur Malbrouque, il vint prenant des
villes jusqu'à Menen ou Menin entre Lille et
Tournay ou il finit cette campagne ; au mois de
septembre, il prit Ostende en sept jours.

Au mois d'aoust de la même anné et de la
même campagne le roy de France ayant été
obligez de faire revenir le prince et duc de Ven-
daume d'Italie, c'est-à-dire du Milanois et de la
Savoye ou il avoit très bien fait pendant plusieurs
campagnes, ayant pris et subjuguez toutes les
villes de Savoye et de Piedmont à la réserve de
Turin qui restoit seul au duc de Savoye, le duc
d'Orléans neveu de Louis 14 y fut envoyez avec
le sieur et jeune maréchal de la Feuillade beau-
fils gendre (*sic*) du ministre Chamilliard inten-
dant des finance portant sur son faible dos les

deux charges pour l'armé et les finances, que
Louvois et Colber les deux grands hommes
avoient eu peine à soutenir ; le duc d'Orléans et le
gendre du ministre se sont brouilliez, le prince
avait plus de courage et le maréchal plus de
crédit ; les ordres du roy s'adressoient au maréchal, le prince s'en choqua. Turin étant aux abois
siégez depuis deux mois, nous perdisme encor la
batail mais une batail sanglante ; l'armez du duc
de Savoye commandez par le prince Eugène re-
doutable capitaine ; nos troupes abandonnèrent le
Milanois, revinrent de Savoye, une partie alla en
Cathalogne, une autre en Almagne, une autre en
Flandre.

1707

Le 20 juillet il a fait une chaleur si extraordinaire aussi bien que le jour précédent, que plusieurs personnes dans les environs sont mortes
de chaleur dans les champs en travaillant à la
moisson. Un homme de Reson (1) sciant dans les
champs avec des camarades a été pamé de la
chaleur ; le curez du lieu y a couru et cet homme
est mort entre ses bras. A Conchy les pos est
mort de chaleur un homme le même jour ; à
Biermont on a été quérir dans une charette deux
femmes qui n'ont pu revenir des champs, elles
n'en sont pas mortes ; à Menelé (Maignelay) le
bruit court que la même chose est arrivé, je n'en

(1) Ressons-sur-Matz.

suis pas sur comme des autres. Icy est mort le vint et un du mois un enfant à Jean Doulier et Marie Floury, c'est la chaleur d'hier qui a le plus contribué à sa mort. Il est aussi ces deux jours de chaleur mort beaucoup de chevaux et des vaches.

1707

Cette année au mois d'aoust les chanoines de Rollot se sont mis en possession de la dime par un arest sur requette qu'ils ont obtenus de la Cour contre les moines de Saint-Corneille de Compiègne, gros décimateurs de la Villette-les-Rollot. Les moines ont fait casser l'arest des chanoines, condamné au dépend et débouté de leur prétention ; les moines maintenus dans leur ancienne possession. Un moine de Saint-Corneille à fait le mois d'aoust à Rollot, avoit un huissier avec luy et alloit avec le dixmeur sur tout le terroir de Rollot. Les chanoines ont dixmé en surplis et en aumuce pour se faire respecter davantage, mais appréhendant les poursuites du promoteur, ils ont changé l'aumuce en un huissier qu'ils menoient avec eux : tout a tourné à leur confusion voulant aussi se faire reconnaître pour curé de Rollot sans possession ny sans titre.

1709

Le commencement de cette année a été très facheux jusqu'à Paque qui s'est trouvé le dernier jour de mars. Il y a eu quatre reprise de gelés fort rude : principalement la première gelez qui a commencé le jour des Rois six janvier et qui a durez sans discontinué jusqu'au huit février. Toutes les rivières ont été glacez et le froid si extraordinairement rude qu'il en est mort quantité d'enfant et de grandes personnes, beaucoup qui ont eu les doits engelez aux piés et aux mains dont les ongles sont tombés.

Outre cela le vent a manquez pendant dix jours et les rivières étant glacez le pain a augmenté d'un tiers: Ceci a été écrit le 15 avril ou on voit de toute part la misère très grande et qui selon les apparences deviendra encore plus grande. La guerre facheuse est trop longue dans laquelle la France a soutenu le roi d'Espagne Philippe cinq, enfant de France contre l'empereur, la reine d'Angleterre, la Hollande et la Savoye, a apauvri le peuple par les gros tribus et capitations. Depuis dix ans, l'argent de France a passé chez les étrangers, le commerce a cessé, les pensions d'intelligence que le roy de France paye au mécontens de Hongrie contre l'empereur, les sept millions qu'il a donné au roy de Suède pour l'engager dans son parti, ce qu'il n'a pas fait ; avec les annates qui vont de France en Italie, ont vidé l'argent de France. Chaqu'un gémi et le nombre des pauvres ne se peut compter.

Le bled a beaucoup augmenté de prix depuis le quinze avril, il vaut treize, quatorze et le plus beaux quinze livres le septier. Le nombre des pauvres augmente tous les jours ; c'est une désolation la plus affligeante qui se puisse voir. Le visage des hommes, des femmes et des enfants paroit diminuer beaucoup et montre leur indigence de pain. Il y a encore trop loin jusqu'au temps de dépouiller les avoines dont on a semé une grande quantité faute d'autre grain.

On fait garde sinon par tous les villages, au moins en plusieurs pendant la nuit dans le clocher à cause du grand nombre de voleurs ; il y a eu une ordonnance pour y obliger les habitants de chaque village.

On fait fort la guerre aux curez, plusieurs ont été volés et maltraité, quelques-uns se sont retirés dans les villes voisines et même assez éloignez de leur paroisse. Les uns approuvent leur conduite, les autres la blament et les regardent comme mercenaires.

Tous les jours sont de nouveaux arest du roy marqué d'oppressions dans le royaume. Les conditions de paix proposez par la France ont été rejetté par les Hollandois.

La dépouille du bled a manquez presque tout à fait. Une paroisse a dépouilliez trente, l'autre quarante, l'autre cinquante septiers de bled et la plus part des paroisses point du tout. Ceci est écrit le vingt cinq novembre 1709 ; les voleurs sont en grand nombre. La misère augmente tous les jours et paraît devoir encore augmenter : il y

a trop peu de grains pour tant de bouches ; malgré
la disette des pauvres, il n'y a point de malade -

- L'orge vaut sept à huit livres le septier malgré
la multiplication miraculeuse que l'être tout puis-
sant que nous adorons pour notre Dieu en a
fait. Les marchés de Roye et de Montdidier
étoient pleins. On avait récolté 200 gerbes par
journal. Le bled valoit de 16 à 18 livres le setier.
La bisaille 14 livres.

Malgré l'extrême disette jusqu'à la fin de
juillet nous n'avons pas eu de malade dans cette
paroisse et très peu aux environs. Si ce n'est la
longueur des jours nous croyrions être en hyver
tant il faisoit froid jusqu'à certains jours être
obligé de se choffer. Il a fait une gelée blanche le
douze et le quatorze de juillet ; nous n'avons pas
encore eus depuis trois mois deux jours de suite
sans pluye.

A l'égard du grand froit de l'hyver passé,
quelques habiles personnes ont remarquez que
tous les vint cinq ans, il domine une constellation
qui cause des froidures excessives ; en mil six
cent quatre vint quatre, il y a vint cinq ans,
chaqu'un se souvien que l'hyver a été fort rude,
beaucoup moins cependant qu'en mil sept cent
neuf, puisqu'en mil six cent quatre vint quatre
les bleds n'ont point été gelez tout à fait commé
cette année.

Le Roy ayant fait donner par un arrest il y a
deux mois la déclaration des bleds par toutes les

particuliers de son royaume sous peine non-
seulement de confiscation, mais de la vie même à
toute personne de quelque qualité qu'elle soit.
Au mois de juilliet des commissaires nommez ont
levez des bleds chez les bourgeois dans les villes,
mais surtout chez les vendeurs et gros fermiers à
la campagne, chez les uns deux cent sacs de
bled, chez d'autres un cent, chez d'autres cinquante à proportion de la quantitez qu'ils avaient
déclarez ; et par des envois extrêmement fati-
guans ces bleds surtout dans l'élection d'Amiens,
Abbeville Doulens, Péronne, Montdidier, Noyon,
Soissons, Lan ont été conduits à l'armée de
Flandre campé et retranchez à Lens, à la Bassé,
aux environs de Lille. Ce qui augmente beaucoup
le prix du bled et le rend plus rare.

Pendant le mois de septembre le Roy a fait lever dans la généralité d'Amiens vingt cinq mille
sac d'orge. Onvillé pour sa part a fourni dix neuf
sac de farine d'orge. Les autres généralitez en
ont aussi fourni. Ce sont pour nourrir l'armée du
Roy qui s'est laissé batre à Quevain, village de
Flandre, après avoir laissé prendre Tournay,
elle a laissé prendre Mons, les deux boulevar de
France. Au mois de novembre le Roy a fait encor
lever dans la generalité d'Amiens dix sept mil
sac d'orge.

1714

Cette présente année mil sept cent quatorze
M⁰ Louis Ricbourg, curé de cette paroisse a été

nommé et pourvu de la cure de Parvillé par Mme l'abbesse de Morienval et Mgr d'Amiens, après avoir icy demeuré dix huit années.

Ensuite du consentement de Mgr d'Amiens il a résigné cellecy à Me Claude Aubert Dehaut pour lors curé du Plessis-Saint-Nicaise qui à commencé le 14 juillet à desservir cette paroisse en attendant que les provisions lui en fussent venües de Rome et qu'il ait été mis en possession le 26 octobre de la même année.

Claude Dehaut continua d'inscrire des notes et des remarques au milieu des actes de décès et de baptêmes.

Il aimait à donner à ses notes une tournure particulière, ainsi parlant des remarques de son prédécesseur il dit : « L'auteur des remarques ci-dessus a certainement exagéré ; pour moy il n'y a qu'à lire et on verra la vérité de tout ».

Puis il ajoute cette boutade :

L'empire risque tout
L'Angleterre brouille tout
La Hollande paie tout
La France veut tout
Le Portugal hasarde tout
La Suisse profite de tout
Les Venitiens craignent tout
La Savoie trompe tout
Le Pape se rit de tout
Les C.(urés) souffrent tout
Les Jésuites se mêlent de tout
Les maltotiers prennent tout.
Et si Dieu ne met la main à tout
Le diable emportera tout.

1716

Cette année il a fait un hyver extraordinaire qui a duré depuis la feste de Noël jusqu'à Paque, et les jours gras, il s'est fait un dégel d'une si grande quantité de neige que le vilage s'est trouvé inondé l'espace de huit jours, des eaux qui y descendirent de tout côté. Les biens de la terre n'en ont pas cependant souffert, le blé même n'a valu que trente sous ainsy que l'année précédente.

Cette même année a été posée dans le cœur de l'église le retable d'autel avec le lambris à côté pour la somme de ceut écus et quelques débris de vieux bois hors d'usage. Le tableau a été donné par M. Carlier, natif du lieu, pour lors architecte du roy d'Espagne, le peintre son beau père s'était contenté de la somme de 40 livres pour les frais de peinture.

A la fin du mois de juillet il s'est fait une orage dont de mémoire d'homme il ne s'est point vu de plus épouvantable pour le vent qui a brisé plusieurs arbres, la pluie qui a couvert de sable plusieurs chams et pour la grelle qui a tombé de la grosseur d'un œuf. Cette orage a commencé vers Beauvais et continué jusqu'à Noïon sur quatre lieux de large en certains endroits.

1717

En cette année le pape ayant envoïé en France la bulle Unigenitus, portant condamnation d'un livre intitulé *Réflexions morales*, etc.. par le père Quesnel de l'Oratoire, il se forma entre les Evêques de France deux partis ; les acceptans l'ont publiée dans leur diocèse avec beaucoup de déférence pour Rome ; les refusans se sont joints à la Sorbonne qui a signifié son appel au futur Concile avec plusieurs autres ecclesiastiques, tant des chapitres, communautés curés et autres.

1718

La sacristie a été construite en cette année et finie en 1719. En creusant les fondements on découvrit une quantité de corps entre lesquels on en a trouvé un de six pieds, deux pouces de hauteur.

1720

En 1720, à l'occasion du retrait des billets de la banque de Law, banqueroute monumentale qui ruina quantité de gens, Claude Dehaut rime ceci :

En l'an mil sept cent vingt ans
Régent Philippe d'Orléans
Aidé d'un Anglais nommé Lass
A fait dire à l'avare : Hélas.
En tirant de son coffre-fort
Tout son argent et tout son or
Et par change lui donnant
Un mince papier noir et blanc.

1728

Le mardy dix huit des présens mois et an est mort messire Claude-Aubert Dehaut, prêtre, curé de la présente paroisse de Saint-Maclou d'Onvillé ; son corps a été inhumé le lendemain dans le chœur vis à vis le grand autel de la susdite paroisse par nous curé de Saint-Pierre et doyen de Montdidier soussigné en présence du sieur Florent Dehaut son frère et ses autres parents et amis, le 19 août 1728.

Guibet curé.

1733

... Le 22 mai, convention avec Philippe Cavillier de Carrépuis relativement à la fonte de trois cloches du poids d'environ onze cent livres, au ton de la-sol-fa et d'un son naturel. Cavillier reprendra les deux qui sont dans le clocher et fournira les trois nouvelles cloches moyennant la somme de 320 livres que lui paiera la fabrique.

1763

Le 29 mai élection d'Antoine Maclou Douillez, garçon âgé de 25 ans, pour exercer les fonctions de magister.

1766

Le 8 mai l'assemblée de la paroisse décide de restaurer la chapelle de Saint Antoine fondée par messire Antoine Bouchelé, chanoine de Noyon et elle confie ce travail à Jean Lavoine, maçon à Montdidier, qui s'engage à le faire moyennant la somme de 112 livres.

1783

Le 25 septembre, élection de Casimir-François Fache, natif de Suzoy, âgé de 21 ans pour magister.

1791

Le 8 septembre le Conseil décide de faire couvrir en ardoises le clocher de l'église. Ce travail est confié au sieur Maupin, couvreur à Bus, auquel est allouée la somme de trente sols par jour.

1793

Le 1er février le Conseil de la municipalité choisit pour maitre d'école Cosme J.-B. Duvois, âgé de 21 ans 1/2 fils de Jean Duvois, clerc de la paroisse de Sains.

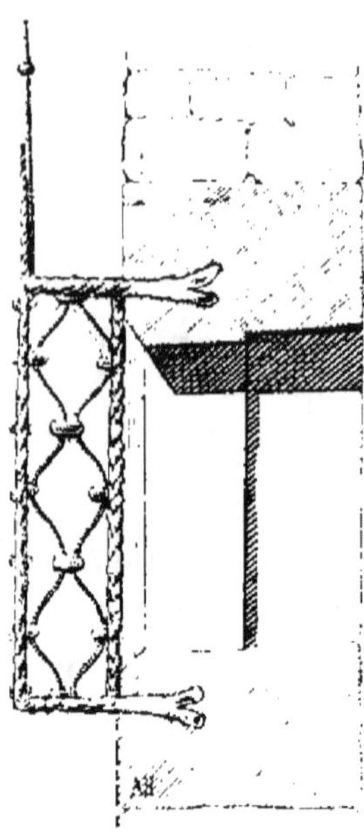

GRILLE EN FER FORGÉ

DE LA FIN DU XVᵉ OU DU COMMENCEMENT DU XVIᵉ SIÈCLE
TROUVÉE A ANSENNE (SOMME).

Note par M. Hackspill.

La fabrication en France de grilles en fer forgé présentant des motifs décoratifs ne semble pas, du moins que nous sachions, devoir remonter au delà du XIᵉ ou du XIIᵉ siècle, car on en rencontre très peu qui datent de cette époque ;

celles qui se fabriquaient alors avaient ordinaire-
ment pour ornementation des rinceaux dont les
brindilles étaient soudées à des embrasses (1)
contournées à chaud.

Au xiv° siècle, on commença à ajouter aux
rinceaux des ornements découpés dans des feuilles
de tole qu'on souda aux gros fers, et à dater
du xv° siècle, la tôle rivée à chaud fut généralement employée pour ce genre de décoration qui
prit dès lors une grande extension et alla toujours
en progressant jusqu'au xviii° siècle.

Ces ferronneries d'art étaient exécutées par
d'habiles ouvriers, qui produisirent dans ce genre
des ouvrages remarquables, encore très admirés de
nos jours. Ils peuvent rivaliser d'élégance, de
hardiesse et surtout de solidité avec ceux que
l'on fabrique actuellement.

On doit toutefois tenir compte de la difficulté
que présentait l'exécution de ces pièces forgées,
car autrefois, les moyens de fabrication différaient
entièrement de ceux d'aujourd'hui ; on ne trouvait
pas alors dans le commerce des fers de forme
voulue, — plats, carrés ou ronds, — passés au
laminoir. L'artisan était obligé de les forger
lui-même au marteau, ce qui rendait l'opération
beaucoup plus longue et surtout plus difficile.

La grille que nous reproduisons a été dessinée

---

(1) Les embrasses ont été désignées aussi sous les noms de
lacets ou de nœuds.

sur place, en 1874, à Ansenne (canton de Gamaches),
petit village situé sur la Bresle (1).

Elle était encore scellée devant une petite
fenêtre, de $0^m60 \times 0^m53$, prenant vue sur une cour,
mais on pourrait peut être attribuer son lieu d'origine à l'ancienne abbaye de Séry qui était très
voisine.

La structure bien caractéristique de cet ouvrage
en fer forgé indique la fin du xve ou le commencement du xvie siècle ; sa hauteur totale était
de 1^m35.

Il était façonné en forme de cage dont l'armature
ou encadrement affectait une forme rectangulaire
de 0^m84 de hauteur sur 0^m78 de largeur et
0^m23 de saillie. Le tout était constitué par des fers
carrés et tordus à chaud de 0^m02 de diamètre,
savoir : quatre montants verticaux (dont les deux
de devant se terminaient en pointe) et six tra-
verses horizontales (dont quatre, sur les côtés, se
terminaient en crampons à scellements destinés
à les fixer dans le mur).

Dans ce cadre, huit petites barres rondes
en fer, (de 0^m018^{mll} de diamètre) sur le devant, et

---

(1) Ansenne (Ensène), Andesagina, petit village sur la rive
droite de la Bresle, qui le sépare de celui de Monchaux, célèbre par l'exil de saint Leu ou saint Loup qui y fut relégué par
Clotaire II, vers 620 — La seigneurie d'Ansenne était tenue
de la chatellenie de Saint-Valery. Elle appartenait en 1258 et
1274 à Jean de Cayeu, fils d'Humbert ; en 1507 à Jean de
Monchy, chevalier, aussi seigneur de Soreng et autres lieux ;
vers 1590 au sieur de Monchy d'Inglessens.

quatre autres sur les côtés, étaient contournées en sens contraire et assemblées entre elles par des embrasses demi-rondes, placées aux points de tangence des courbes. Cet agencement a permis de former un ensemble solide et très artistique.

Cet assemblage rectangulaire était surmonté par un arc en accolade trilobé, exécuté en fers ronds sur lesquels on avait soudé cinq tierces-feuilles en tôle découpée.

En somme, l'enlacement remarquable de ces fers formait une grille d'une facture simple qui contribuait à en faire un objet décoratif du meilleur goût. Il avait été forgé avec cette intention artistique que l'on remarque presque toujours dans les travaux des anciens forgerons.

Malheureusement cette grille a disparu. Elle a été vendue à un marchand d'antiquités qui la descella du mur de l'habitation où nous l'avons vue, pour la transporter à Beauvais.

Nous regrettons d'autant plus la disparition des ouvrages en fer forgé, qu'ils ne se rencontrent pas fréquemment. Leur perte, il faut le dire, est due au nombre toujours croissant de certains spéculateurs qui convoitent ces objets d'art comme des proies, dans le but de les revendre ensuite et la plupart du temps à l'étranger. Il serait temps que ce vandalisme prit fin, que les rares et précieux objets qui existent encore ne nous soient plus ravis et que la main des hommes respecte désormais ce que le temps lui-même a épargné.

NOTE

SUR

UN MANUSCRIT DE LA VATICANE

Par M. l'abbé H. Bouvier.

Le Père Daire mentionne dans son *Histoire littéraire d'Amiens*, p. 11, un ancien document qui porte ce titre : *Anonymi Liber de compositione castri ambianensis, et ipsius dominorum gesta, ad annum...* Il ajoute que ce manuscrit, conservé dans la Bibliothèque de la Reine de Suède au Vatican, sous le n° 1024, pourrait répandre de grandes lumières sur les premiers temps de notre ville.

Ce renseignement, emprunté à la *Bibliotheca Bibliothecarum* par le savant religieux, excitait vivement ma curiosité, car il faisait entrevoir, dans cette composition inédite, des documents précieux sur une partie de l'histoire d'Amiens qui est restée assez obscure. Comptant sur l'obligeance d'un de nos distingués confrères qui réside actuellement dans la Ville éternelle, M. Levé, je lui demandai s'il ne lui serait pas possible d'obtenir à la Bibliothèque du Vatican une photographie de la première page de cette étude historique ; il me semblait que ce moyen

serait bien plus sûr qu'une copie pour étudier le
commencement de cette relation, et voir s'il y
avait lieu d'en poursuivre l'étude.

M. Levé se mit très aimablement à ma disposition et, par l'intermédiaire d'un prêtre normand,
qui réside comme lui à Saint-Louis-des-Français
et fait des recherches à la Vaticane, il m'envoya
peu de temps après la photographie demandée.

Le titre de ce document porte : *Gesta amb-
ziensium Dominorum*. Dans cette première
page, qui n'est qu'une *Introduction*, l'auteur
anonyme déclare qu'il se propose de narrer les
persécutions que le comte Thibaut de Blois
(Teobaldus blesis) exerça contre le seigneur
Sulpice.

Ce texte me paraissait fort obscur, car il
n'existe pas de comte d'Amiens portant le nom
de Sulpice, et, d'autre part, les comtes de Blois ne
semblent avoir jamais exercé les droits de suze-
rains sur les seigneurs de notre cité.

Ces anomalies me firent étudier le texte de plus
près, et je remarquai alors que le titre porte non
pas : *ambianensium dominorum*, mais *ambzien-
sium*. De plus, une variante de ce mot située à la
dernière ligne, donne : *ambasiensium*. Or, *Am-
bacia*, d'où est dérivé cet adjectif, signifie *Amboise*
et non Amiens. Il ne s'agit donc pas, dans cette
composition, des comtes de notre ville, mais des
seigneurs d'Amboise qui étaient voisins et feuda-
taires des comtes de Blois.

En confondant *Ambasiensium* avec *Ambianen-sium*, Montfaucon s'est trompé assez grossière-ment, et le P. Daire, qui n'avait pas de moyen de contrôle, a reproduit cette erreur. C'est là, mal-heureusement, un cas qui se reproduit parfois dans l'étude du passé, par manque d'esprit critique. Si je viens vous exposer aujourd'hui cette déconvenue, c'est pour fixer *négativement* un point de notre histoire, et éviter à d'autres des dépenses et des recherches inutiles.

OUVRAGES · REÇUS

PENDANT LE 2ᵐᵉ TRIMESTRE DE L'ANNÉE 1917.

I. Le Ministère.

1º Journal des savants, 1917, nᵒˢ 1, 2 et 3. — 2º Revue historique, T. CXXV, nº 1, 1917.

II. Les Auteurs.

Braut (M. Jules) : La réparation des dommages artistiques causés par l'invasion. — Commont (M. V.) : 1º La Somme-Oise préquaternaire. — 2º Sur les dépôts de la période historique superposés aux tufs néolithiques de la vallée de la Somme. — 3º Sur les tufs de la vallée de la Somme ; tufs de la période historique ; tufs néolithiques ; tufs quaternaires. — 4º Les terrains quaternaires des tranchées du nouveau canal du Nord. — Villerabel (Mᵍʳ de la), évêque d'Amiens : Lettre pastorale de Monseigneur l'évêque d'Amiens au clergé et aux fidèles de son diocèse sur le culte de Saint Geoffroy.

III. Acquisition.

1º Mémoires et documents pour servir à l'histoire des pays qui forment aujourd'hui le département de l'Oise (Picardie méridionale, Nord de l'Ile de France) ; 1ʳᵉ et 2ᵉ séries, par le Cᵗᵉ de Caix de Saint-Aymour.

BULLETIN

DE LA

SOCIÉTÉ DES ANTIQUAIRES

DE PICARDIE

Année 1917. — 3me et 4me Trimestres

Séance ordinaire du 10 Juillet 1917

Présidence de M. Oct. Thorel, Doyen d'âge.

Sont présents : MM. l'abbé Cardon, Collombier, Dubois, Durand, de Francqueville, de Guyencourt, Ledieu, l'abbé Leroy, Milvoy et Thorel.

Mgr Mantel, MM. Brandicourt, Maurice Cosserat, Pierre Cosserat et Florisoone se sont fait excuser.

Correspondance. — M. Tenaillon espère obtenir l'intervention des Américains pour la restauration de l'église bombardée de Roye. Il fera son possible pour les intéresser à cette œuvre.

— M. le Proviseur du Lycée d'Amiens invite le Président de la Société à la prochaine distribution des prix.

Ouvrages signalés. — M. le Secrétaire perpétuel signale à l'assemblée les ouvrages suivants :

1° *Antoine Anquier*, ouvrage offert par son auteur, M. Georges Durand.

2° Le numéro de juin 1917 du périodique « *La Picardie* ».

3° Le tome XXIV des *Mémoires de la Société d'Emulation d'Abbeville*, volume où l'on trouve un essai sur la confrérie de Notre-Dame du Puy de cette ville, par M. H. Macqueron.

4° Un opuscule intitulé : *Coup d'œil rétrospectif sur les conférences de Saint-Vincent-de-Paul d'Abbeville*, don de l'auteur, M. Paul Tillette de Mautort.

5° Le 7ᵉ fascicule du magnifique ouvrage sur la *Cathédrale de Reims*, publié par M. Paul Vitry.

Chronique. — Depuis sa dernière réunion, la Société a eu le malheur de perdre l'un de ses membres non-résidants, M. l'abbé Couvreur, doyen de Nesle, dont la santé délicate ne put surmonter les mauvais traitements qui lui furent infligés par les Allemands. M. l'abbé Couvreur avait été élu le 12 juillet 1898

— La confirmation, — hélas ! trop prévue, — de la mort de M. Deriencourt, notaire à Amiens et l'un des nôtres, est enfin parvenue. — La Société exprime à la famille de M. Deriencourt, l'admiration et les regrets que lui cause ce glorieux trépas au champ d'honneur.

— M. l'abbé Fourrière, curé de Moislains, a succombé aussi à la suite des brutalités que les Allemands lui firent subir. — Après avoir été ravi à sa paroisse, il fut évacué en Suisse et mourut à Evian, sur le sol français, le 17 juin dernier. — M. l'abbé Fourrière, admis comme membre non-résidant le 11 juin 1895, s'est passionnément adonné à la philologie hébraïque, mais, selon les spécialistes, ses nombreux travaux doivent être consultés avec la plus extrême circonspection.

— Notre vénéré doyen, M. Hector Josse, après avoir été enlevé par les barbares, est enfin revenu parmi nous. — Puissent l'estime et l'affection de ses collègues adoucir l'immense douleur que lui causent la perte d'un fils, tombé au champ d'honneur, et les soucis d'un sombre avenir.

— Les peintures et dessins légués à la Société par M Soyez, lui sont parvenus.

— Selon l'usage, la prochaine séance doit avoir lieu le 16 octobre, troisième mardi de ce mois.

Travaux. — M. Collombier annonce que, vers le milieu du mois de juin dernier, à un kilomètre environ à l'ouest de la gare de Pont-lès-Bric, à la rencontre du chemin rural passant devant le vieux manoir et de celui de Briost à Villers-Carbonnel, des soldats anglais, en nivelant le sol, ont brisé un vase en terre contenant, d'après leur dire, deux mille petits bronzes romains.

Ceux qu'ils ont présentés étaient aux effigies de Gallien, Claude le Gothique, Tetricus père et Tetricus fils.

Ce trésor paraît donc avoir été formé de monnaies semblables à celles qui composaient celui de Voyennes, découvert il y a une trentaine d'années.

C'est une nouvelle preuve que ces cachettes furent faites vers l'an 272 de notre ère, lors du départ des légions de Tetricus pour aller à la rencontre de l'empereur Aurélien.

— De la part de M. le Baron X. de Bonnault, M. de Francqueville lit une note relative à une grossière sculpture découverte dans l'église d'Hailles.

Ce monument, victime de réparations maladroites, se compose, comme il arrive souvent en Picardie, de deux parties : la nef appartenant jadis aux habitants du lieu et le chœur au seigneur. — Un pilier, qui marquait la liaison entre ces deux parties, s'est dernièrement écroulé et, sur l'une des pierres qui le composaient, on distingua une naïve sculpture dont M. de Bonnaut offre le moulage. C'est l'œuvre de quelque maçon, — mais non d'un artiste, — qui a

représenté, de profil, la tête d'un personnage
barbu dont la coiffure est celle usitée sous
Louis XII, époque à laquelle remonte précisément l'église d'Hailles.

— M de Francqueville lit, sur la vieille lampe
populaire, vulgairement appelée « *crachet* », une
étude renvoyée à la Commission des impressions.

— A propos de ces primitifs appareils d'éclairage
M. Dubois ajoute qu'on en rencontre encore assez
fréquemment chez les brocanteurs amiénois. —
Le musée de Reims en possédait une belle série.
Les dentelières, à Ypres, travaillaient à la lumière du crachet dont elles renforçaient l'inten-
sité au moyen d'un globe plein d'eau de neige,
rempli une seule fois par an et soigneusement
cacheté.

— M. l'abbé Bouvier lit une partie de ses recherches sur l'école des miniaturistes de l'abbaye
de Corbie du vi° au ix° siècle et sur un manuscrit
de la bibliothèque d'Amiens, de cette dernière
époque et de même provenance, puis la séance est
levée à 6 heures du soir.

Séance ordinaire du 16 Octobre 1917

Présidence de M. Oct. Thorel, doyen d'âge.

Sont présents : MM. l'abbé Cardon, Collombier, P. Cosserat, Dubois, Durand, Florisoone, de Guyencourt, Ledieu, l'abbé Leroy, Michel, Milvoy, l'abbé Rohault, Thorel et de Witasse.

M. Ponchon, membre non-résidant, assiste à la séance.

Mᵍʳ Mantel, MM. Maurice Cosserat, Brandicourt et Schytte s'excusent de n'avoir pu s'y rendre.

Correspondance. — M. Duhamel-Decéjean adresse une note nécrologique à l'occasion de la mort de M. l'abbé Couvreur, doyen de Nesle. Ce regretté collègue était un artiste de réel talent comme dessinateur et comme peintre.

— M. G. Antoine remercie la Société qui lui a offert le cliché d'un portrait de son fils, Henri Antoine, tué au champ d'honneur.

— M. le Dʳ Cahon, de Saint-Valery-sur-Somme, fait part de la mort du fils du Dʳ Lomier, membre de la Société. Ce jeune militaire fut foudroyé par une bombe d'avion.

— Mᵐᵉ d'Hautefeuille, par l'intermédiaire de M. G. Durand, sollicite un secours pour travaux urgents, en faveur de l'intéressante église de Curchy, bombardée mais réparable.

— M. Lavallard, de Ribemont-sur-l'Ancre, a remarqué, sur l'emplacement de l'ancien prieuré de Saint-Laurent-au-Bois, quelques pièces d'un carrelage émaillé.

— La Société préhistorique de France demande le concours des Antiquaires de Picardie pour dresser le catalogue général des grottes artificielles et des souterrains de France.

— M. de Garsignies, maire de Beaufort-en-Santerre, et M. le curé de cette paroisse sollicitent un secours en faveur de la remarquable église du lieu, ruinée par la guerre.

— Le R. P. Dom Godu, bénédictin de l'abbaye de Farnborough, signale, au lieu-dit « l'épine de Dallon », entre Ham et Saint-Quentin, des substructions fort anciennes, mises à jour par des pionniers militaires.

Administration. — M. le Secrétaire perpétuel annonce que la commission préposée à la restauration des monuments anciens a voté un crédit de 300 francs en faveur de l'église bombardée de Curchy. Il est à craindre toutefois que cette somme ne soit pas utilisable, faute d'ouvriers, de matériaux et de moyens de transport. — MM. le curé et le maire de Curchy ont adressé à la Société, à l'occasion de ce don, leurs plus chaleureux remerciements.

— La Société attribue aussi une somme de 1.000 francs à la restauration de l'église de

Beaufort-en-Santerre, très éprouvée par divers bombardements. Ce monument du xii° siècle présentait un réel intérêt archéologique.

— Sur la demande de M. Milvoy, un crédit de 50 francs est voté, pour tâcher de sauver une statue de pierre représentant « l'Ecce Homo » qu'on admirait, avant qu'elle fût ruinée par la guerre, dans la jolie chapelle du xvi° siècle érigée dans le cimetière de Laucourt.

— M. le chanoine Mille et M. L. Vasseur, notaire à Ailly-sur-Noye, sont élus membres titulaires non-résidants.

— M. de Guyencourt annonce qn'aucun manuscrit n'a été présenté pour les concours de cette année, fait que les circonstances actuelles suffisent pour expliquer.

Ouvrages offerts. — Sont déposés sur le bureau les ouvrages et objets suivants, offerts :

1° par M. le Proviseur du Lycée. — Palmarès de la distribution des prix en 1917.

2° par M. l'abbé Boulogne, curé d'Humbercourt. — Fragment d'une peinture sur bois découverte dans le fond d'un confessionnal de son église. — Cette peinture, déjà signalée à la Société, semble dater de la fin du xvi° siècle. Elle est médiocre et montre un donateur présenté à la sainte Vierge, par saint Christophe. On y lit l'invocation : « *O Mater Dei, memento mei* ».

3° par M. le Dr Cahon, une poésie dans le n° du « Littoral de la Somme » du 4 août 1917.

4° par M. Jules Braut. — La loi dite de réparation intégrale de dommages de guerre · Sinistrés, prenez garde !

5° par M. Schytte. — Le front de l'ouest, dessins de M. Bone.

C'est le septième n° d'une publication illustrée anglaise qui donne des vues des villages de la Somme dévastés par la guerre, et notamment une vue du château ruiné d'Happlincourt.

Ouvrages signalés. — M. le Secrétaire perpétuel se fait un devoir de signaler les ouvrages qui suivent :

1° *A Lhomond*, discours en vers, prononcé à la distribution des prix du Lycée d'Amiens, le 12 juillet 1917, par M. Béthouart, professeur.

2° *Le bulletin de la Société d'Emulation d'Abbeville* (1917, 1-2), qui contient diverses communications d'un réel intérêt local.

3° Le 52e fascicule du *Dictionnaire des Antiquités grecques et romaines* qui termine cet ouvrage capital. Un 53e fascicule comprendra seulement des tables et répertoires.

4° *La Picardie*, n° 37, août 1917, qui contient quelques renseignements sur la renaissance de Péronne et un conte en patois, par M. Maurice Thiéry.

5° Tous les fascicules du « *Dimanche* », semaine religieuse du diocèse d'Amiens, utiles à consulter pour reconstituer l'histoire de la guerre dans le Santerre.

6° *Les Allemands dans la Somme* : l'invasion, les crimes allemands, les opérations, la vie à l'arrière, par J. Picavet.

7° Deux *études*, l'une par le Cᵗᵉ de Castellane, l'autre par M. Serré, sur des monnaies frappées ou découvertes à Corbie, études publiées dans le dernier fascicule (année 1916) de la Revue numismatique.

8° *La Bataille de la Marne* : L'Ourcq, Meaux, Senlis, Chantilly, (Guide Michelin pour la visite des champs de bataille).

9° *L'œuvre de Puvis de Chavannes à Amiens*, par G. Scheid ; ouvrage illustré.

Chronique. — La Société a été informée, par la réexpédition d'un bulletin, que lui fit la poste, de la mort de M. l'abbé Tassus. curé de Babœuf (Oise). membre non-résidant depuis le 12 novembre 1901.

— Dans les premiers jours d'août 1917, les journaux ont confirmé la destruction complète de l'église d'Andechy et de son joli portail du xviᵉ siècle.

— La basilique de Saint-Quentin a été incendiée par les Allemands dans la nuit du 15 au 16 août 1917.

— Les journaux ont annoncé que le chœur et

le transept méridional, qui sont les plus belles parties de la cathédrale de Soissons, ont été relativement épargnés par les bombes.

— M. Collombier a été avisé de la découverte à Bayonvillers de 110 kilogs environ de monnaies romaines en bronze. Ces monnaies du IIIe siècle ont été déterrées par des obus.

L'autorité militaire se propose de les faire parparvenir au Musée d'Amiens pour y être étudiées.

— L'église de Laucourt est détruite ainsi que les œuvres d'art qu'elle contenait, notamment une poutre de gloire du XVIe siècle, richement ornée, parfois désignée sous le nom de « jubé de Laucourt ».

— Le 27 du mois d'août, la Société eut le malheur de perdre M. l'abbé Vasseur, curé de la paroisse du Sacré-Cœur, d'Amiens, et membre non-résidant depuis le 8 janvier 1895.

— Le 10 septembre, les Antiquaires de Picardie ont fait une nouvelle perte en la personne de M. le chanoine Touron, membre non-résidant depuis le 9 novembre 1897.

— Au n° 36 de la rue des Jacobins, à Amiens, des travaux ont dégagé, au mois de septembre 1917, quatre travées d'un cloître du XVIIe siècle, qui semble avoir appartenu au refuge de l'abbaye du Paraclet. — Les arcades en cintre surbaissé de ce cloître n'étaient remarquables à aucun point de vue.

— D'après le numéro de « La Picardie » de

septembre 1917, le château d'Happlincourt, dont les obus ont ruiné les tours, est devenu « une belle ruine moyenâgeuse ». Il en est de même de la commanderie d'Eterpigny. Quant à l'intéressante église de Cléry-Créquy, on n'en voit plus trace.

— La Société, qui fut des premières à signaler les exploits de l'aviateur Guynemer, fils d'un de ses membres non-résidants, se fait aussi un devoir de saluer la mort de ce héros.

— Les Antiquaires de Picardie joignent leurs félicitations à celles de divers journaux qui louent sans réserve le dévouement manifesté par M. Sainsaulieu, architecte de la cathédrale de Reims et membre de la Société, pour protéger au moins les ruines de la basilique martyre.

— M. Degagny fait part de la mort d'un des plus anciens membres de la Société, M. le Dr Dodeuil, décédé à Ham. M. Dodeuil avait été admis le 9 décembre 1884.

Travaux. — M. Ponchon lit une note sur un souterrain-refuge découvert, en 1916, par des sapeurs du génie, près d'Ailly-sur-Somme.

— Dans une seconde communication, M. Ponchon décrit un objet de bronze considéré parfois comme un instrument de torture, conservé dans la collection de Lescalopier, à la bibliothèque communale d'Amiens.

Cet ustensile est peut-être le plus beau spé-

cimen connu de cette espèce de grappin, destiné à
fouiller et à puiser dans les marmites, que les
Anciens appelaient « *harpago* ». La provenance
de celui-ci est inconnue.

— M. de Guyencourt décrit, d'après une statuette en terre cuite, le costume que les « *hortillons* » d'Amiens adoptèrent, — comme jadis spécial à leur profession, — pour figurer dans une
fête nautique qui fut donnée sur la Somme en
1826, puis la séance est levée à 6 h. 1/4.

Séance ordinaire du 13 Novembre 1917

Présidence de Mgr MANTEL, Président.

Sont présents : MM. Brandicourt, l'abbé Cardon,
Collombier, P. Cosserat, Dubois, Durand, de
Francqueville, de Guyencourt, Héren, Ledieu,
Mgr Mantel, Michel, Milvoy, Roux, Schytte,
Thorel et de Witasse.

MM. Macqueron et l'abbé Olive, membres non-
résidants, assistent à la séance.

MM. Maurice Cosserat, Florisoone et l'abbé
Rohault se font excuser.

Correspondance. — MM. l'abbé Mille et Louis
Vasseur remercient de leur élection en qualité de
membres non-résidants.

— M. de Garsignies, maire de Beaufort, au nom de son conseil municipal et au sien, remercie la Société du crédit qu'elle a voté pour la restauration de l'église de sa commune.

— M. de Méraucourt adresse la copie de quelques inscriptions qu'il a relevées dans l'église, ruinée par la guerre, de Pargnan (Aisne). On y lit les noms de la Fons et de Douville, qui ne sont pas absolument étrangers à la Basse-Picardie.

Ouvrages signalés. — M. le Secrétaire perpétuel attire l'attention sur deux ouvrages déposés sur le bureau : Le 7e fascicule du magnifique ouvrage consacré à la cathédrale de Reims, par M. P. Vitry et une étude offerte par son auteur, M. l'abbé Cardon, sur « Les registres paroissiaux », et, en particulier sur celui d'Onvillers.

Chronique. — Depuis sa dernière réunion, la Société a eu le malheur d'apprendre le décès de trois de ses membres non-résidants qui tous jouissaient de la plus grande considération : M. Paul Ansart, élu en la séance du 13 Novembre 1894 ; M. J. Mollet, de Roye, élu le 11 Décembre 1883, et M. Ternisien, inscrit depuis le 9 Mars 1897.

— M. l'abbé Cardon annonce aussi la mort, survenue au mois d'octobre 1916, de M. Poiré, de Lihons-en-Santerre, membre de la Société depuis le 13 Mai 1877

— M. le Secrétaire perpétuel signale les protestations de la presse locale contre l'état de délabrement et d'abandon dans lequel se trouve le curieux immeuble de la fin du xv° siècle, connu sous le nom de « Maison du blanc pignon », construction en pans de bois qui appartient à la ville d'Amiens et qui est l'un des derniers spécimens de ce genre d'architecture en notre cité.

Administration. — Mademoiselle A. Léger et M. Becquart, constructeur à Amiens, sont élus membres non-résidants.

Travaux. — M. Brandicourt donne lecture de la notice qu'il a consacrée à la mémoire de M. Ed. Soyez. Le texte de cette biographie sera intégralement reproduit.

— M. P. Dubois présente un objet gallo-romain en bronze, emmanché dans une courte mais forte tige de fer quadrangulaire et dernièrement découvert, en même temps que quelques monnaies romaines indéterminées, dans le petit marais de Tirancourt, près des « croupes » qui le traversent, et non loin des pentes du camp préhistorique du lieu. La partie de bronze, longue d'environ 0ᵐ10 c , représente l'avant-train d'un lion tenant une urne entre ses pattes. Cet objet, d'un très beau style, semble avoir servi à l'ornementation d'un meuble ou d'un char.

— M. l'abbé Cardon communique une étude sur

la vie privée d'un magistrat amiénois vers la fin de l'ancien régime, d'après le registre des comptes de F.-M. Delaporte, avocat au bailliage, conseiller du roi, etc.

— Enfin, M. Collombier donne lecture de la note suivante :

Dans les premiers jours du mois d'août 1917, des militaires de l'armée française faisant exploser des obus sur le territoire de Bayonvillers, près et au sud du chemin vert conduisant de cette commune à Harbonnières, ont découvert environ 110 kilogrammes de pièces romaines, dites grands bronzes, contenues dans des vases en terre, entourés de tuiles, dont il ne reste que des débris. Jadis ce trésor avait subi l'effet d'un violent incendie ; cette grande chaleur a altéré les pièces en surface, décomposant l'alliage des unes, gondolant les autres. J'ai compté 4.600 monnaies, qui, avec la terre et les parcelles de poterie, que le temps avait fait adhérer au bronze, représentent bien les 110 kilos indiqués ci-dessus. En moyenne, 42 grands bronzes pèsent 1 kilo, ainsi que je l'ai fait remarquer dans une communication insérée au 4e trimestre 1914 du bulletin de notre Société.

L'examen de ce trésor ne m'a pas révélé de grande rareté ; l'épaisse oxydation qui couvre beaucoup de monnaies en est, peut-être, la cause. Tout ce qui est antérieur à Aelius, mort l'an 138 de notre ère, est très usagé ; cela est tout naturel, ce bronze étant dans la circulation depuis plus de cent ans lorsqu'il fut caché.

Les Antonin le Pieux, les Faustine, les Marc

Aurèle sont très nombreux. Du côté de la face, j'ai compté seulement sept têtes tournées à gauche. Il y a des revers intéressants, mais ils ne sont pas inédits, par exemple :

ROMAE AETERNAE, avec un temple à dix colonnes.

CONSECRATIO ; aigle volant à droite et enlevant Faustine qui relève son voile et tient un sceptre.

VICT. GERM. IMP. VI. COS. III ; dans une couronne de laurier ; ce qui signifie · Victoire sur les Germains, par l'empereur Marc Aurèle, l'an 173 de J. C.

Pour les règnes de Commode et de Septime Sévère on rencontre quelques monnaies bien centrées Il existe une seule pièce d'Albin, 14 de Crispine, 8 de Julia Domna, 2 de Mammée, 5 d'Alexandre Sévère, mort en 235, mais ces dernières n'étant pas fleur de coin, je pense que la cachette a dû avoir lieu une trentaine d'années plus tard, la plupart des trésors romains trouvés en Picardie ayant été cachés vers 270. A l'appui de cette hypothèse, je fais observer que la frappe du grand bronze diminue à la fin du 2ᵉ siècle, probablement à cause de son abondance dans la circulation ; elle devient rare au début du 3ᵉ siècle pour cesser sous le règne de Postume. Puisque dans le trésor on ne rencontre rien de Caracalla, Géta, Macrin, Elagabale, ayant émis des monnaies en bronze entre 200 et 222, il est logique de supposer que les successeurs d'Alexandre Sévère n'y sont pas représentés, par suite de la rareté des grands bronzes portant leurs effigies. Dans une cachette les Romains réunissaient toujours des pièces semblables ; métal et valeur ; aussi les trouvailles les plus intéressantes correspondant au 3ᵉ siècle sont composées de grands deniers en métal blanc dont l'émission commence vers 210 pour devenir très abondante sous les Gordien et les Philippe. Quelle que soit la valeur de ces deniers par rapport à la monnaie de bronze, comme ils ont le diamètre de notre pièce de 1 franc, ils se transportaient facilement et se répandirent très vite dans toutes les parties de l'empire.

En France, nous avons vu au début du 19ᵉ siècle le même événement monétaire, par suite de la grande quantité de cuivre émis de Henri III à 1804 ; cette monnaie, trop abondante dans la circulation, n'a pas été frappée de Napoléon Iᵉʳ à 1852, sauf pour les pièces obsidionales ou coloniales. Napoléon III, reprenant l'émission du cuivre, ordonna en 1853 le retrait des sous et des liards, privant les numismates d'une source de nombreuses découvertes.

— Après cette communication, la séance est levée à 6 h. 1/2.

Séance ordinaire du 11 Décembre 1917

Présidence de Mgr Mantel, Président.

Sont présents : MM. Brandicourt, l'abbé Cardon, Collombier, Dubois, Durand, Florisoone, de Guyencourt, Ledieu, Mgr Mantel, Michel, Milvoy, Roux, Schytte et Thorel.

M. l'abbé Rohault se fait excuser.

Correspondance. — Mlle Léger et M. Becquart remercient de leur élection en qualité de membres non-résidants.

— M. le Mis de Romance - Mesmon, accuse réception d'un cliché, représentant M. de Puisieux, son beau-frère, que la Société lui a fait remettre.

Ouvrages signalés. — L'assemblée remarque spécialement parmi les ouvrages qui garnissent le bureau : 1° Le *Lexique Saint-Polois* de M. Ed. Edmont, savant ouvrage couronné par l'Académie des inscriptions et belles-lettres, et 2° dans le *Bulletin archéologique du Comité des travaux historiques*, etc., (1916, n° 2), un mémoire de M. le chanoine Chartraire prouvant que le sépulcre de l'église de Saint-Jean de Joigny (Yonne) provient de l'église de Folleville (Somme), où il se dressait derrière l'autel. Cette sculpture serait l'œuvre de Mathieu Laignel, artiste amiénois du xvie siècle.

Chronique. — Quelques travaux de conservation vont être exécutés à la vieille maison amiénoise dite « du blanc pignon », dont il fut antérieurement question.

— Les armes des villes de Péronne et de Saint-Quentin figurent sur l'une des affiches annonçant le prochain emprunt national.

— En souvenir de son oncle, le capitaine Balédent, membre de notre Société et mort au champ d'honneur, M. Hainaut fait parvenir deux notices nécrologiques sur ce remarquable officier. L'une d'elles a été publiée dans la « Revue militaire suisse » du mois d'octobre 1917.

Administration. — Mme Pascal, professeur à Abbeville, MM. Delaux à Paris, le chanoine Legris à Amiens et Paul de Mautort à Abbeville, sont élus membres non-résidants.

— Sur la proposition de M. le Trésorier, il est décidé que les cotisations afférentes à l'année 1918 ne seront pas réclamées aux membres de la Société.

— Il est aussi arrêté que la Société participera, dans les limites de ses moyens, à l'emprunt national actuellement émis.

— L'ordre du jour prévoit l'élection des membres du bureau qui siégera en 1918, mais, vu les circonstances, il est décidé que celui actuellement en fonction, continuera à exercer sa charge jusqu'à la fin de la guerre.

. — La révision du programme des concours pour les années 1918 et 1919 donne lieu à diverses observations. Elle est ajournée à une prochaine séance pour supplément d'informations.

Travaux. — M. Thorel donne lecture d'une étude qu'il a intitulée « Hypothèse sur le personnage aux trois visages du passage Gossart à Amiens ». L'auteur, dans une dissertation où la science s'allie à une spirituelle fantaisie, s'efforce d'expliquer par le « rébus » toute la décoration de l'immeuble qui est l'objet de ses recherches, et spécialement le personnage aux trois visages qui en est le motif principal.

— M. Dubois fait suivre cette communication de quelques remarques. — Il signale notamment à Rouen, sur la fontaine de Lisieux, une femme à trois visages où l'on a cru reconnaître la personnification du « *trivium* » de la scolastique du moyen âge.

— Quelques notes adressées par M. Hackspill sont renvoyées à une date ultérieure, puis la séance est levée à 6 h. 1/2.

NOTICE NÉCROLOGIQUE
sur M. Edmond SOYEZ

Par M. Virgile Brandicourt.

Les vies des honnêtes gens, des hommes d'études, s'écoulent généralement calmes, paisibles et presque identiques. — De sorte que l'éloge de l'une s'applique à très peu près à l'autre. Aussi bien, je ne crois pas pouvoir mieux commencer cet éloge funèbre qu'en appliquant à M. Soyez ce qu'il a dit lui-même de M. le Président de Roquemont (avec qui il avait tant de points de ressemblance) dans la notice nécrologique qu'il lui a consacrée. (1)

La Société des Antiquaires de Picardie vient de faire une perte très sensible en la personne de l'un de ses plus anciens membres ; M. Edmond Soyez, Président d'honneur de la Société, Commandeur de Saint Grégoire le Grand, est décédé, presque subitement, dans cette ville, le 21 avril dernier, dans sa 79ᵉ année.

Conformément au désir exprimé par le vénéré défunt, aucun discours n'a été prononcé aux obsèques de notre collègue, mais la Société

(1) Bulletin, 1893, page 263.

M. Edmond SOYEZ.

représentée à la cérémonie funèbre, par une
délégation nombreuse, n'en considère pas moins
comme un devoir essentiel l'acquit d'un tribut de
regrets à la mémoire de M. Soyez. M. le Président
m'a chargé de remplir cette tâche douloureuse,
je vais donc vous rappeler brièvement les titres
que possédait à notre estime celui qui vient de
disparaître de nos rangs.

M. Ed. Soyez est né, le 31 Août 1839, de
Pierre-François Soyez et de Pauline-Eugénie
Herbet. M. Soyez père était un très notable fa-
bricant d'articles d'Amiens, de la place Saint-
Martin. En 1844, il se retira, rue de Noyon,
dans la maison du n° 22, que son fils occupa
jusqu'à sa mort.

L'enfance de celui-ci fut des plus calmes, il ne
quitta jamais le foyer familial pour aller au Collège, car sa complexion délicate demandait des
ménagements Il suivit des cours avec M. Tivier,
professeur émérite de l'Université. L'élève avait
un véritable culte pour ce maître qui sut lui inspirer l'amour des lettres grecques et latines, le
sens du beau, l'intelligence des traditions de nôtre race et de notre terroir. Il compléta ses études
par celle du dessin sous la direction de Le
Tellier et y acquit bientôt un talent au-dessus de
la moyenne.

Au mois d'avril 1866, M. Soyez entreprit un
voyage à Rome, Venise et Naples, avec son ami
Salmon, qui l'initia à l'archéologie, à l'histoire, à

l'hagiographie. J'ai sous les yeux le passeport du jeune voyageur : il avait déjà le front haut et portait alors une barbe blonde, que bien peu de nos collègues doivent avoir connue.

A peine au sortir de la guerre de 1870-71, M. Soyez contribuait à la fondation du *Dimanche*, semaine religieuse du diocèse, dans laquelle il commençait, sous le titre très modeste de *Notices sur les Evêques d'Amiens*, la publication d'une histoire complète et très documentée de tous les prélats qui s'étaient succédé sur le siège de saint Firmin.

Si ces études n'étaient pas conduites avec toutes les ressources et toute la rigueur — parfois exagérée — de la critique moderne, elles n'en révélaient pas moins un historien des plus consciencieux. Un grand amour de l'Eglise, une foi profonde, une piété éclairée n'excluaient pas chez M. Soyez une saine indépendance d'opinion qui se manifesta souvent, avec une sage modération, au cours de ses savantes recherches.

A la faveur de ces travaux d'histoire locale et d'archéologie, il fut reçu d'emblée membre-résidant de la Société, le 11 février 1873, en même temps que M. l'abbé Decagny.

Vrai Picard, Amiénois passionné, il symbolisait toutes les grandeurs de son pays en un monument qui résumait à ses yeux le génie et la gloire de sa race : Notre incomparable *Cathédrale* — et c'est elle qu'il célébra dans son discours de réception. Comme le bon chanoine La Morlière, dont il devait plus tard écrire la vie, le récipiendaire se serait volontiers écrié :

Mon Eglise, Ma Calliope.
Ma toute belle au front doré !

Dans sa réponse, le Président loua les ouvrages de M. Soyez et en fixe les caractéristiques : « Ils « sont, dit-il, bien écrits, sagement pensés, « coordonnés avec goût et jugement ».

Secrétaire en 1875 et 1876, M. Soyez lut, en 1877, un rapport très étudié sur le projet d'enlèvement de la grille principale du chœur de la Cathédrale. Sans hésitation, et par un avis très motivé, il conclut au maintien du *statu quo*.

En 1878, est achevée la *Notice sur les Evêques d'Amiens*, dont un tirage à part est offert en hommage à la Société.

Ses connaissances historiques l'avaient fait choisir plusieurs fois comme rapporteur du concours d'histoire et d'archéologie (1879 et 1880).

En 1891, M. Soyez réalise un projet qu'il caressait depuis longtemps et qui a exercé sur les destinées de notre Société et sur son développement une influence des plus heureuses.

Voici comment le procès-verbal de la séance du 11 août 1891, — dans son éloquent laconisme, — enregistre cette importante fondation :

« M. le Président annonce à l'Assemblée que
« M. Soyez fait don à la Société d'une somme de
« 25.000 francs, destinée à subvenir aux frais
« d'une nouvelle publication qui pourrait être in-
« titulée : « *La Picardie historique et monu-*
« *mentale.* » L'ouvrage publié dans un format
« analogue à celui de l'album archéologique se-
« rait illustré de planches ou photogravures
« représentant des monuments picards. Le texte
« accompagnant ces planches devra être d'une
« certaine étendue..

« Cette communication est accueillie par les
« plus chaleureux applaudissements ».

Au mois de janvier 1892, M. Soyez élu Président de la Société, prenait possession du fau-
teuil en ces termes : « Travaillons maintenant
« ensemble à élever, à l'aide de la plume et du
« crayon, le monument que je désire consacrer à
« la gloire de notre vieille et chère province de
« Picardie. Rappelons-nous notre devise : *Nosce*
« *patriam.* — Efforçons-nous de faire connaître
« de plus en plus les richesses artistiques, la
« glorieuse histoire de cette noble portion du sol
« français, et, en léguant à nos neveux, dans un
« seul corps d'ouvrage destiné, je l'espère, à
« parvenir jusqu'aux siècles reculés, l'image et
« la description de tant de précieux débris des
« vieux âges, nous aurons encore mis en action
« une autre maxime que vous avez inscrite avec
« raison sur l'une des murailles de ce musée
« *colligite ne pereant* ».

La Société est entrée dans les vues de son Président et a réalisé le magnifique programme qu'il avait tracé avec une ampleur et même un luxe que peuvent lui envier bien des Sociétés de province.

Il appartenait tout naturellement au maître de l'œuvre d'élever le portique du grandiose édifice dont il avait réglé l'ordonnance. En pouvait-il trouver de plus digne que la Cathédrale d'Amiens qui domine de sa majesté la Picardie tout entière ? La publication s'est poursuivie normalement et sont terminés à ce jour les arrondissements d'Amiens, Montdidier, Abbeville et Doullens. Ce fut un des chagrins du généreux fondateur que de n'avoir pu assister au couronnement de l'édifice et de n'avoir pu fixer par l'héliogravure et commenter avec le concours de ses collaborateurs les trésors aujourd'hui dispersés ou anéantis de l'arrondissement de Péronne.

Par une disposition testamentaire très libérale, M. Soyez qui avait versé une somme de plus de 100.000 francs pour les quatre arrondissements publiés, a assuré très largement la continuation, l'achèvement et peut-être même l'extension de son œuvre.

Le *Cardinal de Lagrange*, qui fut évêque d'Amiens de 1373 à 1375, a toujours intéressé M. Soyez et, à la séance du 14 juin 1892, il nous lisait une étude très documentée sur le tombeau du fameux Cardinal qui se trouve à Avignon. Dans la

séance de décembre 1892, le procès verbal
signale que « M. le Président donne lecture d'une
« biographie très approfondie du *Chanoine La*
« *Morlière* dont il retrace l'existence et étudie
« les œuvres. » Contrairement aux usages,
cette lecture ne figure pas dans le Bulletin.

C'est que M. Soyez faisait généralement éditer
lui-même, dans un format petit in-4°, sur beau
papier, les travaux qu'il communiquait en séance
ordinaire ou ceux plus nombreux qu'il a publiés
en dehors de la Société. On trouvera en appen-
dice la liste chronologique de ces différentes pla-
quettes qui retracent dans un style sobre et élé-
gant, avec une documentation sûre, les *processions* se déroulant dans la Cathédrale ou à travers les rues de la Cité, la vie des confréries du
Puy-Notre-Dame, de *Saint-Sébastien*, de
Notre-Dame-de-Foy, les exodes du *Christ by-
zantin de Saint-Sauve*, ou bien les détails du
geste charitable de *saint Martin*, le soldat
d'Amiens, ou bien les splendeurs du *Sanctuaire
de la Cathédrale*.

A la suite du congrès que la Société française
d'Archéologie a tenu à Abbeville en 1893, une
grande médaille de vermeil fut décernée à M.
Edmond Soyez, pour l'ensemble des magnifiques
photographies destinées au premier fascicule de
la Picardie Historique et monumentale.

Toujours à la recherche des documents qui
pouvaient compléter son histoire des Evêques

d'Amiens, M. Soyez analysait, dans la séance du
14 mai 1895, une pièce fort curieuse insérée au
Bulletin de la Société historique et archéologique
du Périgord.

C'était le compte des dépenses faites, en l'an
de grâce 1316, par un de nos prélats, *Robert de
Fouilloy* (1308-1321), durant un voyage en Périgord et en Quercy, mission entreprise sur l'ordre
du roi Louis X « pour la réformation du pays. »

A la séance du 12 juillet 1898, M. Poujol de
Fréchencourt donnait lecture, au nom de M. Soyez,
d'une note relative à une inscription romaine
découverte à Lambessa sur laquelle se trouve le
nom d'*Aurelius Optatus*. — L'auteur émettait l'opinion assez vraisemblable que cet *exactus* pourrait bien être l'époux de sainte Theudosie, dont
on retrouve le nom gravé sur le marbre qui fer-
mait la tombe de la martyre amiénoise.

C'est la dernière communication faite par notre
regretté collègue ; il n'est pas venu la lire lui-
même et, à partir de cette époque, il n'assista
plus à nos séances qui avaient lieu le soir ; il prenait une part active cependant à la Commission
des impressions, dont les réunions se tenaient
l'après-midi, et suivait avec le plus vif intérêt la
marche de la Société. Il se faisait rendre compte
de chacune de ses séances et continuait ses
chères études.

C'est ainsi qu'en 1900, il éditait, en le com-
mentant et en l'augmentant de nombreuses notes

le manuscrit de Baron : *Description de l'Eglise Cathédrale d'Amiens* (1815) et publiait ses études sur diverses *confréries* dont nous avons déjà parlé.

Dans sa séance du 10 février 1914, la Société lui a conféré le titre de Président d'Honneur, pour récompenser « l'un des plus méritants et plus insignes bienfaiteurs de la Société ».

Telle est, résumée d'après nos bulletins, bien rapidement et bien sèchement, l'œuvre accomplie par M. Soyez à la Société des Antiquaires ; mais ce que ne disent pas nos publications, c'est l'influence qu'il exerça sur le développement des études archéologiques et historiques de notre région par les conseils, les encouragements, les subventions prodigués si généreusement à tous ceux qui s'adressaient à lui en vue de poursuivre une étude locale.

Il était président d'Honneur de la Cie fondamentale des Chevaliers et archers d'Amiens. — Non pas qu'il s'exerçât au tir de l'arc, mais il aimait cette Société à cause de ses origines vénérables et de sa saveur archéologique ; il en subventionnait volontiers les réunions traditionnelles, connues sous le nom de *bouquets*, vestiges à peine transformés de très antiques usages locaux.

C'était un Mécène très éclairé, et Président

d'honneur de la Société des Amis des arts, il suivait avec beaucoup d'intérêt les manifestations
diverses de l'art picard, favorisant les expositions destinées à faire connaître nos peintres et
nos sculpteurs et à encourager leurs travaux.

Les progrès économiques de notre cité ne le
laissaient pas nou plus indifférent, et la Société
Industrielle d'Amiens peut dire avec quelle largesse il a doté son école d'apprentissage.

Il faudrait passer en revue toutes les Sociétés
amiénoises, et même picardes, pour connaître le
secret de toutes ses générosités.

Ses rares amis pouvaient seuls deviner combien
sa charité était discrète, ingénieuse et délicate.
Aucune infortune ne vint jamais frapper à sa porte
sans recevoir une large aumône. Sa bienfaisance
était proverbiale et il était devenu une figure
d'Amiens dont tout le monde avait entendu parler
et que chacun désirait connaître. Il était l'objet
de l'attention générale lorsqu'on le voyait à la
Cathédrale suivre avec tant de dignité et de piété
les processions avec, au cou, la cravate de Commandeur de Saint-Grégoire le Grand. Très modeste, presque timide, se tenant par principe en
dehors des querelles de partis, M. Soyez n'avait
jamais brigué les honneurs officiels. Il était seulement très fier d'avoir reçu de Rome la Croix de
commandeur de Saint-Grégoire le Grand, méritée
par les travaux hagiographiques et historiques,
par les embellissements, restaurations, travaux

de toutes sortes exécutés de ses deniers à la Cathédrale d'Amiens, par la création et l'entretien d'écoles libres. Aussi voulut-il qu'après sa mort « *sa Calliope* » en fût ornée et par testament il demanda que sa croix fût attachée à la châsse de saint Firmin, premier évêque d'Amiens, et conduite avec elle en procession à travers la basilique.

M. Soyez possédait une qualité précieuse pour un historien : il avait une mémoire étonnante de fidélité. Que de fois il m'a cité avec des détails très précis des faits locaux remontant à 40 ou 50 ans en arrière et dont j'ai pu chaque fois vérifier la parfaite exactitude.

Personne ne connaissait comme lui la Cathédrale. Pendant toute sa vie il l'avait visitée, étudiée chaque jour. Il s'intéressait beaucoup à la vie liturgique, aux dignitaires ecclésiastiques comme aux bas officiers d'église et aux enfants de chœur. Que d'anecdotes amusantes ou édifiantes il savait raconter avec une pointe de malice ou d'émotion ! S'il eût pris la peine de noter ces menus incidents locaux, il eût pu faire une histoire anecdotique de la Cathédrale fort originale.

Dans les dernières années de sa vie, M. Soyez travaillait à une étude sur la licorne, ce mythologique animal qui sert de support aux armes d'Amiens, en même temps qu'à une biographie de Gilbert, auteur d'un ouvrage sur la Cathédrale.

C'est à Gilbert qu'avaient appartenu les cinq dessins originaux de la Cathédrale dont M. Soyez a fait don au musée.

Mais ces études sont restées à l'état d'ébauche. La guerre, avec ses émotions violentes, ses bombes dont une avait touché sa maison en novembre 1916, avait ébranlé sa santé et l'avait rendu incapable d'aucun travail suivi. Ayant vu la mort de si près, il n'eut plus d'autre souci que de l'attendre sans faiblesse, en vrai chrétien.

Il ne nous appartient pas de parler de l'homme privé, du chrétien modèle que fut notre vénéré collègue. — Aussi bien au jour des funérailles dans ce sanctuaire de la Cathédrale où M. Soyez avait assisté pendant tant d'années aux offices paroissiaux, devant le peuple assemblé, la voix éloquente du premier pasteur du diocèse s'est élevée, célébrant les vertus du « bon riche », « non pour lui décerner les louanges qu'il dé- « daigna toute sa vie, mais pour nous donner à « tous de nobles exemples et de profitables « leçons ». (1)

(1) *Le Dimanche*, du 29 avril 1917. — Discours de Mgr de la Villerabel aux obsèques de M. Soyez.

APPENDICE

1872 Cathédrale d'Amiens. Notre-Dame de Foy et Notre-Dame du Puy, 19 p. in-8°.

1873 Le Sanctuaire de la Cathédrale d'Amiens, 1873. Lambert-Caron, 160 p., grand in-8° avec 4 planches.

1878 Notices sur les Evêques d'Amiens. Langlois, 1878, XLIX-480 p. in-8°.

1880 Esquisse biographique. Nicolas Cornet, grand maître du Collège de Navarre. Delattre-Lenoël, 1880, 190 p. in-4° avec portrait.

1893 L'Assomption, groupe en marbre sculpté, par Blasset. Yvert et Tellier, 1893, 52 p. in-4°, avec planche.

1893 Adrien de la Morlière, historien d'Amiens. Yvert et Tellier, 1893, 41 p., petit in-4° avec 1 planche.

1895 Voyage de l'Evêque d'Amiens Robert de Fouilloy envoyé par Louis X en Quercy et en Périgord. Yvert, 1895, 15 p. in-8°.

1896 Les labyrinthes d'Eglise. Labyrinthe de la Cathédrale d'Amiens. Yvert et Tellier, 52 p., petit in-4° et 4 pl.

1896 La Procession du Saint-Sacrement et les Processions générales à Amiens. Yvert et Tellier, 1896, 93 p., petit in-4° et 1 planche.

1897 Notre-Dame de Foy. Image conservée à la Cathédrale d'Amiens. Yvert et Tellier, 1897, 80 p., petit in-4° et 3 planches.

1900 Description de l'Eglise Cathédrale Notre-Dame d'Amiens, par Baron, publiée par M. Ed. Soyez, 1815-1900, in-8° de IX et 245 p. 1 planche.

1900 La Picardie historique et monumentale. Cathédrale, Notice. Grand in-4°, 60 p. et 10 planches hors texte et 12 planches dans le texte.

1905 Séjour à Amiens du Cardinal de Florence, publication de la paix de Vervins (7 juin 1598). Amiens, Yvert et Tellier, petit in-4° de ii-27 p. avec 1 planche.

1905 Monuments de Saint-Martin à Amiens. Amiens, Yvert et Tellier, petit in-4° de 47 p. et 3 planches hors texte.

1906 Le Puy Notre-Dame. Yvert et Tellier, petit in-4° de ix-17 p. avec 1 planche.

1907 Chapelle et Confrérie de Saint-Sébastien à Amiens. Yvert et Tellier, petit in-4° de ii-57 p. avec 1 planche.

1910 La Croix et le Crucifix, Etude archéologique. Yvert et Tellier, petit in-4° de 145 p. avec 7 planches hors texte.

NOTE
sur

UN ANCIEN SACRAMENTAIRE

Par M. l'abbé H. Bouvier.

En 1916, au moment de l'offensive de la Somme, un officier du génie me fit remettre, entre autres objets recueillis dans les ruines des églises du front, un missel du xviie siècle dont le dos était endommagé par l'humidité. En ouvrant ce volume, je fus frappé de voir, entre la couverture et la première page, une bande de parchemin. Celle-ci se prolongeait dans le dos du livre ; comme elle ne tenait presque plus et qu'elle portait plusieurs lignes d'une écriture ancienne, je la retirai sans effort; et je constatai que la partie engagée dans la reliure était découpée de manière à former six onglets.

Cette première découverte me fit regarder aussitôt à la dernière page ; je trouvai une autre bande de parchemin placée dans les mêmes conditions et je la retirai également. Après avoir nettoyé du mieux possible et passé au fer chaud les parties détériorées par la colle humide, je rapprochai les deux bandes l'une de l'autre et je constatai avec satisfaction qu'elles concordaient

entre elles et qu'elles étaient les deux moitiés
d'un feuillet de manuscrit que le relieur avait sec-
tionné et découpé pour renforcer le dos du missel. Ce feuillet, ainsi reconstitué, présentait le
format d'un petit in-4°, de 220 millimètres de
haut sur 165 de large.

Le texte de ce manuscrit démontre qu'il appartenait à un ancien sacramentaire, et, malgré les
parties qui ont été enlevées pour former les
onglets, il me fut assez facile de le reconstituer
en son entier. Le recto et le verso de la première
feuille renferment une partie du canon de la
messe et commencent par la prière · *Pridie
quam pateretur...* qui précède immédiatement
la consécration, jusqu'au : *Per omnia secula
seculorum*, comme dans les missels modernes.

La seule différence consiste en ce que le
Memento des morts est précédé de deux autres
Memento, qui ne sont plus disposés aujourd'hui
de la même manière. Le premier était personnel
au célébrant : *Memento mei, queso, Domine...*
Le texte du second est assez difficile à reconstituer intégralement, soit à cause des coupures
qui séparent les onglets, soit en raison de la dé-
térioration de l'écriture. Le mot : *eleemosynas*,
qui apparaît nettement, indique sans doute que
cette recommandation concernait les bienfaiteurs
et bienfaitrices de l'abbaye ou de l'église à qui
appartenait ce sacramentaire.

La seconde feuille n'est pas la suite de la première, car elle renferme une partie de l'évangile du lundi de Pâques, puis l'indication sommaire des autres parties de cette messe avec les rubriques, et enfin le commencement de l'office assigné au mardi de Pâques. Si l'on réfléchit que déjà, à cette époque lointaine, l'ordinaire de la messe dans les sacramentaires était suivi de la série des fêtes commençant par celle de Pâques (1), on voit qu'un seul feuillet pouvait contenir le reste de l'ordinaire de la messe avec le commencement de celle de Pâques, et qu'il séparait nos deux feuilles dans le cahier dont elles faisaient partie.

A quelle époque appartient ce feuillet du manuscrit ? On ne saurait le déterminer avec précision, car il ne porte aucune date, aucun détail spécial qui nous l'indique clairement. Cependant les caractères de l'écriture et un paragraphe du texte permettent de fixer approximativement l'époque où ce livre liturgique fut écrit.

Il ne saurait être postérieur au XII° siècle, car, dès l'époque suivante, le *Memento* personnel du célébrant, signalé plus haut, a été supprimé ou du moins modifié, et il disparaît dans les missels postérieurs (2).

Ce fragment de sacramentaire ne peut, d'autre

(1) On sait que cette fête inaugurait alors l'année ecclésiastique aussi bien que civile.

(2) Le sacramentaire continua sans aucun doute à servir dans les siècles suivants, car ce *Memento* du prêtre et celui des bienfaiteurs ont été barrés par des traits à la plume indiquant qu'ils n'étaient plus en usage.

part, remonter au delà de ce siècle. Il est vrai
qu'on y remarque une abréviation du mot *tibi*,
qui se retrouve dans le sacramentaire corbéien
de Ratold datant de la fin du x⁰ siècle (1).
Mais partout, dans le texte, la diphtongue *ae* est
remplacée par l'*e* cédillé ou simple (*hec* pour *hæc*,
tue pour *tuæ*). Or, la paléographie démontre que
cette voyelle double, généralement conservée
dans les manuscrits du ix⁰ siècle, fut remplacée
au xi⁰ par l'*e* cédillé, et bientôt la cédille disparut
elle-même. Ces divers caractères nous ramènent
donc au xii⁰ siècle, époque à laquelle vraisemblablement fut exécuté ce livre liturgique.

La forme générale de l'écriture amène la même
conclusion, car elle appartient au type appelé
gothique qui commença à être en usage au début
de ce siècle (2). Les trois courbes du corps des
lettres, spéciales à l'onciale de l'époque précédente, furent alors remplacées par des traits
droits, formant des angles obtus ou aigus à leur
rencontre. Les caractères, plus grands que ceux
de la minuscule carolingienne, ont une hauteur
uniforme de 2 millimètres, et les lignes présentent des intervalles réguliers. Notre fragment
de manuscrit semble appartenir au début de cette
évolution, car les angles des traits dans les lettres
sont encore adoucis et forment transition entre
l'onciale et le gothique.

(1) Voir Mabillon. *De Re diplomatica*, 367.
(2) Voir M. Prou. *Manuel de Paléographie*, 201-202.

Quant aux initiales, elles sont écrites à l'encre rouge et en capitales romaines, à l'exception de la majuscule (P) qui est en onciale. Leur ornementation ne consiste qu'en quelques traits insignifiants.

Il est impossible de déterminer au juste d'où provenait le sacramentaire dont le relieur a tiré ce feuillet, sans doute après la période révolutionnaire. La beauté de son écriture et sa ressemblance frappante avec le missel de Corbie que possède la Bibliothèque d'Amiens (manuscrit n° 155), nous inclinent à penser qu'il appartenait également à ce monastère, dont l'école de calligraphie fut, dans tout le haut moyen âge, une des plus célèbres du Nord de la France.

UN · HORTILLON [1]

Note par M. de Guyencourt.

Depuis fort longtemps aucune communication ne fut faite à la Société des Antiquaires sur la manière de se vêtir usitée jadis en Picardie.

La raison en est très simple : c'est à mon avis, qu'il n'y eut jamais chez nous de costume bien spécial. On s'habillait et c'était tout. L'usage de se livrer aux travaux des champs après avoir « défulé » (2) sa chemise était donc, je crois, très peu répandu, bien qu'au xiii° siècle il s'affirme dans quelques-uns des médaillons du grand portail de notre cathédrale. Cette tenue n'est plus adoptée de nos jours, que par les garçons boulangers et, pendant l'été, par les terrassiers. Au cours des hivers du xiiie siècle, un vrai Picard, — tel celui dont la cathédrale nous montre aussi le

(1) Les habitants d'Amiens appellent « hortillons » les maraîchers qui cultivent avec une habileté remarquable les vastes jardins marécageux voisins de leur ville. Ces jardins, situés dans les vallées de la Somme et de l'Avre et généralement accessibles seulement au moyen de bateaux spéciaux, sont eux mêmes désignés sous le nom d'hortillonnages.

(2) *Défuler :* déboutonner, dégrafer, (*defibulare*). Par extension de sens, ôter, enlever, particulièrement en parlant de la coiffure.

portrait, — se tenait même très volontiers au coin de son feu, non loin de ses pantoufles, la tête protégée par un confortable bonnet, et chaudement emmitouflé dans un épais manteau à capuchon dont la forme rappelle encore le « cucullus » gallo-romain.

Un peu plus tard, la mode a changé. — Elle était cependant plus lente en ce temps qu'aujourd'hui, et « les bones gens des viles deutours. Amiens », qui vendaient « waide » (1), avaient une mise toute différente : robe tombant jusqu'aux pieds, sorte de soutane recouverte d'un ample manteau à capuchon, quoique la tête fut protégée déjà par une « calipette » (2) qui, — M. Georges Durand l'affirme en sa monographie, de notre cathédrale, — était la coiffure alors adoptée par toutes les classes de la nation, même par le roi saint Louis à qui elle allait fort mal. Le beau sexe, à la même époque, s'ornait le chef d'une coiffure à formes géométriques où le cartonnage et l'empois devaient jouer un grand rôle. On peut examiner, à ce sujet, le prétendu portrait de la jardinière qui, selon la légende, aurait donné le terrain sur lequel fut construite la basilique amiénoise.

(1) *Waide :* plante donnant une teinture bleue, jadis très cultivée dans les environs d'Amiens. Les waidiers firent construire une des chapelles de la cathédrale où se lit l'extrait de l'inscription citée.

(2) *Calipette :* petit bonnet très simple jadis porté par les hommes et les femmes et réservé aujourd'hui à ces dernières,

Je ne puis plus recourir à des images peintes
ou sculptées pour décrire les costumes rustiques
de la Picardie aux époques suivantes, antérieurement au xviie siècle, mais les testaments, les
inventaires et les contrats de mariage peuvent y
suppléer en partie.

On les connaît trop pour y insister.

De leur étude deux conclusions sont à tirer :
premièrement, quand un paysan picard faisait
confectionner un vêtement, il observait la mode
de son époque : j'entends celle de la ville voisine,
lorsqu'il se donnait la peine d'aller si loin. En
second lieu, ce vêtement, généralement en étoffe
d'excellente qualité, durait jusqu'à ce qu'il soit
usé jusqu'à la corde, et, le cas échéant, il était
transmis par héritage et même par contrat de
mariage, jusqu'à son anéantissement complet.

Il en résultait un grand chevauchement ; c'était
la tour de Babel des modes, la confusion absolue,
car un même vêtement servait parfois à plusieurs
générations ; mais de là dérivait un usage pa-
triarcal que j'eus déjà l'occasion de signaler,
usage qui invitait un père de famille à transmettre
son manteau à l'aîné de ses fils, lors du mariage
de celui-ci, comme pour l'investir du devoir
d'assurer l'avenir de la race.

Les peintres flamands du xviie siècle ont volontiers représenté les fêtes villageoises, les ker-
messes, les ducasses, en leurs œuvres si déli-
cieusement amusantes, et l'on sait quelle affinité

unissait les populations picardes à celles des Pays-Bas, affinité qui les identifiait presque. Mais les tableaux de Téniers, de Brauwer et de tant d'autres, représentent toujours ceux que Louis XIV appelait des « magots », vêtus de hardes quelconques et non pas de costumes nationaux, dans le sens propre du terme. A cette dernière classe appartiennent les ajustements qu'on remarque encore en quelques régions du centre de la France, où ils sont en train de disparaître, ainsi qu'en Bretagne et en Normandie, où la couronne du roi d'Yvetot elle-même, le joyeux bonnet de coton qui coiffait si confortablement et les hommes et les femmes, est devenu presque introuvable.

Nos matelottes boulonnaises, plus fidèles aux vieilles traditions, conservent encore leur pittoresque ajustement, mais, chez nous, a presque complètement disparu l'*ahautoir* aux plis sculpturaux, dont les bonnes femmes se voilaient jadis la tête dans les grandes circonstances. Aucun homme ne porte plus l'anneau d'or, passé dans le lobe de l'oreille, pour éclaircir la vue, et la blouse de toile bleue, la bleude, la rouillère, dont l'origine était du reste peu ancienne puisqu'elle remontait seulement au premier empire, n'a point résisté à la crise de 1870. Finis aussi les antiques chapeaux en forme de tromblons et toujours brossés à rebrousse poil. Il en est de même de la « marmotte », ce foulard ou ce simple mouchoir

Un Hortillon.

enroulé autour de la tête et adopté naguère par les mendiantes, les ramasseuses d'escarbilles et les hortillonnes du « marché sur l'eau » d'Amiens (1).

Leurs époux, les hortillons, possédaient-ils un costume professionnel consacré par la tradition ? — Ce qui précède tendrait à en faire douter, mais il semble que tel n'était pas leur avis. Ils prétendirent même, dit-on, ressusciter leur antique tenue à l'occasion de la fête nautique qu'ils offrirent sur la Somme à la duchesse de Berry, lors de l'inauguration du canal d'Angoulême, le 31 août 1825.

C'est cet uniforme que je vais tenter de décrire d'après une modeste statuette en terre cuite coloriée, représentant un hortillon, et modelée en la circonstance précitée, par un « rédeu » (2) amiénois dont j'ignore le nom, mais qui n'oublia pas d'orner le bras gauche de son modèle d'un nœud de ruban en soie blanche, toujours existant, pour bien marquer par cet insigne royaliste la cause déterminante de son œuvre.

Un mot d'abord sur cette figurine : ce n'est pas un objet d'art des plus remarquables et son mérite ne s'élève guère au-dessus de celui des

(1) Pittoresque marché amiénois où sont vendus les légumes des « hortillonnages ».

(2) *Rédeu :* Amateur qui exécute ou collectionne de modestes œuvres d'art, des *réderies*, à moins qu'il ne préfère se livrer à l'élevage des lapins, des pigeons, etc.

statues plus grandes, dont autrefois on aimait à
orner les jardins bourgeois, statues représentant
d'ordinaire un jardinier appuyé sur sa bêche et
une jardinière arrosant ses salades. Cela rentre
dans la catégorie des figures rustiques que nos
voisins de Belgique appellent des « postures ».
J'ajoute que celle-ci me fut donnée, lorsque
j'étais enfant, par une vieille amie de ma famille,
Mlle Louise Fortier, qui, apparentée à des hortillons, tenait la statuette de l'un d'eux et m'en ex-
pliqua l'origine.

L'œuvre mesure 0,23 cent. de hauteur ; le petit
personnage est assis. Il se repose car c'est un vénérable vieillard aux longs cheveux blancs. Il est
chaussé de souliers noirs et porte des jambières
de cuir fauve, montant au-dessus des genoux et
assujetties par des courroies. Sa culotte est d'un
vert si pâle qu'elle paraîtrait presque blanche,
n'était la patine du temps. Le gilet est d'un rouge
écarlate, et la casaque de couleur brune. Le col
largement ouvert de la chemise est maintenu
par une cravate bleue, à bouts flottants, et la tête
est abritée par un chapeau noir dont le large
bord est violemment retroussé du côté gauche.

A droite du personnage, qui extrait d'une vaste
tabatière ronde une prise copieuse, est posé un
arrosoir.

Le style de ce costume ne permet pas de le
faire remonter au delà de la deuxième moitié du
xviiie siècle, et il existe encore d'autres raisons
pour cela.

A cette époque en effet, l'usage des culottes de couleurs très claires, telles que celles adoptées par mon hortillon, semble avoir été assez répandu. J'en donne pour preuve, trois vers, — tout ce que j'ai pu recueillir, — d'une vieille chanson patoise antérieure à la Révolution :

Ch'est dimainch' foîte à Chaune où qu'o s'épagnott'ro ;
J'airai, por foire l' piaffe, ein fond-à-cul d' blainc drop,
Pis l' casaque d' tir'tain' qu'all' vient de m'n onqu' Colos.

On peut s'étonner de voir des villageois adopter des tissus de nuances aussi claires pour en confectionner le vêtement désigné à Chaulnes par un terme assez cru, mais je soupçonne que cette pièce d'habillement était souvent quelque souvenir de régiment rapporté au foyer familial par d'anciens soldats libérés.

Beaucoup de régiments français, avant la Révolution et longtemps après, portèrent en effet la culotte blanche. Le mot « casaque », essentiellement militaire, qu'on relève dans le texte précité confirme mon hypothèse. — On trouverait aussi dans ces trois vers, la preuve, — s'il en était besoin, — de la transmission habituelle des vêtements, d'un oncle à son neveu, et, a fortiori, d'un père à son fils et c'est sur cette dernière observation qu'il convient de terminer cette note.

LE CRACHET

Etude par M. A. DE FRANCQUEVILLE.

« Peuv' tiot crachet, où est-ch' qu'o t'o mis'
Peuv' tiot crachet de m' vieill' gra' mère. » (1)

.... On l'a mis .... au débarras, au
rebut avec les vieilles idées, les vieux usages,
avec toutes ces antiques choses si aimées jadis,
si méprisées aujourd'hui. Sa lumière tremblo-
tante n'était pas à comparer, je l'avoue, à celle
de nos ampoules électriques et son âcre fumée
devait parfois manquer de charme ; mais, telle
qu'elle était, elle suffisait amplement aux habitants des campagnes lorsque, après leur dure
journée de labeur, ils se réunissaient pour la
veillée. Les hommes devisaient en fumant et les
femmes filaient. Parfois, l'une d'elles quittait sa
place et, déposant sa quenouille, allait surveiller la
petite lampe. Avec une pince ou une épingle elle
allongeait la mèche qui commençait à char-
bonner.

Maintenant si vous me demandez d'où il tire
son nom, je vous dirai avoir lu quelque part qu'il

(1) *Ch' Crachet.* — M. DE GUYENCOURT.

vient du mot *graisse*, dont les Normands ont fait *crasset*, *graisset*, les Picards, *crachet*, *créchet*, et les Lillois, *cracet*. (1) On lui donne encore vingt appellations différentes : *craisset*, *graissieux*, etc. Havard vous en indiquera une foule d'autres. (2)

Au xiv siècle on disait en manière de dicton :

« Ki a croissel, toute la nuit veille. » (3)

Vous le trouverez dans de nombreux textes anciens :

Cramelie de fer
et craisset en yver. (4)

Ainsi que dans des inventaires :

« Deulz crassetz, un gril. »

— Amiens, 1558.

« Quatre crassets... »

Amiens, 1595.

Une vieille locution picarde dit : « *A ch'* *créchet* », vers le soir, à l'heure où déjà les lampes s'allument. (5)

Son origine se perd dans la nuit des temps et

(1) *Glossaire archéologique*, Victor GAY, p. 486.

(2) *Dictionnaire de l'Ameublement*. Voir aussi le *Glossaire du patois picard*. de l'Abbé CORBLET ; *La Thiérache*, Bulletin de la Société Archéologique de Vervins, Tome 18ᵉ, 1897-1898.

(3) FRANKLIN. Variétés gastronomiques, p. 27.

(4) GAY. *Op. cit.*, p. 490.

(5) Etudes pour servir à un *Glossaire étymologique du patois picard*, J.-B. JOUANCOUX, pp. 139-140.

4

l'homme qui façonnait les haches de Saint-Acheul devait se servir, pour éclairer son pauvre logis, d'un silex creux rempli de graisse d'ours.

La si gracieuse lampe romaine n'en différait guère et nous la retrouvons pendant tout le moyen-âge, en verre, en terre, en métal. Le xiii° siècle amène des perfectionnements. La mèche était alors formée de la moëlle d'un jonc et les marchands criaient : _

J'ai jonc paré pour mettre en lampe. (1)

Au xvii° siècle, chez le roi et les grands on faisait encore usage du mortier. (2) Il consistait en un morceau de cire jaune placé au milieu d'un vase rempli d'eau. Une mèche fixée au centre brûlait toute la nuit.

Une estampe de Larmessin nous montre le costume du dinandier. Il porte au cou trois crachets de cuivre ressemblant à ceux du Ponthieu. Celui du centre a des becs multiples ; celui de droite, deux ; celui de gauche, un seul. Une autre vignette de Calmans, gravée d'après un tableau de Bigot et représentant la Sainte-Famille, donne la reproduction d'une lampe de forme carrée.

Monsieur d'Allemagne, le savant historien du « Luminaire », a bien voulu me signaler dans son ouvrage une gravure de Scappi. Il s'agit d'une cuisine du xvi° siècle éclairée par un crachet. (3)

(1) FRANKLIN. *Variétés Gastronomiques.*
(2) FRANKLIN. *Les Grands Magasins.*
(3) Le Luminaire, p. 138.

Si nous cherchons les modèles employés dans les pays étrangers, nous retrouvons des types se rapprochant des nôtres. A titre d'exemple, je citerai un dessin du musée Guimet représentant un vieux Nippon, au crâne chenu, en train de dépouiller quelque antique grimoire. Une lampe, qui ne diffère pas beaucoup du modèle picard, l'éclaire. (1)

Vous trouverez dans l'ouvrage de M. Gay (2) un crachet hispano-arabe qui est certainement lui aussi le proche parent de notre lampe, mais un parent cossu !

Beaucoup de ces spécimens reposent sur un pied, tandis que notre crachet, qui, je le pense, devait se rencontrer dans beaucoup de provinces françaises, est fixé à une longue tige de fer ou à une crémaillère. Le tout est souvent suspendu à une barre horizontale de bois formant potence et qui, grâce à une charnière, peut tourner à droite et à gauche. La lampe en elle-même se compose d'un petit récipient en fer contenant un grossier vase de terre vernissée, la platine, (*platène* en Picardie, *palette* en Artois) remplie d'huile ou de graisse. La moëlle de sureau ou de jonc, l'étoupe ou le coton servent de mèche.

Comme on le voit, le crachet est peu compliqué ; mais chacune des pièces qui le composent varie selon le caprice de l'artisan. La partie la

(1) Musée Guimet 1901. — *Le théâtre au Japon.*
(2) M. GAY. Ouv. déjà cit., p. 490.

plus ornée est en général l'extrémité de la tige
recourbée qui surmonte la platine.

Notre regretté confrère M. René de Boutray
avait formé au *marché à la Reiderie* une collection de ces petits appareils d'éclairage. En voici
quelques-uns. On remarquera que le motif le plus
fréquemment employé est la fleur de lis : n°s 1, 3,
6, 10, 12. Le n° 14 en serait encore une, mais incomplète ; le sommet aurait été enlevé à l'époque
de la Révolution, en même temps qu'on relevait
les deux branches latérales du n° 16. On trouve
aussi le fer de lance : n°s 2, 7, 11 ; un trèfle
ajouré : n° 5 ; un coq : n° 4, qui rappelle ceux qui
surmontent nos clochers. Certains de ces ornements semblent avoir été découpés dans une
plaque de métal. comme le n° 20, d'autres sont
forgés. Le n° 8 est formé de trois barres de fer
quadrangulaires qui s'arrondissent en spirales ;
le n° 19 offre une tige tordue ; d'autres enfin représentent des cœurs ou se terminent par des
antennes, n°s 13, 21, 22.

Un des crachets présente une douille, n° 18. Je
me demandais son utilité, lorsque j'ai appris par
un vieux brocanteur qu'elle servait jadis à placer
une petite chandelle, *ch'copon* ou *ch'coupon*, qui
valait deux liards chez l'épicier. (1)

J'ai trouvé dans le canton de Boves un autre

(1) Ce mot est encore employé aujourd'hui pour désigner
les petits cierges que les fidèles font brûler devant Saint-Sauve.
— Renseignement fourni par M. DE GUYENCOURT.

crachet offrant le même ornement et, en plus, une tige de fer à quatre branches formant fleuron (n° 23), qui n'est pas fixée à la lampe mais semble en avoir toujours fait partie.

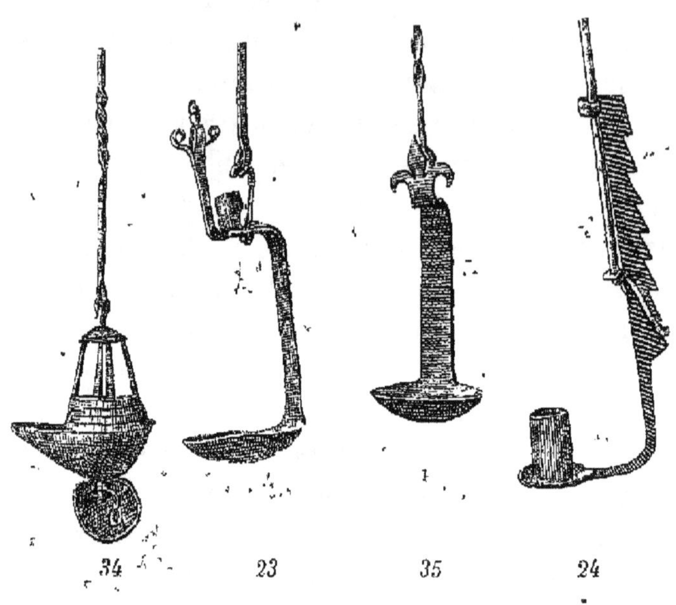

34 23 35 24

M. Duvette possède un crachet d'un joli travail provenant de la collection de M. Le Vasseur ; la platine est surmontée d'une sorte de roue en fer forgé dont les rayons ont la forme de balustres. Je n'oserais pas affirmer que nous nous trouvons en présence d'une œuvre picarde. J'en dirai autant de cette crémaillère (n° 24), terminée par une douille destinée à placer une chandelle. M. de Boutray la pensait originaire de l'Artois ou de la Flandre.

Un membre des Rosati, M. Séminel, a bien voulu me communiquer un certain nombre de photographies reproduisant des crachets conservés dans les collections amiénoises. Je les ai fait dessiner comme échantillons de l'art rustique.

Le n° 25 est une petite lampe d'un travail plus fini que celles qu'on rencontre habituellement chez le campagnard ; un couvercle la surmonte. Je ne le pense pas de fabrication locale

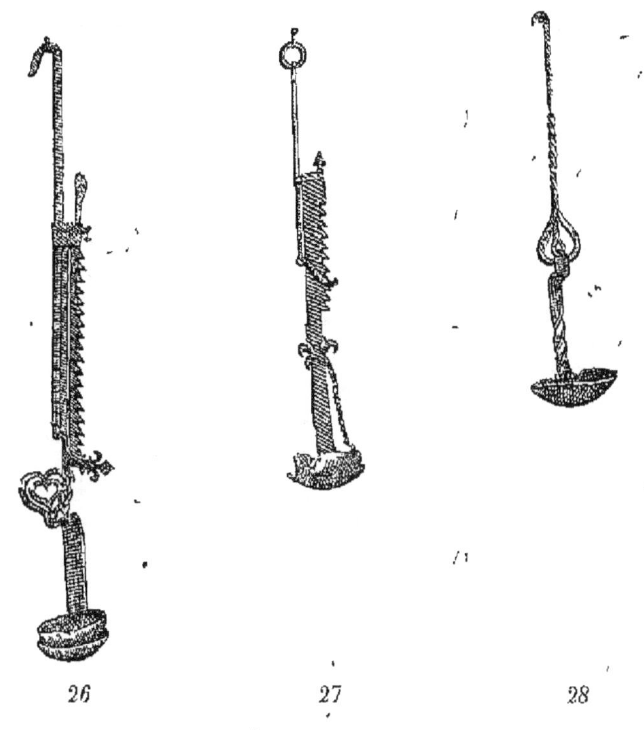

262728

Les n°ˢ 26 et 27 sont à crémaillère (1). La première est ornée d'un double cœur, la deuxième

(1) Collection de M. Pillot (n°ˢ 25, 26, 28.)

d'une fleur de lis. Il en est de même du n° 27. Le n° 28 est très simple avec un cœur dont la pointe est en haut.

Les n°s 29, 30, 31 qui proviennent de Doullens sont des modèles courants. Le premier possède une fleur de lis; les deux derniers, des fers de lance.

J'ai vu jadis dans la collection de M. Maurice Percheval une baguette en bois qui avait dû servir à suspendre une lampe ; un oiseau arrêtait de son bec une roue dentée qui commandait la crémaillère.

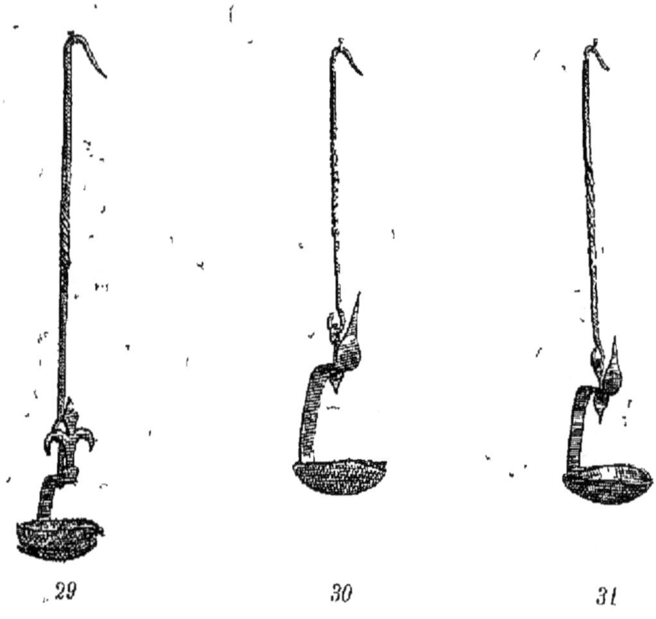

29   30   31

Tels étaient en général les modèles employés dans l'Amiénois. J'ai en outre rencontré, surtout aux environs d'Abbeville, une lampe en cuivre, plus allongée, plus épaisse, rattachée au support

de fer par des baguettes terminées souvent par
quatre pointes. Un petit récipient est fixé par un
anneau sous la lampe pour recevoir l'huile qui
pourrait s'en échapper. (1) Le nombre des becs
varie de un à quatre.(2) Ces crachets appartiennent
tous au même type et ne présentent pas d'ornements. Cependant la collection de M. Percheval
en possédait un à quatre becs de forme très
archaïque.

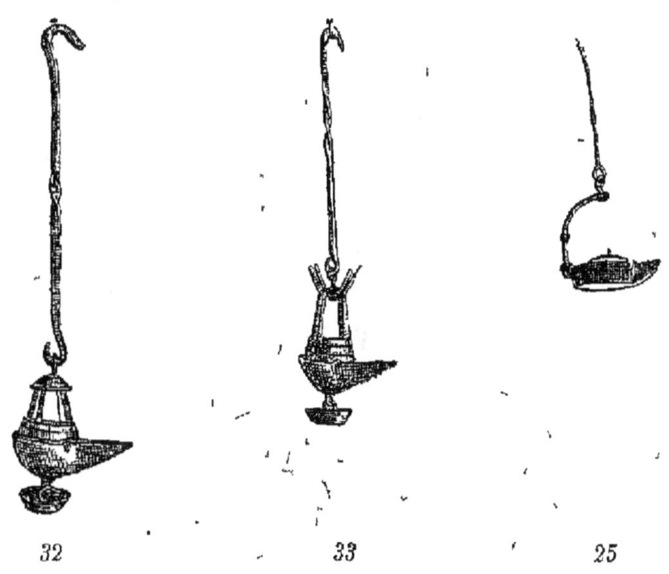

Je ne parle pas des lampes à sept becs qui se
voient dans certaines collections. Elles sont de
fabrication juive et ne proviennent pas de notre
région, mais d'Alsace, je crois.

(1) *Sognon.* — Renseignement fourni par M. Thorel.
(2) « Une lampe à quatre branches. » Antoine Anquier, p. 5.
M. Georges Durand. (Inventaire de 1542.)

M. Séminel a photographié les n°ˢ 32 et 33 qui ont été trouvés à Condé-Folie. Le premier est le modèle classique, le second se hérisse de quatre pointes.

Les tisserands faisaient usage d'une sorte de quinquet. Pour en augmenter la lumière, ils plaçaient devant la flamme une bouteille ventrue remplie d'eau. Certaines sources de nos environs étaient très recherchées, car leur eau avaient la réputation de se conserver longtemps sans se corrompre.

Comme je le disais plus haut, le crachet disparaît. Notre compatriote a été en cela beaucoup moins conservateur que le Breton et le Vendéen qui eux sont restés fidèles à la chandelle de résine et de chanvre. Peut-être la nécessité forcera-t-elle un jour le Picard à reprendre dans son grenier la vieille lampe rouillée et à rallumer la mèche fumeuse.

L'HARPAGE

DE LA COLLECTION DU COMTE CH. DE L'ESCALÓPIER
A LA BIBLIOTHÈQUE COMMUNALE D'AMIENS

Note par M. Alex. PONCHON.

Dans le tome troisième du catalogue de **M.** le
Cte Charles de l'Escalopier (1), au n° 2 de la notice
descriptive des objets antiques et du moyen
âge dressée par M. Forgeons, chacun peut lire :
« Douille en bronze surmontée à son extrémité de
nombreuses griffes ayant servi aux martyrés des
premiers chrétiens. — Ce monument d'une grande
rareté a fait partie du cabinet de M. Carand. »

Qu'était M. Carand ? Un riche collectionneur
sans doute, car l'objet en question, d'une très
haute antiquité, assuré pour cinquante francs, est
rare à l'excès et, quoiqu'une des griffes ait été
cassée accidentellement, sa forme artistique, sa
matière et sa belle patine en font encore un
monument de valeur, comme il n'en existe pas
de pareil dans les plus riches collections.

L'harpage de la Bibliothèque d'Amiens, — en
latin *harpago,* du grec *harpazein*, saisir, — est
tout uniment un ustensile de cuisine, de grande
cuisine, des cuisines légendaires et historiques

---

(1) Bibliothèque communale d'Amiens,

telles qu'il s'en rencontra aux époques celtiques.
Les savants chargés de conserver les bronzes antiques de la Bibliothèque Nationale, où se trouvent deux ou trois raretés presque semblables, ont pensé que le travail en était étrusque (1).

Ce bronze antique pourrait être ainsi catalogué :

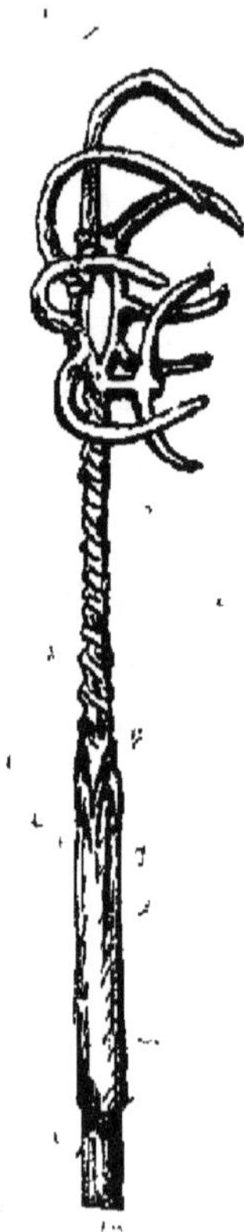

— *Harpage à neuf griffes*. (Fourchette à chaudron). Il se compose d'une tige douillée à laquelle s'adaptait un manche en bois. Cette tige cannelée est ornée d'une tête qui paraît être celle d'un serpent. Autour d'un anneau octogonal sont disposées sept griffes recourbées. Deux autres griffes plus petites sont fixées par un support tout contre l'anneau central. — Longueur 0ᵐ365.

Il nous a paru intéressant de signaler cette tête. C'est vraisemblablement celle d'un serpent ; elle diffère sensiblement pourtant de celles qui figurent au catalogue des bronzes de la Bibliothèque Nationale, sous les nᵒˢ 1497 et 1499, et qui proviennent de la collection de Luynes. Sur la tête de l'*harpage d'Amiens* sont représentées par une ligne en

<hr>

1. — Catalogue des Bronzes antiques de la Bibl. Nat., publié par MM. Ern. Babelon et Ad. Blanchet, p. 398.

creux comme deux oreilles pointues, rabattues
sur la place des yeux. La lèvre, très développée,
est formée par deux zones ellipsoïdales bien distinctes dont la dernière est ornée d'un pointillé.

De la naissance de la douille à l'extrémité de la
griffe médiane, il y a une longueur de 455^{mm} dont
160 pour cette griffe. L'anneau sur lequel rayonnent les griffes a un diamètre extérieur de 59^{mm}
et intérieur de 29^{mm}. La partie ophidienne de la
douille a une longueur de 120^{mm} : à sa base l'ouverture est de 20^{mm} et l'épaisseur des parois d'environ 2^{mm}, ce qui donne un diamètre total de
23 à 24 millimètres.

Les griffes fixées sur la partie octogonale, entre
deux petits bourrelets ornementaux qui en aug-
mentent la résistance, ont de 140^{mm}, pour les deux
plus courtes, à 160^{mm} pour la plus longue ; les
deux griffes qui sont placées sur un support et
forment antennes ont, l'une 8 c. et l'autre 9 c.,
laissant entre leurs extrémités un écartement de
onze centimètres. Ces griffes ou dents ont été,
croyons-nous, courbées après la fonte et alors,
sans doute, que la matière encore chaude permettait de les ployer plus facilement et sans risque
de les rompre. Leur section est circulaire.

La torsade bien régulière qui va de la gueule
zoomorphe à la couronne dentifère mesure 145^{mm}.
Cette torsade, que l'on remarque sur certains objets de l'âge du bronze et de celui du fer, dénote
une haute antiquité.

Ce qui atteste l'habileté du fondeur, c'est que cet ustensile compliqué fut coulé tout d'une pièce. La matière, d'un rouge terne, — dont il est aisé de juger par la cassure accidentelle, — a l'apparence d'un cuivre rouge renfermant fort peu d'alliage et réduit par des procédés · plutôt primitifs. Il rend un son clair, caractéristique, et la partie oxydée forme une gaine verdâtre recouvrant tout l'objet d'une patine vieux bronze bien archaïque.

Les archéologues ont identifié l'*harpage* avec un objet de bronze ou de fer rencontré plusieurs fois en Etrurie et avec des représentations figurées d'origine grecque ou italique, sans qu'il soit possible de douter désormais que cet ustensile est bien *une fourchette à châudron* qui servait pour la grande cuisine et pour les festins cultuels... peut-être.

Plusieurs stations de La Téne III, tel le Mont-Beuvray, ont donné de ces espèces de fourches à pot au feu ; en Suisse, en Saxe, en Hongrie, il en fut exhumé aussi. Par les dimensions et par la forme des dents, les exemplaires italiques et gaulois offrent de grandes analogies avec l'*harpage* de la collection du Cte de l'Escalopier. (V. Jos. Déchelette. — Manuel d'archéologie.., Tome II, 3e partie, f. 1422).

'La courbure des dents permettait de laisser glisser la fourchette jusqu'au bas du chaudron sans risquer d'en perforer le fond, constitué par une tôle de cuivre peu épaisse. Elle permettait surtout de saisir un bon morceau des viandes qui y cuisaient, car, il faut bien nous en persuader, les repas bretons des siècles derniers, dont la tradition nous a prôné l'ampleur pantagruélique, sont peu de chose, si on les compare à certains *repas celtiques* restés célèbres. Tel fut celui que Luern, père de Bituit, roi des Arvernes, offrit au IIe siècle avant notre ère (1) ; tel encore celui donné par Ariamnès, riche Galate, après avoir fait publier qu'il traiterait tous les Galates pendant un an. (2)

Et de même, dans une épopée irlandaise, Mac-Dâthô traitait ses hôtes : l'hôtel avait sept portes et sept chemins y aboutissaient. Il y avait aussi sept foyers et sept chaudrons, un bœuf et un porc dans chaque chaudron. Chaque passant plongeait une grande fourchette dans le chaudron. Si, du premier coup, il atteignait un morceau, il le mangeait ; mais, s'il ne réussissait pas la première fois, il ne pouvait recommencer. (3)

Ainsi le n° 2 de la vitrine du Cte de l'Escalopier, à la Bibliothèque d'Amiens, catalogué comme un instrument de supplice, l'un des plus beaux échantillons de ce genre d'ustensiles, le plus

(1) V. le cours de litt. celt. de M. d'Arbois de Jubainville, T. V, p. 72.

(2) Phylarque chez Athénée, IV, 34.

(3) G Dottin. L'Antiquité celtique, dern. éd. p. 165.

rare, je crois, par le nombre des griffes, est une *fourchette à chaudron* dite *harpage.*

Sa provenance n'est pas indiquée et c'est regrettable. Il est peu probable que cette belle pièce d'antiquité provienne de notre Picardie où les traces de l'époque celtique sont pourtant bien marquées, dans les noms de lieux d'abord, puis en quelques stations jusqu'alors inexplorées ou même insoupçonnées. — Ce que nous en savons, la composition du métal dont elle est formée, son épaisse et belle patine, l'harmonie de ses proportions, sa forme artistique, me la font rapprocher le plus possible d'une des belles époques où le fondeur antique apporta le plus de science et d'habileté dans son art, de l'époque de La Tène, vraisemblablement, mais, pas postérieure : donc celtique et, probablement, d'origine gauloise.

OUVRAGES REÇUS

PENDANT LES 3me ET 4me TRIMESTRES DE L'ANNÉE 1917.

I Le Ministère.

1º Bulletin archéologique du Comité des travaux historiques, etc., 1916, nº 2. — 2º Journal des savants, avril, mai, juin, juillet et août 1917. — 3º Nouvelles archives des missions scientifiques et littéraires, XXII, nº 1. — 4º Revue des études grecques, nºs 132, 133-4, 135. — Revue historique, CXXV, (II), et CXXVI (I), 1917.

II. Les Auteurs.

1º Braut (M Jules) : La loi dite de réparation intégrale des dommages de guerre ; sinistrés prenez garde ! — 2º Cardon (M. l'abbé) : Les registres paroissiaux ; Onvillers. — 3º Durand (M. Georges) : Antoine Anquier. — 4º Maulort (M. P. Tillette de) · Coup d'œil rétrospectif sur les conférences de Saint-Vincent-de-Paul d'Abbeville — 5º Proviseur du Lycée d'Amiens (M. le) : Palmarès de la distribution des prix, 1917.

III. Dons.

M. F. Hainaut · 1º Le capitaine Adrien Balédent. — 2º Note sur la vie et l'œuvre d'Adrien Balédent. — M. Schytte : The Western Front, nº 7 ; juillet 1917.

IV. Acquisitions.

1º A Lhomond : par M. Bethouart. — 2º Bataille de la Marne ; L'Ourcq, Maux, Senlis, Chantilly (Guide Michelin pour la visite des champs de bataille). — 3º Dictionnaire des Antiquités grecques et romaines, etc., 52º fascicule. — 4º La cathédrale de Reims, par Paul Vitry, 7º et 8º fascicules. — 5º L'œuvre de Puvis de Chavannes à Amiens, par G. Scheid. — 6º Les Allemands dans la Somme ; l'invasion, les crimes allemands, les opérations, la vie à l'arrière, par J. Picavet. — 7º Lexique Saint-Polois, par Ed. Edmont.

BULLETIN

DE LA
SOCIÉTÉ DES ANTIQUAIRES
DE PICARDIE

Année 1918. — 1ᵉʳ Trimestre

Séance ordinaire du 8 Janvier 1918

Présidence de Mgr MANTEL, Président.

Sont présents : MM. l'abbé Cardon, Collombier, P. Cosserat, P. Dubois, de Guyencourt, Ledieu, Mgr Mantel, Michel, Milvoy, Schytte et Thorel membres titulaires, ainsi que M. l'abbé Moy membre non résidant.

MM. Brandicourt, l'abbé Leroy et le chanoine Rohaut s'excusent de ne pouvoir assister à la séance.

Correspondance. — Mᵐᵉ Pascal, MM. Delaux, le chanoine Legris et Tillette de Mautort remercient de leur élection en qualité de membres non résidants.

— Selon sa coutume, la Société archéologique de Tarn-et-Garonne adresse des souhaits de bonne année en vers latins et invite les historiens picards à relater les fastes de la guerre actuelle en leur région.

— La famille fait part de la mort de M. l'abbé Requin, chanoine d'Avignon, et membre correspondant de notre Société, décédé le 12 Décembre 1917. — Membre correspondant de l'Institut, M. l'abbé Requin était aussi conservateur du Musée des Papes à Avignon.

— M. Heuduin signale la mise au pillage des débris de la principale église de Roye et demande à la Société, — qui n'en a malheureusement pas le pouvoir, — d'intervenir pour faire cesser cet état de chose.

— De la part de son mari, toujours prisonnier en Allemagne, Mᵐᵉ Maurice Dupont adresse des vœux de bonne année.

— M. l'abbé Bouvier fait parvenir une note relative au signe en forme de 4, porté sur l'épaule par Jean de Marchel, abbé de Saint-Jean d'Amiens, en une miniature du xive siècle. Cet abbé fut un grand bâtisseur : ce 4 serait-il une équerre, symbolisant le constructeur ? Il est plus probable que c'est simplement un galon ornant le costume du personnage représenté.

Ouvrages signalés. — M. le Secrétaire perpétuel appelle l'attention sur les ouvrages dont la liste suit :

1° Rapport annuel de l'archiviste départemental du Pas-de-Calais, pour l'exercice 1916-1917, par M. A. Lavoine. — Ce rapport constate que les archives des communes reconquises ne sont que des épaves ;

2° Le numéro 41 de « *La Picardie* ». — On y trouve d'intéressants articles relatifs à la Somme libérée ;

3° Éducation et culture de la femme romaine à la fin de la République ; influence des idées grecques. — Brochure offerte par l'auteur, Madame H. Pascal, d'Abbeville ;

4° Le dessèchement des basses terres du Ponthieu sous le règne de Louis XVI. — Étude de M. Siffait de Moncourt, offerte par son auteur et couronnée par l'Académie d'Amiens.

Chronique. — MM. Yvert et Tellier craignent de ne pouvoir continuer les impressions de la Société faute de papier. Ils espèrent pouvoir terminer le dernier numéro du Bulletin de 1917, actuellement sous presse, mais ils pensent que l'on sera obligé de renoncer aux suivants, jusqu'à la fin de la guerre.

— En leur qualité de compatriotes de Pierre l'Hermite, les Antiquaires de Picardie sont heureux d'applaudir le dernier acte des Croisades, l'entrée à Jérusalem des Armées alliées.

Administration. — M. Pierre Ansart est élu membre non résidant.

— La Société maintient le programme des concours pour 1918-19, tel qu'il existait précédemment. Toutefois il est décidé qu'une étude sur un monument bien défini sera proposée aux concurrents pour le prix Pinsard, et *le beffroi d'Amiens* est choisi à cet effet.

Travaux. — Pour inaugurer les travaux de l'année, Mgr Mantel, président, prononce les paroles suivantes :

MESSIEURS,

En entrant en fonctions pour la sixième année, votre bureau doit tout d'abord vous exprimer sa profonde gratitude. Il apprécie hautement le grand honneur que vous lui avait fait en le réélisant une fois de plus. Sans doute, il sait bien qu'il ne doit pas s'illusionner : ce n'est point à son mérite personnel qu'il doit de voir la Société des Antiquaires de Picardie déroger de façon si extraordinaire à ses statuts ou au moins à son habitude de ne pas maintenir plus de deux années en charge son Président et son Vice-Président ; mais vous aussi, Messieurs, vous avez pensé « c'est la guerre » ! Quoiqu'il en soit, je tiens à vous dire : « Merci » ! Et puisque la manière de donner ajoute encore au présent qui est fait, je vous dis : « deux fois merci » !

Cela ne m'empêche pas, Messieurs, de souhaiter, et même très vivement, que dans un an, les événements

nous obligent à revenir à l'ancienne façon de faire.
Que sera 1918? Que nous réserve cette année nouvelle? Nous nous le demandons tous avec anxiété

Comme nous aimerions à soulever un coin du voile
mystérieux et impénétrable qui nous cache l'avenir !
Nous n'en serions peut-être pas plus heureux : certes,
le prophète qui, il y a un an, à pareil jour, nous eût
annoncé le recul des Allemands jusqu'à la limite de
notre département, aurait été de notre part, l'objet
d'une ovation enthousiaste! Mais qu'eussions-nous
éprouvé s'il nous avait appris et l'invasion de l'Italie
et surtout la trahison des Russes? Par une très sage
disposition de la Providence, l'avenir nous reste toujours caché, et c'est tant mieux, puisque, la plupart
du temps, il nous apporte plus de mal que de bien.

Espérons toutefois, Messieurs, que, cette année, le
bien l'emportera sur le mal. Assurément, nous ne
pouvons pas empêcher l'inquiétude d'envahir nos
âmes : l'on parle d'une attaque imminente et d'autant
plus terrible que la paix séparée, négociée en ce
moment par la Russie, laisse aux Allemands la libre
disposition de nombreuses divisions occupées jusqu'à
présent sur le front oriental ; on parle de restrictions
sur tout et spécialement sur le pain ; on parle de
souffrances prochaines ! Je ne vous souhaiterai pas,
Messieurs, de ne pas vous laisser abattre par cette
perspective peu encourageante, je vous connais assez
pour être sûr que, comme tous les bons Français, vous
avez foi au succès final ; tous, nous supporterons, pour
le salut de la Patrie, les privations qui nous seront
imposées parce que tous nous comptons sur la vaillance
de nos soldats et l'habileté de leurs chefs, sur le

triomphe du droit et de la justice, sur le châtiment du crime et de la barbarie Cette victoire que nous espérons sans nous décourager, que nous attendons depuis trois ans et demi, que nous avons payée de tant de sang et de ruines, je la souhaite prompte et décisive. C'est mon premier vœu pour 1918.

Mon second, Messieurs, sera pour vos personnes et vos familles. Que Dieu vous accorde à tous santé et bonheur! qu'Il protège ceux que vous aimez! qu'Il console ceux dont le cœur saigne toujours et qui, à la fois pères et patriotes, ont le droit de pleurer les enfants qu'ils sont fiers cependant d'avoir donnés à la Patrie! qu'Il vous garde ceux de vos fils qui, prisonniers ou combattants, souffrent et luttent encore pour nous !

Enfin, Messieurs, mon dernier vœu sera pour notre Société. Cruellement éprouvée en 1917, par la mort de M. Edmond Soyez, l'un de ses membres les plus distingués et son plus insigne bienfaiteur, elle n'aura, je le souhaite vivement, à déplorer, cette année, la perte d'aucun de ses membres !

Puisse-t-elle aussi voir s'accroître sans cesse sa vitalité et sa prospérité ! De sa prospérité, je ne dirai rien; son habile et dévoué trésorier nous en parlera bientôt. J'aime mieux la louer de sa vitalité. Sans doute nous n'avons pas produit, cette année, d'œuvre de bien longue haleine. La Société a fait imprimer, outre ses intéressants bulletins trimestriels, le catalogue de ses manuscrits, travail très utile et très bien fait de M. Brunel, archiviste départemental, et membre titulaire non résidant Et, si je ne me trompe, c'est tout. C'est peu ! Mais bien des raisons, hélas ! expliquent cette pénurie de publications.

Du moins nos séances mensuelles furent très régulièrement tenues, suffisamment fournies et animées. Puissent-elles l'être davantage encore en 1918! Puissions-nous surtout en clore la série par une séance solennelle à la Société Industrielle! C'est qu'alors l'héroïsme de nos soldats nous aurait donné la victoire et la paix, et que tous nos vœux seraient comblés!

— M. Pierre Dubois entretient la Société des nombreuses publications archéologiques et historiques étrangères, mais relatives à la Picardie, qui paraissent actuellement. Il serait utile de se procurer, si cela est possible, ces petits ouvrages de vulgarisation. Deux guides anglais pour Amiens et un pour Abbeville, viennent d'être édités. Les Allemands mêmes publient toute une littérature archéologique où figure notamment une étude sur les pastels de Latour jadis conservés au Musée de Saint-Quentin.

— M. de Guyencourt lit deux notes de M. Hackspill. La première décrit une entrave-cadenas de prisonnier trouvé à Airaines. Cet objet de fer appartient au xvi⁰ siècle La seconde fait connaître la moitié d'un moule, en pierre d'un grain très fin, où l'on coulait soit des monnaies, soit des petits objets de parure de forme circulaire. Ce moule, trouvé à Wiry-au-Mont, appartiendrait à l'époque carolingienne.

— Après cette communication, la séance est levée à 6 heures.

Séance ordinaire du 12 Février 1918

Présidence de Mgr MANTEL, Président.

Assistent à la séance : MM. Brandicourt, l'abbé Cardon, Collombier, P. Dubois, Durand, de Guyencourt, Ledieu, Mgr Mantel, Michel, Milvoy, Thorel et de Witasse, membres titulaires. — MM. Maurice Cosserat, Florisoone, l'abbé Leroy, l'abbé Rohaut et Roux se font excuser

Correspondance. — M. Béthouart, professeur au Lycée d'Amiens et auteur d'un discours en vers sur Lhomond, remercie de la mention qui en a été faite dans un bulletin antérieur.

— M. Pierre Ansart remercie de son admission en qualité de membre non résidant.

— M. Houlon, de Reims, demande des renseignements sur l'épitaphe de Charles Houlon qu'on lit dans le manuscrit de Villers-Rousseville conservé par les Antiquaires de Picardie.

— M. Caussin de Perceval, de Bordeaux, désire des renseignements, — qui lui ont été fournis, — sur le lieu-dit Perceval, à Baizieux.

Ouvrages offerts. — La Société a reçu depuis sa dernière réunion les ouvrages suivants, offerts : 1° Par M. le chanoine Pouillet, doyen de Saint-Remi d'Amiens : *la Sainte-Larme de Notre-Seigneur Jésus-Christ*, révérée autrefois à Selin-

court en l'abbaye des Prémontrés et aujourd'hui
en l'église Saint-Remi d'Amiens ; histoire, documents divers, exercices de dévotion ;

2° Par M H. Graillot, professeur à la Faculté
des lettres de Toulouse : six documents relatifs
à la cathédrale Saint-Etienne de Toulouse. — On
y lit qu'en 1531, l'un des experts désignés pour
recevoir les travaux exécutés aux orgues de cette
église fut « Firmin de la Lyardière, d'Amiens en
Picardie » ;

3° Par M. P. Dubois : Cayeux-sur-Mer, *Conférence sur l'instruction et la prévoyance, etc.*,
par A. Blaize.

Ouvrages signalés. — M. le Secrétaire perpétuel
croit devoir signaler à l'Assemblée les ouvrages
qui suivent :

1° *La Picardie*, numéro du mois de Janvier,
contenant divers renseignements sur Péronne,
Albert, Ham et Roye ;

2° *La Somme sous l'occupation allemande*,
27 Août 1914, — 19 Mars 1917, par M. l'abbé
Charles Calippe. — On y trouve l'énumération
des églises du Santerre qui ont été victimes de la
guerre ;

3° Le Crotoy-Plage, *Guide des Baigneurs*, par
le capitaine Wattebled.

Chronique. — Une association américaine a,
dit-on, consacré une somme de 250.000 francs à

la reconstruction de Tilloloy, village détruit par les Allemands.

— La Société a eu le malheur de perdre, le 11 Janvier dernier, l'un de ses membres non résidants les plus sympathiques, M. De Caudaveine, membre du Conseil municipal d'Amiens.

— L'Académie d'Amiens rappelle, par la voie des journaux, qu'elle a mis au concours une histoire de la guerre actuelle en Picardie.

Administration. — M. le Trésorier expose, selon la coutume, sa gestion financière et la situation pécuniaire de la Société pendant l'année 1917. Il résulte de ce compte-rendu que l'une et l'autre ont été parfaites et l'Assemblée, par l'organe de son président, ne ménage pas ses éloges et ses remerciements à M. Ledieu. Une commission composée de MM. Collombier, Maurice Cosserat et Roux est ensuite formée pour vérifier les comptes de 1917 et préparer le budget de 1918.

— La pénurie du papier va obliger la Société à restreindre ses impressions. M. de Guyencourt propose donc de consacrer les fonds rendus ainsi disponibles, à la restauration des églises, et des monuments présentant un caractère archéologique dévastés par la guerre. M. le Trésorier ajoute que la diminution du nombre des cotisations, qu'il faut prévoir après le retour de la paix, n'est pas à redouter au point de vue budgétaire, car la dotation du service des impressions sera toujours suffisante.

Nos publications pourraient même être bien plus nombreuses si l'on n'était obligé de les restreindre faute de correcteurs.

Après cette observation, la proposition de M le Secrétaire perpétuel est adoptée pour l'année 1918.

— La Société ayant décidé, lors d'une de ses dernières réunions, que son bureau resterait en fonction jusqu'à la fin de la guerre, déclare que la même mesure doit s'appliquer aux commissions.

Travaux. — Par l'entremise de M. Collombier, M. l'abbé Poiret, curé de Puchevillers, transmet une note sur une trouvaille de monnaies romaines faite à Raincheval au mois de Février 1916. Les soldats britanniques, qui construisaient alors une voie ferrée allant du Candas à Acheux, découvrirent, au bois de Louvamont, derrière le cimetière de Raincheval, ces monnaies contenues dans un vase de terre. Celui-ci fut brisé par un coup de pioche, et les inventeurs se partagèrent seulement quelques deniers.

Le plus ancien est de Septime Sévère, et les autres de Gordien III, de Philippe père, d'Otacille et de Trebonien Galle. Ce modeste trésor dut être caché pendant la deuxième moitié du IIIe siècle.

— Mgr Mantel présente un plomb de bulle trouvé récemment au cours de terrassements effectués à Saint-Fuscien. Ce plomb, très bien conservé, porte d'un côté les effigies de saint Paul et de saint Pierre, et de l'autre le nom du Pape Honorius III.

Il n'est pas admissible que ce sceau puisse provenir de certaine bulle d'Honorius III, en faveur du prieuré de Floisy, dépendance de l'abbaye de Saint-Fuscien au diocèse de Rouen, car cet acte, signalé par M. Darsy comme datant de l'an 1200, existe encore, avec son plomb, aux archives de la Somme. Il faut remarquer en passant, que M. Darsy, dans ses recherches sur les *Bénéfices de l'Église d'Amiens*, s'est aussi mépris sur l'époque du pontificat d'Honorius III, qui régna de 1216 à 1227.

— M. Durand annonce la découverte, dans les ruines de l'église de Saint-Pierre de Roye, de peintures sur bois. — Elles sont fort remarquables et l'on y distingue notamment le portrait de Henri IV. Ces œuvres d'art ornaient jadis le coffre de l'autel de saint Roch. Malheureusement elles sont en assez mauvais état. On s'est toutefois efforcé de les mettre en lieu sûr, pour les garantir, autant que faire se peut, contre les bombardements qui anéantissent progressivement la ville.

— M. Milvoy énumère les désastres qu'il a constatés à Fransart, dont l'église possédait autrefois un retable en bois sculpté et deux peintures du xvie siècle qui ont disparu. Une statue intéressante de la même époque ornait le portail de l'église de Fouquescourt; elle a été brisée, mais combien d'autres pertes devra-t-on déplorer ?

— M. l'abbé Olive commence la lecture d'une

série de lettres sur la principauté de Poix dont elles constituent une sorte de chronique. Après cette communication qui doit être continuée, la séance est levée à 6 heures.

<hr>

Séance ordinaire du 12 Mars 1918.

Présidence de Mgr MANTEL, Président.

Sont présents : MM. l'abbé Cardon, Collombier, P. Cosserat, Dubois, de Francqueville, de Guyencourt, Ledieu, Mgr Mantel, Milvoy, Roux et Thorel.

M. l'abbé Olive, membre non résidant, assiste à la séance.

MM. Brandicourt, Maurice Cosserat et Michel se font excuser.

Correspondance. — De Bordeaux, M. Cossin de Perceval sollicite de nouveaux renseignements sur le fief de Perceval, à Baizieux et sur d'autres terres. M. Ledieu a bien voulu se charger de répondre à cette demande.

— Pour obliger un lecteur anglais, M. Michel demande le dépôt entre ses mains, d'un ouvrage de la bibliothèque des Antiquaires qui n'existe pas dans celle de la ville. — Il a été fait droit à cette requête.

— Les enfants de M. le V¹ᵉ de Calonne remercient la Société qui leur a fait remettre le cliché
d'un portrait de leur père.

Ouvrages offerts. — M. le Secrétaire perpétuel
annonce que les ouvrages suivants ont été offerts :

1° Par M. Lair-Dubreuil, commissaire-priseur
à Paris : le catalogue, magnifiquement illustré, de
la collection Sarlin et celui de la vente Edgar
Degas.

2° Par Mᵐᵉ la Supérieure des religieuses de la
Sainte-Famille d'Amiens : *le Centenaire des
religieuses de la Sainte-Famille.*

3° Par M. Eusèbe Vassel : *l'Inscription des
Ethniques.*

4° Par M. Adrien Huguet : *Quelques points
controversés de l'Histoire de Saint-Valery.*

5° Par M. de Visme : *Essai historique sur
Eaubonne* (Seine-et-Oise).

Ouvrages signalés. — M. de Guyencourt
appelle aussi tout particulièrement l'attention sur
les ouvrages dont voici la liste :

1° *Autour de Noyon sur les traces des barbares*, par le Cᵗᵉ de Caix de Saint-Aymour ;

2° Le dernier fascicule du *Bulletin de la Société
d'Emulation d'Abbeville* ;

3° *Sur les pas de nos Saints*, 1ʳᵉ série, par
J. Verdunoy. L'auteur est amené, en ce fascicule,
à parler de la Picardie à propos de saint Martin,
de sainte Radegonde, de sainte Colette, etc. ;

4° *Le Dimanche*, Semaine religieuse du diocèse d'Amiens. Le numéro du 17 Février signale un article de M. Gastoué sur « la Musique et les Musiciens français du moyen âge » où sont cités Blondeau de Nesle, Richard de Fournival et Pierre de la Croix. — On remarquera que Blondeau de Nesle est plus souvent appelé Blondel de Nesle ;

5° *Le Grand Nobiliaire de Picardie*, par de Villers-Rousseville. — Cet exemplaire assez bien conservé, sans être absolument irréprochable, contient 451 feuilles, total important si l'on considère que le « Nobiliaire de Picardie » est un recueil de pages volantes, réunies par des collectionneurs, ce qui fait qu'on n'en trouve guère deux exemplaires absolument semblables. — Cet ouvrage rare est une acquisition ;

6° *Terrier des seigneuries de Remaugies et Onvillers, 1729*, manuscrit qui ne manque pas d'intérêt.

Chronique. — La Société a eu le malheur de perdre, le 27 Février dernier, M. le chanoine Legris qu'elle avait admis parmi ses membres non résidants depuis trois mois seulement. M. le chanoine Legris, qui s'intéressait vivement à toutes les questions historiques et archéologiques, semblait destiné à devenir l'un de nos plus actifs collaborateurs.

— En souvenir des terribles combats qui, ces mois derniers, eurent pour théâtre les rives de la

Somme, le Gouvernement australien vient, dit-on, d'imposer le nom du fleuve picard à l'un de ceux qui arrosent son pays.

— M. Goudallier signale une note de M. Maurice Leroy, communiquée à la Société des Antiquaires de France et relative à Jean Bullant, architecte du connétable de Montmorency et de Catherine de Médicis. — Un acte notarié du 23 Novembre 1546 prouve qu'il appartenait à une famille de maîtres-maçons d'Amiens.

— La Société a aussi appris avec plaisir la nomination d'un de ses membres, M. Sainsaulieu, conservateur des monuments historiques de la Marne, au grade de chevalier de la Légion d'honneur.

Administration. — Selon l'usage, la Commission des finances, par l'organe de M. Roux, expose la situation pécuniaire de la Société, après avoir examiné les documents qui lui ont été remis à cet effet par M. le Trésorier. Le rapport de M. Roux constate à la fois et le bon état de nos finances et les soins que M. Ledieu leur a accordés. Cette déclaration est accueillie par des applaudissements et toutes les dispositions proposées pour l'année 1918 par la Commission sont votées. Mgr Mantel, président, se fait donc un plaisir de présenter à M. Ledieu le témoignage de reconnaissance de toute la Société, en y joignant des remerciements à l'adresse de M. le rapporteur.

Travaux. — M. de Francqueville décrit un vase exhumé à Ailly-sur-Noye, en 1892, lorsque l'on creusait les fondations de la nouvelle église, aujourd'hui si compromise par les bombardements.

Plusieurs poteries gallo-romaines furent alors découvertes, mais la seule vraiment intéressante est celle dont M. de Francqueville fait circuler le dessin. Elle est actuellement conservée par M. Vasseur, notre nouveau collègue. Des épis et des grappes semblent être représentés sur les parois du vase. — Sont-ce des symboles eucharistiques ? il est difficile de résoudre ce problème. — M. de Guyencourt fait remarquer que le genre d'ornementation adopté pour décorer ce vase fut rarement employé par les céramistes, mais qu'on le rencontre assez fréquemment sur certaines verreries gallo-romaines gravées à la meule.

— M. l'abbé Olive, continue la lecture de ses recherches sur la chronique administrative de la principauté de Poix. Puis la séance est levée à 5 heures.

———

Peu de jours après la réunion dont on vient de lire le compte-rendu, la guerre, dont le théâtre s'étendait alors jusqu'aux abords d'Amiens sans cesse bombardé, rendit impossible le séjour en cette ville, et ses habitants durent se disperser par toute la France. — Dans la nuit du 26 au 27 Mars, une bombe, tombant sur le Musée de Picardie,

ruina l'un des pavillons de ce monument et anéantit
la précieuse collection de dessins archéologiques
des frères Duthoit qui y était conservée. — Le
local occupé par la Société des Antiquaires de
Picardie, privé de vitres que l'on ne peut faire
remplacer, laisse encore la bibliothèque exposée
à toutes les intempéries, bien qu'elle ait été épar-
gnée par les projectiles, et, en cette fin de
Décembre 1918, il est toujours impossible de
prévoir le moment heureux où il sera possible de
reprendre le cours des pacifiques séances qui se
tenaient en ce lieu.

LA VIE PRIVÉE D'UN MAGISTRAT PICARD

A LA FIN DE L'ANCIEN RÉGIME

Etude par M. l'Abbé C. Cannon.

Rien ne peut faire connaître d'une façon à la fois plus intime, plus précise et plus sûre, la vie privée de nos pères, que leurs livres de raison ou leurs registres de comptes.

Quelques feuillets d'un de ces registres, recueillis par hasard, vont nous faire pénétrer dans la vie intime et nous indiquer les habitudes et les goûts d'un magistrat de province à la fin de l'ancien régime. Le travail eut été beaucoup plus complet et plus intéressant si on avait possédé le registre en entier, cependant avec les quelques feuilles que nous avons pu retrouver, tâchons de retracer la vie de notre magistrat dans sa bonne ville d'Amiens et son jardin de Camon.

Ce registre avait appartenu à M. François-Marie Delaporte, avocat au Parlement au bailliage et siège présidial d'Amiens, conseiller du Roi, lieutenant particulier des eaux et forêts de Picardie, allié à la famille Laurendeau puisque une de ses sœurs avait épousé M. Jean-Charles Laurendeau, avocat au Parlement et siège présidial d'Amiens. Il avait lui-même épousé, en 1780, Angélique-Florence Scribe.

Un fils leur naquit en 1781, car nous lisons dans le registre : « Honoré-Marie-Léonor, né le 17 Mai « 1781, à cinq heures et demie du matin et baptisé « le même jour, à huit heures du soir, en l'église « Saint-Remi d'Amiens, par M. Fouquerelle, « vicaire de cette paroisse. Son parrain fut « M. Scribe, son grand-père maternel et sa mar- « raine Mᵐᵉ Laurendeau, tante paternelle ».

Le registre en cet endroit est très intéressant, car il indique toutes les dépenses qu'on a faites « pour le petit qui fut nourri, à Cardonnette, par la « femme de François Fossé, garde. Sevré à « 11 mois 1/2 et retiré à 13 mois ». Ces dépenses s'élevaient à la somme de 188 l. 4 s. C'est le sieur Desenclos qui conduit le petit à Cardonnette et il en coûte 5 livres. Déjà M. Delaporte avait dû payer à M. Ancelin chirurgien, la somme de 48 livres, à Mᵐᵉ Boury, garde de l'accouchée, 18 livres pour 15 jours et enfin les relevailles lui revenaient à 7 l. 11 s. 6 d.

Pour envoyer le petit nourrisson à Cardonnette on lui achète des langets de laine pour 8 l. 17 s., des langets de toile pour 3 l., un berceau pour 2 l., un cado (sic), des mouchoirs et quantité d'autres menus objets.

De plus il est payé à la nourrice : « pour une « année, prix convenu 120 l , pour une boyette, « également convenue 15 l., en ramenant le petit « 6 l., plus un habillement d'indienne, une coeffe « et un mouchoir de mousseline pour un mois qui

« lui reste dû lorsqu'on a retiré l'enfant, le
« 17 Juin 1782, le tout coûtant 191 14 s. ». Quand
on allait voir le petit, on laissait toujours une
petite somme, le tout s'élevait à 25 l. 4 s. Les
enfants n'étaient pas oubliés, à chacun on donnait
une paire de boucles. Pour la fête de Cardonnette
on envoyait du vin et de l'eau-de-vie. Enfin au
départ on laissait à la nourrice le berceau et à
chacun des enfants un mouchoir.

Le nombre des gens attachés au service de
notre magistrat était restreint. D'après le registre,
il n'y avait qu'un serviteur et une servante. Chaque
fois qu'une modification se produisait, elle était
consignée. Quand un nouveau serviteur entrait,
on inscrivait quelquefois son nom de famille, mais
toujours ses prénoms, son pays d'origine et les
gages convenus. Les congés étaient inscrits de
même.

« Madelon, de Quevauvillers, est entrée à mon
« service le 22 Janvier 1780, à raison de 22 écus
« de gages par an, 3 l. à l'an et 3 l. à la Saint-Jean.
« Sortie le 9 Janvier 1781. Payé pour 11 mois et
« 18 jours 64 l. plus Saint-Jean et an 6 l. = 70 l. »

« Montreuil, du Temple près Montreuil, est
« entré à mon service le 11 Août 1780 à raison de
« 10 écus de gages par an. Sorti le 1er Mars 1781.
« On lui retient sur ses gages les dépenses faites
« pour son blanchissage ainsi que l'achat, le 8 Fé-
« vrier 1781, pour faire une veste, de 2 aunes 1/2
« de tricot frisé à 3 l. 2 s. et 2 aunes 1/2 de toile

« pour doublure à 21 sous et la façon au tailleur
« pour 3 l.

« Louison, de Salouël, est entrée à mon service
« le 17 Janvier 1781 à raison de 26 écus de gages
« par an. Elle reste 5 jours.

« Geneviève, de Naours, est entrée à mon service
« le 23 Janvier 1701 à raison de 18 écus de gages
« par an, 3 l. à l'an et 3 l. à la Saint-Jean ; elle
« reste 2 mois et 7 jours.

« Pascal Traulet, de Bernaville, est entré à mon
« service, le 19 Mars 1781, à raison de 8 écus, un
« écu au jour de l'an et un à la Saint-Jean, en
« tout 30 l. Sorti le 17 Avril. Payé pour 29 jours
« 1 l. 16 s.

« Constance Lengellé, d'Ailly-sur-Noye, est
« entrée à mon service le 9 Juillet 1781 à raison
« de 26 écus de gages par an, 3 l. à l'an et 3 l. à
« la Saint-Jean. Convenu que si elle sortait avant
« l'année finie, elle ne serait payée qu'à raison de
« 22 l. Elle reste 7 jours et sort le 15 Juillet.

« Marianne, d'Acheux, près Abbeville, est entrée
« à mon service le 19 Juillet 1781, à raison de
« 24 écus de gages par an, 3 l. à l'an et 3 l. à la
« Saint-Jean. Elle sort le 25 Août 1782.

Je remarque que les domestiques ne restent
pas longtemps en place et cette légende des vieux
serviteurs d'autrefois passant toute leur vie au
service du même maître ne se trouve pas confirmée
chez M. Delaporte. Sans parler d'une servante

qui ne reste que cinq jours, combien d'autres qui n'y passent qu'un mois, trois mois, etc.

M. Delaporte règlait exactement ses impôts, ce qui n'était pas toujours l'habitude à cette époque. Il payait le 20ᵉ de sa maison 66 l., pour la capitation en 1780, 34 l. 2 s. et en 1781 40 l. 2 s. Ensuite il devait encore 2 l. 8 s. pour la cotisation de l'hôpital général et 10 s. pour les réverbères.

Il possédait de nombreuses propriétés à Cavillon, à Fourdrinoy, à Breilly, etc., etc. pour lesquelles il devait payer des impôts, ces sommes ne figurent pas sur les feuilles de mon registre. Cependant à cause de ses propriétés de Saint-Vast-en-Chaussée « suivant le rôle de la répartition des réparations faites au presbytère », il devait 7 l. 19 s.

A cette époque chacun des membres du barreau devait contribuer au chauffage de la salle du Conseil et assurer le traitement du bedeau des avocats. Pour le chauffage il payait 4 l. 16 s. et pour les gages 2 l. 18 s.

Il se tenait au courant des études de Droit, c'est ainsi qu'on le voit acheter des ouvrages comme le Style civil de Gauzet et le Style criminel de Dumont pour 8 l. 2 s. Ses fonctions l'obligeaient sans doute à avoir une grande correspondance ; il écrivait de tous les côtés, heureusement qu'à cette époque le papier ne coûtait pas cher ; on avait 3 mains de papier commun pour 12 sous et 2 mains de papier commun et 2 cahiers de papier à lettres valaient 11 s.

Le port des lettres variait de pays à pays Pour envoyer une lettre d'Amiens à Arras, il en coûtait 4 sous, pour Paris et pour Rouen 6 s. ; pour Metz 14 sous et 16 sous pour Cognac.

M. Delaporte ou quelqu'un de sa famille est-il malade ou souffrant, on le sait en voyant au registre des menues dépenses la nature et le prix des remèdes.

Les soins d'hygiène et de toilette se retrouvent de temps en temps, ainsi il paye au sieur Cabanel dentiste, pour une visite 9 livres et pour une année d'abonnement pour sa femme et pour lui 12 livres.

Madame a aussi son coeffeur qui est payé à raison de 40 l. l'an.

C'est surtout au sujet de l'acquisition et de la confection des vêtements que la plume de M. Delaporte entre dans le détail. Il se met en devoir d'indiquer la nature, la couleur, etc. des objets qu'il achète. Ainsi, pour faire une redingote en drap d'Elbeuf, il emploie 1 aune 3/4 à 14 l. 6 s. et pour la doubler 1 aune de toile de coton à 4 l. Une robe de chambre lui demande 2 aunes de toile à 3 l. 12 s. et autant de flanelle pour la doubler à 5 l. 8 s. Il achète 4 paires de bas de Rouen pour 18 l. ; des bas de coton bleu et blanc à 4 l. 10 s. ; un mouchoir de soie pour col lui revient à 4 l. Il se fait faire des manchettes en mousseline brodée pour 3 l. 7 s. et il dépense 6 l. 8 s. 6 d. pour mettre de la petite dentelle à une autre paire. La repasseuse lui demande 12 s. pour

12 chemises et pour la façon de 20 chemises et boutons 16 l. 7 s. Le ressemelage d'une paire de souliers lui coûte 1 l. 13 s. 6 d. Qu'il y a loin de ces prix à ceux d'aujourd'hui.

Mêmes détails pour la garde-robe de Madame. On achète bazin et mousseline, surtout taffetas pour pelisse à 6 l. 5 s. et blonde pour la garnir à 7 s., des mouchoirs de poche à 3 l., du ruban pour nœuds de manche à 18 s., etc., etc. La note se monte à 114 l. 12 s.

Malheureusement la période de notre registre est trop courte pour nous faire connaître le mobilier de l'époque. Le mobilier d'autrefois se composait habituellement de grands et beaux meubles solides, souvent un peu lourds qui duraient toute la vie et même plusieurs générations. On ne voyait pas encore beaucoup de ces menus objets qui sous le nom de bibelots ont envahi le mobilier moderne. En fait de mobilier, il n'est question que d'une armoire en chêne qui a coûté 33 livres et on a donné à Leroux, menuisier, pour la monter 2 l. 14 s.

Si nous passons à la cuisine, nous voyons tous les jours de nouvelles dépenses pour compléter le mobilier : c'est un gauffrier payé 8 l., un mortier et son pilon 5 l., une petite table et un rouleau pour la pâtisserie pour 18 s., une cafetière en fer blanc battu pour 3 l., 2 tourtières de fer blanc pour 1 l. 8 s., un lèchefrite de fer blanc 1 l. 2 s., une douzaine d'assiettes de grès d'Angleterre pour 3 l. 18 s., une triple salière en porcelaine blanche pour 2 l. 5 s., 2 saladiers à fleurs pour 1 l. 16 s., une paire de burettes en cristal pour 7 l. 10 s., etc., etc.

De la cuisine, descendons à la cave. Peut-être y a-t-il dans quelque coin des vins fins, mais le registre ne signale que l'achat de vin ordinaire. « Le 24 Mai 1780 un demi-muid pour 70 l. et le « 19 Novembre un autre pour 65 l. En 1781, « 3 quarteaux pour 144 l. On y trouve encore de « la bière à 17 l. le demi-muid et du cidre à 9 l. « le quarteau ».

Le bucher est bien fourni et de bon bois, car on en fait une grande consommation. Pour les appartements, on brûle du bois de hêtre à 30 l. 15 s. la corde, tandis que pour la cuisine on prend chez Merlier du bois de chêne à 28 l. Pour allumer le feu on achète 1200 tolinets à 17 s. le cent. Quelquefois Monsieur fait venir son bois de la campagne ; c'est ainsi que Charles Dubois, de la Vacquerie, lui apporte des rondins mêlés à 24 l. et du bois de hêtre à 28 l. la corde ; mais on est obligé de payer en plus la voiture et les droits d'entrée, le tout s'élève à 13 l.

Nos pères tiraient une certaine vanité de posséder du beau linge blanc et de dresser dans leurs grandes armoires en chêne ces piles de linge qui sentaient si bon. Pour cela, généralement deux fois l'an, on faisait de ces grandes lessives qui duraient plusieurs jours et dont notre magistrat

nous donne tout le détail. « Le 25 Août 1780, on
« commence une lessive qui revient à 24 l. 4 s. 6 d.
« non compris la nourriture, le bois et le charbon
« pour le repassage. Les lessiveuses coûtent 6 l.
« 9 s. pour 8 journées. Le tonnelier loue des
« cuviers pour 2 l., le chaudronnier un chaudron
« pour 7 s., le savon noir 8 s., le bleu et l'amidon
« 1 l. 5 s. 8 d. En plus 5 journées de repasseuses
« pour 3 l. 15 s. et un demi-quarteron de savon
« pour 10 l. ».

Le 24 Avril 1781 la lessive coûte 29 l. 2 s. et
en Novembre de la même année 15 l. 8 s. 3 d.

Notre magistrat s'occupait avec un zèle intéressé de l'administration et de l'exploitation des
terres qu'il possédait et il n'était pas indifférent
à tout ce qui touche le jardinage. Il se complait à
indiquer les prix et l'espèce des arbres fruitiers
qu'il fait planter dans son jardin de Camon. On y
cueille des poires d'Angleterre et des rambours,
des poires de livre et des renettes *(sic)*, etc., etc.
Il indique aussi les graines achetées et la date
des semis. Ainsi il fait planter « le 16 Avril des
« poireaux, des laitues et des romaines; le 18, des
« œilletons d'artichauts qu'il a payé 1 l. 10 s.; le
« 19, des oignons, du céleri et des radis; le 24, du
« cerfeuil et des choux; le 30, des haricots blancs
« et des haricots verts; le 1er Mai, des carottes et
« le 17 Mai des fèves et de la graine d'épinards ».
Il plante aussi des fleurs, mais elles sont bien
ordinaires, ce sont des cocardeaux, des œillets,
des giroflées, etc., etc.

S'il plantait et s'il semait il recueillait de même et l'on trouve dans son registre l'état complet des asperges récoltées pendant une saison à Camon. Il en vend la plus grande partie, mais il en distribue aussi à ses parents et amis et n'oublie pas son curé. Pour l'année 1783 « son jardin lui a « rapporté 113 bottes d'asperges, il en a vendu « 88, mangé 15 et donné 10 ».

Le chapitre intitulé « menues dépenses » nous donnerait quantité de renseignements bien intéressants, mais leur énumération pourrait rendre ennuyeuse cette lecture déjà monotone. Contentons-nous d'en citer quelques-unes. M. Delaporte indique toutes ses aumônes, il ne nous fait pas grâce des prix qu'il paye pour ses places à la paroisse, 6 s. 6 d. Va-t-il s'asseoir l'après-midi à la Hotoie, immédiatement il marque 10 s. pour ses chaises. S'il va à la campagne, à Picquigny par exemple, on le voit aller à l'offrande et déposer 12 s. au bassinet. Il a une vielle dont il veut se défaire, il la fait annoncer aux Affiches de Picardie et il lui en coûte 12 s.

Fumait-il ou prisait-il? Il ne le dit pas, mais il marque dans son registre : « tabac du 14 Février « au 21 Mars 1 l. 15 s. et du 21 Mars au 6 Avril 16 s. ». Chez lui pour se délasser on joue aux cartes, car il achète 2 jeux de cartes entières *(sic)* pour 19 sous. On consulte les almanachs, surtout celui de Picardie qu'il paye 1 l. 4 s. Il est amateur d'estampes. De temps en temps il en achète, les fait encadrer et décore ainsi ses appartements.

Les garçons boulangers fêtent leur patron, sans doute saint Honoré, au mois de Mai. Notre magistrat leur donne 12 s. et le 17 Octobre, 16 s. aux garçons peintres pour la fête de leur patron saint Luc.

Fait-on rebattre les matelas, il en coûte 3 l. pour 4 matelas. Le couvreur vient réparer la toiture de la maison, il demande 30 s. par jour pour lui et 21 s. pour son aide.

On fait une grande consommation de balais dans la maison, on en achète jusqu'à 4 douzaines à la fois que l'on paye 15 s. la douzaine.

Je crois que ces quelques notes suffiront pour faire voir, moins bien cependant que je l'aurais voulu, le train de vie que menait notre magistrat. Rien de saillant ne paraît avoir assigné à M. Delaporte une place à part dans la nombreuse phalange des magistrats de son temps; mais ces quelques feuilles de registre, échappées à une destruction certaine, nous auront permis de retracer la vie privée d'un magistrat ou d'un bourgeois d'Amiens vers 1780, veillant avec un soin presque trop méticuleux sur ses propres dépenses et sur celles de sa maison

NOTE

Sur un Vase Gallo-Romain

Par M. A. de Francqueville.

En 1892, les ouvriers qui creusaient les fondations de l'église d'Ailly-sur-Noye découvrirent
un certain nombre de vases en terre. Ce n'était
du reste pas la première fois que des trouvailles
de ce genre avaient lieu dans cette localité.
En 1796, 1811, 1829, 1838, 1840 ou 1841 et 1850
on en signale de divers côtés, mais surtout sur
l'emplacement de l'ancien château et auprès du
cimetière (1). Il en est de même en 1890 et 1909 (2).

Parmi les poteries trouvées en 1892, beaucoup
étaient, paraît-il, d'un modèle assez commun;
une seule offrait de l'intérêt. C'est celle qui m'a
été confiée par notre collègue M. Vasseur et dont
je vous présente le dessin. Elle devait avoir
environ douze centimètres de hauteur lorsqu'elle
était intacte, elle est formée de terre noire, présente peu d'épaisseur et se trouve malheureusement en assez triste état. Son ornementation
consiste, entre deux rainures, en épis de blé en
creux, obtenus non par l'application d'un épi

(1) Opuscule édité en 1858 par l'imprimerie Lenoël-Hérouart,
d'après les manuscrits de A. Goze.

(2) Renseignements fournis par M. Vasseur.

véritable sur la terre molle, mais au moyen d'un
outil. On remarque encore un autre motif décoratif,

Vase trouvé à Ailly-sur-Noye.

composé d'un groupe d'ovales. Je me demande, —
ceci est une pure supposition de ma part, — si un
potier malhabile n'a pas eu l'intention de représenter une grappe de raisin. Nous aurions donc là
le symbole Eucharistique et notre vase, placé
jadis sur la tombe d'un prêtre, remonterait à la
haute antiquité chrétienne.

OUVRAGES REÇUS

PENDANT LE PREMIER TRIMESTRE DE L'ANNÉE 1918.

I. Le Ministère.

1° Bulletin archéologique du Comité des travaux historiques, etc., 1917, n° 1. — 2° Bulletin philologique et historique du Comité des travaux historiques, etc., 1916. — 3° Journal des savants, 1917. nᵒˢ 10, 11 et 12. — 4° Revue des études grecques, janvier-mars 1917. — 5° Revue historique, CXXVI (II), 1917 et CXXVII (I), 1918.

II. Les Auteurs.

1° Graillot (M. A.) · Contributions à l'histoire de l'art méridional. Six documents relatifs à la cathédrale de Saint-Etienne de Toulouse. — 2° Huguet (M. A.) · Quelques points controversés de l'histoire de Saint-Valery. — 3° Lavoine (M. A.) : Rapport annuel de l'archiviste départemental (du Pas de-Calais) pour l'exercice 1916-1917. — 4° Pouillet (M. le chanoine) : La Sainte-Larme de Notre-Seigneur Jésus-Christ, conservée autrefois à Selincourt, en l'abbaye des Prémontrés et aujourd'hui en l'église de Saint-Remi d'Amiens. — 5° Pascal (Madame) : Éducation et culture de la femme romaine, à la fin de la République. Influence des idées grecques. — 6° Siffait de Moncourt (M. A.) : Le dessèchement des terres basses du Ponthieu sous le règne de Louis XVI. — 7° Vassel (M. E.) : L'inscription des ethniques. — 8° Visme (M. de) : Essai historique sur Eaubonne (Seine-et-Oise).

III. Dons.

1° De M. P. Dubois : Cayeux-sur-Mer. Conférence sur l'instruction et la prévoyance, etc., par A. Blaize. — 2° De Mᵐᵉ la Supérieure du couvent de la Sainte-Famille d'Amiens : Le Centenaire de la Sainte-Famille. — 3° De M. Lair-Dubreuil : (A) Collection Louis Sarlin (catalogue), et (B) Collection Edgar Degas (catalogue).

IV. Acquisitions.

1° Autour de Noyon sur les traces des barbares, par le Cᵗᵉ de Caix de Saint-Aymour. — 2° Grand Nobiliaire de Picardie, par Villers-Rousseville. — 3° La Somme sous l'occupation allemande, 27 août 1914, 19 mars 1917, etc., par l'abbé Charles Calippe. — 4° Le Crotoy-Plage. Guide des baigneurs par le capitaine Wattebled. — 5° Sur les pas de nos saints, 1ʳᵉ série, par J. Verdunoy. — 6° Terrier des seigneuries de Remaugies et d'Onvillers, 1729 (manuscrit)

BULLETIN

DE LA

SOCIÉTÉ DES ANTIQUAIRES

DE PICARDIE.

Année 1919. — 1er et 2e Trimestres.

Séance ordinaire du 11 Mars 1919.

Présidence de Mgr Mantel, Président.

La salle des séances, au Musée de Picardie, n'étant pas encore utilisable, à cause des ravages de la guerre, la Société des Antiquaires se réunit à 4 heures au collège de la Providence.

Sont présents : MM. Brandicourt, l'abbé Cardon, Collombier, Maurice Cosserat, Pierre Cosserat, Durand, de Guyencourt, Ledieu, Mgr Mantel, Michel, Milvoy, Roux, Schytte, Thorel. et de Witasse, membres titulaires.

M. Ponchon, membre non-résidant, assiste à la séance.

MM. Héren et l'abbé Leroy se font excuser.

Correspondance. — La correspondance de cette séance remonte aux derniers jours de Mars 1918.

Mars 1918. — Le 30, M. Ledieu annonce la destruction par une bombe du pavillon nord-ouest du Musée de Picardie et la ruine de l'hôtel de la Préfecture de la Somme ;

Avril 1918. — Le 4, M. Ledieu pense que la collection des dessins archéologiques des frères Duthoit ainsi que les tableaux et les admirables cadres provenant de la confrérie du Puy-Notre-Dame d'Amiens ont dû être détruits lors du bombardement du Musée de Picardie ;

— Le 17, le même correspondant annonce que la cathédrale d'Amiens a peu souffert, jusqu'à présent, des bombardements dont la ville fut victime ;

— Le 28, M. Ledieu signale la chute d'une bombe qui traversa la voûte du déambulatoire de la cathédrale, au midi, et annonce la mort de M. le chanoine Müller, membre non-résidant ;

Mai 1918. — Le 2, M. Brandicourt fait part de la mort de M. Commont, membre non-résidant et confirme la destruction de la collection de dessins des frères Duthoit ;

Juin 1918. — Le 13, M. Ledieu énumère les désastres produits en notre ville par les bombardements. Le musée, la bibliothèque communale, l'ancien hôtel des trésoriers de France ont été gravement atteints. — Il serait prudent de mettre

en lieu sûr les ouvrages les plus précieux de la
bibliothèque des Antiquaires ;

— Le 28, M. Ledieu annonce que, lors d'un
récent voyage à Amiens, il n'a pu pénétrer dans
le Musée ni entrer en notre bibliothèque. Depuis
deux semaines les ruines ne se sont pas multipliées
à Amiens, cependant la jolie façade du théâtre,
œuvre de l'architecte Rousseau et du sculpteur
Carpentier, a été atteinte ;

Juillet 1918. — Le 19, M. l'adjoint faisant
fonctions de Maire de la ville d'Amiens conseille
à la Société de mettre en lieu sûr sa bibliothèque
et ses archives ;

— Le 24, le même fonctionnaire municipal annonce que M. Sabatté, chargé par le Ministère des
beaux-arts d'évacuer les collections du Musée de
Picardie, propose de déménager la bibliothèque
des Antiquaires ;

— Le 25, M. Ledieu se déclare partisan du déménagement de notre bibliothèque ;

— Le 28, M. le capitaine Carbou, membre non
résidant, annonce qu'il fut deux fois légèrement
blessé pendant l'un des bombardements d'Amiens,
qu'il quitta le 15 Avril, par le dernier train.

Août. — Le 1er, Mgr Mantel s'est entretenu
avec M. Sabatté au sujet du transport de notre
bibliothèque. Celui-ci se propose toujours de
l'effectuer, mais où sera-t-elle transportée ?...

— Le 13, M. Ledieu suppose que le déména-

gement de nos livres est commencé et annonce la
ruine totale de Montdidier;

— Le 28, M. le Préfet demande ce que sont
devenues des monnaies romaines découvertes à
Harbonnières et présentées jadis à la Société.

Septembre 1918. — Le 14, M. Ledieu ne sait
si le déménagement de notre bibliothèque a été
entrepris. Les circonstances étant plus favorables,
peut-être y a-t-on renoncé;

— Le 26, M. Sabatté déclare que, victime d'un
accident, il n'a pu organiser le transport de nos
livres, qui est ajourné;

— Le 30, M. Ledieu constate que tout danger
n'a pas encore disparu pour Amiens, mais qu'il
s'écarte. Puisse-t-on éviter d'évacuer notre bibliothèque !

Octobre 1918. — Le 2, M. le Trésorier, étant
donnés les événements, espère que l'on a renoncé
à déménager nos livres;

— Le 3, la Préfecture de la Somme n'ayant pas
reçu la réponse faite à sa première demande,
réitère ses questions relatives à des monnaies
romaines trouvées à Harbonnières;

— Le 14, M. Sabatté renonce définitivement à
l'idée de déménager la bibliothèque, mais se propose cependant de mettre à l'abri nos volumes les
plus précieux;

— Le 21, M. Ledieu se félicite que notre bibliothèque soit restée en place et annonce la mort de
M. Decrept, membre non-résidant;

— Le 27, M. Sabatté confirme sa dernière lettre et exprime l'intention de faire protéger nos livres contre les intempéries, toutes les vitres du Musée étant brisées;

— Le 28, l'Association pour l'enseignement des sciences anthropologiques adresse une circulaire dont le but est de provoquer le groupement des spécialistes pour combattre les tendances, plus politiques que scientifiques, que l'Allemagne a imposées à cet enseignement.

Novembre 1918. — Le 15, M. des Forts, chargé de centraliser les renseignements relatifs aux objets d'art volés ou détruits par les Allemands dans le département de la Somme, demande le concours de la Société pour effectuer ce recensement;

— Le 21, M. Lavallart, de Ribemont, signale la découverte de sarcophages en pierre, dans cette commune sans doute;

— Le 23, M. Ledieu fait savoir que les impressions en cours de la Société, conservées chez MM. Yvert et Tellier, typographes, ont peu souffert du bombardement d'Amiens et que leur service est assuré. Quant à notre bibliothèque elle a subi seulement les injures de la poussière soulevée par les projectiles.

Décembre 1918. — Le 1er, M. des Forts remercie des renseignements fournis sur la destruction d'œuvres d'art commise par les Allemands dans notre région.

Janvier 1919. — La Société archéologique de Tarn-et-Garonne adresse, comme chaque année, ses souhaits de nouvel an en vers latins ;

— Le 8, les journaux d'Amiens annoncent le décès de M. Delambre, conservateur du Musée de Picardie.

Février 1919. — Le 10, les directeur, professeurs et attachés au Musée de Mexico saluent l'avènement de la paix et souhaitent une heureuse année.

Mars 1919. — La Société de l'histoire de la guerre réclame le concours des Antiquaires de Picardie.

— La Société française d'Archéologie célèbre la victoire, glorifie ceux de ses membres morts au champ d'honneur, expulse de ses rangs tous les Allemands, annonce un prochain congrès à Strasbourg, etc.

Ouvrages offerts. — Depuis un an, les ouvrages qui suivent ont été donnés :

1° Par M. Elliston-Erwood : Archæology in War Time ; A small Romano-Gaulish settlement at Albert (Somme).

2° Par M. Lennel de la Farelle : *A)* Une marque aux armes du général de La Farelle ; *B)* Un *ex-libris* inédit aux armes parlantes.

3° Par M. E. Vassel : *A)* Note sur dix-neuf inscriptions puniques de Carthage ; *B)* Quatre silex taillés du nord de la Tunisie ; *C)* Études puniques ; épigraphes et anépigraphes ; *D)* L'épigraphie de Maxula ; fragments inédits.

Ouvrages signalés. — M. le Secrétaire perpétuel signale les ouvrages suivants que la Société vient d'acquérir :

1° *Amiens ; la Cathédrale,* etc., par M. Paul Léon. — Cet ouvrage illustré donne plusieurs aspects de la cathédrale pendant la dernière guerre.

2° *La Guerre en 1917 ; les Crimes allemands dans la Picardie dévastée,* par M. Maurice Thiéry. — Cette publication intéresse aussi bien les départements de l'Aisne et de l'Oise que celui de la Somme.

3° On remarquera aussi dans le 2ᵉ fascicule du Bulletin archéologique du Comité des travaux historiques, etc., la description, par M. Esperandieu, d'un ex-voto du xvᵉ siècle, conservé au Musée d'Amiens. Cette sculpture en albâtre est d'une origine inconnue. Elle fut dédiée par la reconnaissance d'un homme qui avait échappé à un grave accident de voiture. — Plutôt qu'un ex-voto, n'est-ce point la représentation d'un fait relatif à la légende de quelque Saint ?

— Dans la *Revue historique,* fascicules de mai, juin, juillet, août 1918, il faut noter un article de M. Joseph Reinach intitulé l'Offensive de la Somme de juillet à novembre 1916.

Chronique. — Octobre 1918. — Les Antiquaires de Picardie ont eu le malheur de perdre au début de ce mois, l'un de leurs collègues les plus sympathiques, M. A. Lennel, membre non-résidant, mort à Paris, à la fleur de l'âge.

— Décembre 1918. — La Société a été heureuse d'apprendre que M. Florisoone, membre titulaire, vient d'être nommé professeur an Lycée Henri IV, mais elle regrette l'obligation où il se trouvera sans doute de s'éloigner d'Amiens.

— Janvier 1919. — Les vitres brisées en notre salle des séances au Musée de Picardie, lors du bombardement d'Amiens, du mois de mars 1918, ont pu seulement être remplacées en janvier 1919. Notre bibliothèque a donc été exposée aux intempéries pendant dix mois et ne paraît pas en avoir trop souffert.

— La presse locale a relaté, le 7 janvier 1919, la dixième citation à l'ordre du jour de sa division de M. l'abbé Hénocque, curé de Saint-Sauveur et aumônier militaire et la citation à l'ordre du pays, de M. Bacquet, Directeur de l'Ecole professionnelle de Corbie. — Tous deux sont membres de notre Société.

— Le Président et plusieurs membres de la Société ont été désignés par M. le Préfet pour faire partie du Comité de l'aménagement intérieur des villes et villages libérés du département de la Somme.

— Au début du présent mois, est mort à

Abbeville M. Boucher de Crèvecœur, vice-président de la Société d'Emulation et membre de la nôtre.

— Février 1919. — Au cours de ses séances hebdomadaires du début de l'année 1917, la Société des Antiquaires de France entendit plusieurs fois de brèves communications relatives à l'état où se trouvaient alors divers monuments picards victimes de la guerre. Depuis ils ont été anéantis.

— Sur convocation de notre Président et à la demande de M. le Dr Legrand, les quelques membres de la Société alors à Amiens se réunirent, au début du mois de février 1919, pour donner un avis, au nom des Antiquaires de Picardie, sur la reconstitution d'Amiens.

— Au mois de mars de la même année, l'opinion publique se préoccupe de l'état dans lequel se trouve la cathédrale par suite de déménagements hâtifs et demande, par la voix des journaux, que les choses soient remises dans leur état primitif et dans le plus bref délai possible.

— M. Michel signale la maquette d'un bas-relief de Carpentier, représentant le martyre de saint Quentin, qu'il serait possible d'acquérir. L'œuvre définitive de l'artiste, destinée à la cathédrale d'Amiens et enfin conservée dans l'église de Sailly-Laurette, y a été détruite par les bombes.

— M. Milvoy signale, au Mans, dans l'église de la Couture, un très beau meuble du xviie siècle, exécuté par l'Amiénois Cressent.

— La Société apprend avec regrets la mort toute récente de M. l'abbé Laignel, membre non-résidant.

Administration. — Le Secrétaire perpétuel donne lecture d'une lettre de MM. Yvert et Tellier, d'où il résulte qu'il est impossible, pour ces imprimeurs, d'exécuter, sans lourdes pertes, les clauses du traité qui les lient à la Société. Ils en demandent donc la résiliation, justifiée par les dures circonstances actuelles, à moins que la Société ne consente à un grand relèvement de prix, qui serait du reste momentané. — Après en avoir délibéré, la Société décide d'accepter les conditions nouvelles qui lui sont proposées à titre temporaire. Le papier destiné à l'impression du bulletin étant épuisé, force est aussi d'en adopter un autre un peu différent,... mais on n'a pas le choix. — Cela encore rappellera aux bibliophiles de l'avenir la guerre qui vient de se terminer.

Legs Soyez. — Les événements terribles de l'année dernière ont obligé la Société des Antiquaires de Picardie à ajourner longtemps toute délibération au sujet des dispositions testamentaires prises en sa faveur par le regretté M. Ed. Soyez, l'un de ses membres les plus aimés.

Après avoir pris connaissance des clauses qui la concernent dans le testament du vénéré défunt, elle se déclare donc, par un vote unanime, décidée à leur acceptation pour user des libéralités du testateur selon sa volonté et selon les prescriptions de la loi.

Travaux. — Afin d'inaugurer l'ère nouvelle qui s'ouvre devant nous et la reprise des réunions de la Société, Mgr Mantel, Président, prononce quelques paroles pour déplorer encore une fois les horreurs d'une guerre qui a si cruellement frappé la France, la Picardie et plusieurs des nôtres. Mais la victoire a couronné les généreux efforts des armées alliées. Une glorieuse aurore s'est enfin levée qui permet d'espérer une prospérité réparatrice pour ceux qui ont souffert et, pour la Société, une longue période de calme, consacrée à de fructueuses études.

— M. Ponchon lit le compte-rendu des fouilles et des recherches qu'il a exécutées pendant le temps de l'évacuation d'Amiens. Notre collègue a découvert : 1° A Etouvy, des sépultures gallo-romaines qui ont fourni, notamment, de beaux vases samiens ornés de reliefs ; 2° il a reconnu les substructions de constructions rurales de la même époque, sises entre le hameau précité et la forêt d'Ailly-sur-Somme ; 3° près du chemin allant de Dreuil à Saveuse, il a étudié une sépulture gauloise, de l'époque de la Tène, mise au jour par des soldats marocains en creusant une tranchée. Cette tombe a fourni de nombreux fragments de poteries très caractéristiques ; 4° une station aurignacienne fut aussi reconnue entre Etouvy et Dreuil-sur-Somme.

M. Ponchon rappelle à ce propos, l'importante cachette de l'âge du bronze, découverte à Dreuil en 1872 et qui ne fut guère connue que par les révélations de John Evans.

Dans le Vimeu, M. Ponchon étudia de nombreuses mottes féodales, notamment à Fressenneville, Martaigneville, Béthencourt - sur - Mer, Grébaut, Tours, Saint-Maxent, Vaudricourt, Boubert et Saint-Quentin-la-Motte. Enfin, les vieilles croix de pierre de la même région appelèrent l'attention de notre collègue à Yonval, Fressenneville, Saucourt, Boursevillo, etc.

Monsieur Ponchon a pu calculer sur place que la mer ronge les falaises de la côte picarde d'environ 0,40 c. par an, ce qui constituera un véritable danger pour plusieurs localités du littoral... dans quelques siècles.

— Après cette communication, la séance est levée à 5 h. 1/2.

<hr>

Séance ordinaire du 11 Avril 1919.

Présidence de M. Maurice COSSERAT, Vice-Président.

La Société se réunit à 5 heures dans la salle ordinaire de ses séances au Musée de Picardie.

Sont présents : MM. l'abbé Cardon, Maurice Cosserat, Pierre Cosserat, Durand, Ledieu, Michel, Milvoy et Roux, membres titulaires.

M. l'abbé Olive, membre non-résidant, assiste à la séance.

MM. Brandicourt, de Guyencourt, l'abbé Leroy et Mgr Mantel se font excuser.

Correspondance. — M. Yvert remercie la Société d'avoir accepté quelques modifications au traité relatif aux impressions.

Ouvrages offerts. — M. le Préfet fait parvenir plusieurs volumes de rapports et de procès-verbaux présentés au Conseil général de la Somme en 1917 et en 1918.

Ouvrages signalés. — Le Secrétaire perpétuel annonce que, dans le Bulletin archéologique du Comité des travaux historiques et scientifiques (année 1918, 1ʳᵉ liv.), M. Guigue a publié une étude sur l'inventaire d'un chanoine de Lyon nommé Jean Machard, mort en 1519. Cet ecclésiastique possédait un missel calligraphié par Henri de Beaujardin (de Belloorto), scribe du diocèse d'Amiens. Ce manuscrit existe encore. Il est conservé à la bibliothèque de la ville de Lyon.

Chronique. — Les journaux ont annoncé que les bronzes, magnifiquement ciselés, du maître-autel de la cathédrale de Noyon, ont été volés.

— La Société a eu le malheur de perdre, depuis sa dernière séance, l'un de ses membres non-résidants, M. de Louvel-Lupel, admis le 17 novembre 1914.

— Sur l'initiative de M. Ledieu, des propositions seront faites au propriétaire de la maquette du bas-relief de Carpentier, représentant le martyre de saint Quentin, dont il fut antérieurement question, afin de l'acquérir. On a tout lieu de croire que l'œuvre définitive de l'artiste a péri au cours de la guerre.

Administration. — M. Armand-Brasseau, architecte à Amiens, est admis en qualité de membre non résidant.

— L'ordre du jour prévoit le rapport de M. le Trésorier sur les finances de la Société, mais, avant tout, M. Durand demande que, dans le projet du budget de 1919, une assez forte somme soit prévue pour aider à la conservation des églises et autres monuments présentant un intérêt historique ou archéologique qui ont souffert de la guerre. Beaucoup sont détruits mais quelques-uns peuvent encore être sauvés ou en partie conservés, à la condition qu'ils soient immédiatement secourus. Une liste de ceux-ci sera communiquée à brève échéance. — Après ces observations, M. Ledieu communique son rapport annuel qui constate une fois de plus l'état florissant de nos finances. — La Société adresse donc de chaleureux remerciements à son Trésorier, et MM. Collombier, Maurice Cosserat et Roux sont désignés pour réviser les comptes de 1918 et préparer le budget de 1919.

Travaux. — M. Michel rappelle que M. de Marsy a légué à la bibliothèque communale d'Amiens des manuscrits dont le dépouillement vient d'être terminé. Parmi ces volumes se trouve un cartulaire du XIIᵉ siècle relatif à l'abbaye d'Arrouaise, dont notre collègue donnera l'analyse qui pourra être publiée en attendant l'impression intégrale du cartulaire, puis la séance est levée à 6 h. 1/4.

Séance ordinaire du 13 Mai 1919.

Présidence de Mgr MANTEL, Président.

Sont présents : MM. Brandicourt, l'abbé Cardon, M. Cosserat, de Guyencourt, Ledieu, l'abbé Leroy, Michel, Milvoy et de Witasse, membres titulaires

MM. Collombier, Durand, Héren et Roux se sont fait excuser.

M. l'abbé Olive, membre non-résidant, assiste à la séance.

Correspondance. — M. Chassaigne demande s'il existe des sources de renseignements non explorées sur le procès du chevalier de la Barre et l'affaire du Crucifix d'Abbeville.

— M. Héren désirerait quelques indications sur la littérature patoise relative aux guerres de 1870-71 et de 1914-18.

— La Société française d'archéologie annonce un congrès qu'elle tiendra à Paris du 16 au 23 mai.

— M. Debacq, de Chantilly, parent de M. le chanoine Müller, informe la Société que ce dernier lui a légué quelques objets présentant un réel intérêt archéologique.

Ouvrages signalés. — M. le Secrétaire perpétuel appelle l'attention sur les ouvrages suivants :

1° *Ville d'Amiens, Union des Comités, soirée du 6 avril 1919.* — On y trouve l'exposé de divers projets d'embellissement de notre ville bombardée ainsi que l'indication des avantages et des inconvénients qu'ils présentent.

2° *La seconde bataille de la Somme*, par John Buchan, texte anglais.

3° *Réunion à la Cathédrale d'Amiens. Compte-rendu d'une visite à cette église*, accompagné du texte d'une conférence de M. G. Durand, dans le Bulletin annuel (1914) de la Société des Amis des cathédrales.

4° *Les Animaux des stèles de Carthage, le Bélier.* Ouvrage offert par M. E. Vassel, qui y a joint des études sur *l'ancienneté de la crémation à Carthage* et sur *l'épigraphie de Maxula.*

5° *La Marchande de modes de Marie-Antoi-*

nelle, Rose Berlin, par M. Émile Langlade. Rose Berlin était une Abbevilloise.

6° *Joanne's brief guide to Amiens*. Texte anglais.

7° *Extraits de « En Représailles »*, par Eugène Blanchet. Cette brochure, dont quelques passages concernent notre région, est offerte par l'Union des grandes Associations françaises.

8° *Une carte de Picardie inconnue et le géographe Jean Jolivet*, par M. Gabriel Marcel.

9° *Description et histoire du château de Pierrefonds*, par Viollet-le-Duc.

10° *Causeries Beauvaisines*, par Victor Lhuillier.

11°. *Anciennes cloches municipales de Bordeaux, d'Orléans et d'Amiens*, par Jos. Berthelé. — Ces quatre dernières brochures sont offertes par M. Pillot à qui la Société adresse des remerciements.

Chronique. — M. de Guyencourt annonce que le bas-relief de Carpentier, représentant le martyre de saint Quentin dont il fut antérieurément question, vient d'être acquis par la Société.

— Le 25 avril, la Société a eu le malheur de perdre M. l'abbé Pierre Fauquelle, membre non résidant depuis le 11 février 1910.

— La Société a appris de même, avec non moins de regrets, la mort de M. Henri Desains et celle de M. l'abbé Simon.

— Madame Georges Mallet, membre non-résidant, s'est aussi éteinte depuis la dernière réunion.

Administration. — MM. Gaston Dupuis et Pierre Sulmont, présentés en la dernière séance, sont admis en qualité de membres non-résidants.

— La Société consent à l'échange de ses publications avec celles de l'abbaye de Montserrat (Espagne).

— Il est aussi décidé que désormais les réunions de la Société auront lieu à 8 heures du soir au Musée de Picardie, selon l'usage d'avant-guerre.

— Au nom de l'Association des Rosati picards, M. Milvoy sollicite un crédit pour faire quelques travaux de consolidation à la vieille tour du « Logis-du-Roy » qui en a un urgent besoin. La Société vote à cet effet une somme de 500 francs.

— M. Wagon propose quelques copies, exécutées par lui, d'après les dessins des frères Duthoit détruits lors du bombardement du Musée de Picardie. Ces dessins concernent surtout les communes de divers arrondissements du département de la Somme. Quant à ceux qui intéressent plus spécialement Amiens, ils étaient conservés à l'Hôtel-de-Ville et ont été sauvés.

— L'ordre du jour prévoit la lecture du rapport de la Commission des finances. Ce rapport, rédigé par M. Roux, constate une fois de plus leur excellent état. Mgr Mantel, Président, se fait donc l'interprète de tous pour adresser des remerciements et de vives félicitations à M. le Trésorier.

Travaux. — De la part de M. G. Durand, lecture est faite d'une note sur Henri de Beaujardin, à propos de l'article de M. Alb. Guigue, publié dans le Bulletin archéologique du Comité des travaux historiques, etc. En cette étude l'auteur signale un chanoine de Saint-Paul de Lyon nommé Jean Machart, mort en 1519. C'était un amateur d'objets d'art, qui possédait, entre autres choses, un superbe missel, aujourd'hui conservé à la bibliothèque de Lyon. Or ce manuscrit est précisément une œuvre de Henri de Beaujardin, artiste amiénois. M. Durand fait remarquer que ce calligraphe fut déjà signalé par M. Omont à propos de deux manuscrits de la bibliothèque de Madrid.

— M. Milvoy décrit les chapiteaux découverts lors de l'enlèvement de certaines boiseries de la cathédrale d'Amiens. Des peintures ont été mises au jour dans les mêmes circonstances. — La Société exprime le désir que M. G. Durand, l'historien de la cathédrale, continue son œuvre en étudiant les trouvailles faites par suite des nombreux et souvent regrettables enlèvements exécutés à cause de la guerre.

— M. l'abbé Olive continue la lecture de ses recherches sur la principauté de Poix au xviiie siècle.

— Enfin M. Michel offre à la Société une analyse du Cartulaire d'Arrouaise et lit quelques notes à son sujet, puis la séance est levée à 6 h. 1/2.

Séance ordinaire du 11 Juin 1919.

Présidence de M. Maurice COSSERAT, Vice-Président.

La Société se réunit à 8 heures du soir, dans le local ordinaire de ses séances au Musée de Picardie.

Sont présents : MM. Brandicourt, l'abbé Cardon, M. Cosserat, P. Cosserat, de Guyencourt, Héren, Ledieu, l'abbé Leroy, Milvoy et Thorel, membres titulaires.

MM. l'abbé Olive, R. Rodière, le R. P. de Serent et Sulmont, membres non-résidants, assistent à la séance.

MM. Collombier et Roux se font excuser.

Correspondance. — MM. Dupuis et Sulmont remercient de leur admission en qualité de membres non-résidants.

— M. Hackspill compatit au malheur d'Amiens et de la Picardie, mais il se réjouit du retour à la France, de Metz, sa patrie. Il adresse en même temps, une note sur un « harpago » trouvé à Herculanum et conservé à Moulins, qui présente une grande analogie avec celui de la bibliothèque d'Amiens, étudié naguère par M. Ponchon.

— L'Académie de Metz fait part de sa renaissance.

— Le Comité d'initiative de l'œuvre internationale de Louvain adresse une circulaire.

— M. Douillet, Président du Conseil paroissial de Saint-Germain d'Amiens, sollicite une subvention pour la restauration immédiate de cette église.

Ouvrages offerts. — Depuis la dernière réunion les ouvrages suivants ont été offerts :

1° Par M. le Directeur du Dimanche, *Le Dimanche Semaine Religieuse du diocèse d'Amiens,* collection complète de ce périodique pour l'année 1918.

2° Par M. de Guyencourt, *Un Hortillon,* brochure extraite du Bulletin de la Société.

Chronique. — Des fiches représentant les objets légués à la Société par M. l'abbé Müller sont parvenues, grâce à l'obligeance de M. Debacq.

— M. Ch. Herbert, artiste peintre et membre non-résidant depuis le 10 mai 1898 est mort vers la fin du mois dernier. — On a aussi appris avec regret le décès de MM. Georgeot et Lechat, qui possédaient le même titre.

— Une démarche a été faite pour que l'église de Folleville soit le plus tôt possible désencombrée des sacs de terre qui l'obstruent et puisse être rendue au culte.

Administration. — La Société accepte avec reconnaissance les objets qui lui ont été attribués par M. le chanoine Müller.

— Pour faire droit à une circulaire de l'œuvre internationale de Louvain, il est décidé : 1° que Mgr Mantel sera prié de représenter la Société au sein du Comité constitué pour mener à bien la reconstitution de cette ville ; 2° qu'on s'excusera auprès de ce Comité au sujet de l'impossibilité de former à Amiens une Commission locale chargée de provoquer des souscriptions en faveur de cette œuvre, car la Picardie ravagée est contrainte elle-même de songer à se reconstituer ; 3° que la Société offrira à la bibliothèque de Louvain toutes celles de ses publications dont elle peut encore disposer.

— En réponse à la lettre adressée par M. le Président du Conseil paroissial de Saint-Germain d'Amiens, sollicitant une subvention en vue de la restauration de cette église bombardée, la Société, après un échange d'observations, vote une somme de dix mille francs pour participer à cette œuvre.

Travaux. — M. l'abbé Olive continue la lecture de ses recherches sur la principauté de Poix

— Enfin M. de Guyencourt communique une note de M. Hackspill sur le remarquable « harpago » de bronze du Musée de Moulins, note inspirée par l'étude de M. Ponchon sur un instrument semblable que possède la bibliothèque d'Amiens. — M. Hackspill y constate la divergence d'opinions des auteurs qui ont traité de l'emploi présumé de ces instruments.

M. Thorel ne peut y reconnaître des ustensiles de cuisine. Leur disposition semble impropre à un tel usage. Il y voit plutôt un accessoire destiné à attiser un important foyer.

— Après cette observation, la séance est levée à 9 heures.

NOTE

SUR HENRI DE BEAUJARDIN

Par M. Georges DURAND.

La dernière livraison du *Bulletin archéologique du Comité des travaux historiques et scientifiques* (1) contenait une très intéressante communication de M. Albert Guigue sur un chanoine de Saint-Paul de Lyon, nommé Jean Machard, mort en 1519. Très amateur de belles choses, comme on l'était de son temps, sa grande fortune — il appartenait à une famille de riches marchands de Bourg en Bresse — sa grande fortune lui avait permis de se monter une somptueuse chapelle composée de pièces d'orfèvrerie, de vêtements sacerdotaux et de livres liturgiques d'une grande richesse. Le détail de ces splendeurs nous a été transmis par son testament et par l'inventaire de la chapelle de Notre-Dame-de-Grâce et des Apôtres Pierre et Paul qu'il avait fondée et magnifiquement pourvue en la collégiale Saint-Paul, et à laquelle il avait en outre légué tous ses ornements.

Parmi ceux-ci figurait un superbe missel enluminé, dont son testament et l'inventaire de la chapelle de Notre-Dame-de-Grâce nous donnent le signalement. Il avait été écrit en grandes lettres

(1) Année 1918, p. 91.

de forme, avec lettres ornées et enluminures, par Henri de Beaujardin, écrivain à Varambon en Bresse (1). Les armes et la devise « *Vostre serviteur* » de Jean Machard y étaient fréquemment répétées. Il était couvert de cuir rouge avec fermoir d'argent doré et enveloppé dans deux autres couvertures, l'une d'ostade doublée de taffetas changeant, et l'autre de peau de chamois. Il lui avait coûté 90 écus d'or.

Ce missel est parvenu jusqu'à nous. Recueilli par le cardinal de Bonald, il avait été légué par lui au trésor de la cathédrale de Lyon, en 1870, et de là avait passé à la bibliothèque de cette ville, où il se trouve encore et où j'ai pu le voir lors d'un récent voyage.

C'est un beau manuscrit haut de 0 m. 377, large de 0 m. 265, malheureusement mutilé en plusieurs endroits. Il est superbement calligraphié, mais son ornementation se borne à quelques vignettes en couleur et à des lettres ornées dont le fond est formé d'une sorte de guillochis tantôt noir, tantôt rouge. La grande peinture du *Crucifiement*, au Canon, manque, ainsi que les autres miniatures s'il y en a eu comme semble l'indiquer cette mention du testament de Jean Machard : « Sumptuose de auro et diversis colloribus illuminatum ». A la fin, on lit la note suivante :

« Ad laudem omnipotentis et altissimi Dei inte-

(1) Ain, arrondissement de Bourg en Bresse, canton de Pont-de-l'Ain.

merateque sue gloriosissime Virginis Marie matris
ac gloriosissimi satoris gentium apostoli Pauli,
egregius ac venerabilis vir dominus Johannes
Machardi, in decretis licenciatus, sacrista ac
canonicus ecclesie sacratissime Sancti Pauli
Lugd., archipresbiter Baugiaci, nec non ecclesia-
rum parrochialium de Lescheroux et Sancti Desi-
derii Miribelli rector et curatus, de oppido Burgi
in Breyssia oriundus, hoc missale per me Henricum
de Belloorto, scribam Ambianensis diocesis, habitatorem Varambonis, solenniter scribi et litte-
risque aureis et aliis diversis coloribus depingi
et illuminari, in civitate Lugd., ipsius propriis
sumptibus et expensis fecit, anno salutis millesimo
quatercentesimo nonagesimo primo, exorando et
supplicando omnes in isto missali divina cele-
brantes et legentes, quatinus exorare et preces
altissimo omnipotenti Deo pro anima predicti
Johannis Machardi habeant effundere, ac sequen-
tem orationem dicere : *Da nobis, Domine ut ani-
mam famuli et sacerdotis tui*, etc. dicendo et
proferendo pro ejus salute, ut ejus anima cum
ceteris beatis requiescat in pace. Amen ».

L'écrivain était donc un Picard, du diocèse
d'Amiens, nommé Henri « *de Belloorto* », que,
dans son testament, Jean Machard appelle en
français *Henri de Beaujardin*.

Cet Henri de Beaujardin n'est pas absolument
pour nous un inconnu. Il y a quelques trente ans,
M. Henri Omont nous a signalé deux manuscrits

de la bibliothèque nationale de Madrid, contenant l'*Hexameron* de saint Ambroise et provenant du chapitre de Tolède, mais exécutés en 1502 pour Guichard de Pavie « *alias de Rovedis* », docteur en décret, enfermier de l'abbaye d'Ainay à Lyon, lesquels portaient cette inscription :

« Hic liber tercius et ultimus libri nuncupati *Exameron* seu opera beati Ambrosii, scribi fecit reverendus dominus Guichardus de Pavie, alias de Rovedis, doctor in decret, infirmarius insignis monasterii Attanatensis Lugdunensis, priorque commendatarius prioratuum Montis Troterii et Bellegarde, Lugdunensis diocesis, per me Henricum de Belloorto, scribam, oriundum natumque de civitate Ambianensi, nunc habitatorem Varambonis in Brescia, in quo loco predicti libri scripti et perfecti fuerunt sub anno salutifero Domini millesimo quingentesimo secundo et die ultima mensis octobris. Que tria volumina (1) insimul *Exameron* sic nuncupata opus salutiferum a principio et per omnia apertissime declarant sacram Scripturam. Hoc ideo vos legentes precor, si placet, oretis Deum pro anima predicti reverendi domini, patris, matris, fratris, sororum et omnium parentum, amicorum et benefactorum suorum. *Pater noster. Ave Maria.* Explicit. Deo gracias (2) ».

(1) Il faut croire qu'un des trois volumes est perdu, la bibliothèque de Madrid n'en possédant que deux.

(2) *Bulletin de la Société des Antiq. de Pic.*, t. XVII, 1889, p. 94.

Il est assez curieux d'observer en passant que, par un acte de 1451, publié également par M. A. Guigue, des juifs de Trévoux avaient vendu à Simon de Rovedis, de Pavie, citoyen de Lyon, docteur en médecine, médecin et conseiller d'Isabeau d'Harcourt, du duc Charles de Bourbon et du duc Jean, une pension de 7 l. et demie sur divers immeubles, laquelle pension fut achetée par Jean Machard pour doter sa chapelle de Notre-Dame-de-Grâce.

Reste à savoir comment un écrivain amiénois avait pu échouer dans une petite bourgade de la Bresse et s'y attirer une riche clientèle. L'un des deux manuscrits étant daté de 1491, et l'autre de 1502, nous pouvons en conclure qu'Henri de Beaujardin y était établi à demeure. Ce n'est pas au surplus le seul exemple d'artiste picard ou amiénois établi au dehors et même assez loin, ce qui pourrait faire supposer que nos artistes étaient recherchés ou qu'ils ne trouvaient pas sur place à exercer leurs talents d'une façon suffisamment rémunératrice.

J'ajouterai que le nom de Beaujardin ne paraît pas une forme bien picarde, et que je n'ai jamais trouvé à Amiens d'artiste ainsi dénommé. Il faut toutefois l'admettre, puisqu'il nous est donné en français par le testament de Jean Machard.

Par contre, le nom de Machard ou Machart est bien connu en Picardie depuis un siècle ou deux. Les Machart de Saint-Valery auraient-ils quelque attache avec les marchands de Bourg en Bresse du temps de Charles VIII et de Louis XII? La réponse à cette question exigerait sans doute de longues recherches, mais qui ne seraient peut-être pas sans résultats intéressants

NOTE

SUR L'HARPAGE DE MOULINS

Par M. HACKSPILL.

A propos de la communication faite à la Société
des Antiquaires de Picardie par M. Alex. Ponchon,
en la séance du 16 octobre 1917, communication
relative à un objet en bronze, considéré parfois
comme un instrument de torture et conservé dans
la collection de M. Ch. de l'Escalopier à la bibliothèque communale d'Amiens, il est bon de rappeler
qu'il existe au Musée départemental de l'Allier,
à Moulins, un instrument ou grappin en bronze,
presque semblable à celui si exactement décrit
par M. Ponchon.

Cet objet, catalogué sous le numéro 233 du
Musée de Moulins, provient d'Herculanum, et fut
donné par M. de Bure, qui l'avait rapporté d'Italie ;
il porte comme mention : « Rateau en bronze à
sacrifice, destiné à retourner les cadavres pendant
les incinérations. — Don de M. de Bure ».

Ce renseignement, que nous reproduisons bien
entendu pour ce qu'il vaut, a été fourni par le
Conservateur du Musée de Naples à qui cet objet
fut soumis par l'entremise de M. Bertrand, ancien
Conservateur du Musée de Moulins. L'archéo-

logue napolitain ajouta qu'il en existait trois autres
analogues dans sa ville.

L'harpage de Moulins mesure 0^{m}35 cent. de
longueur, c'est-à-dire qu'il égale à peu de chose
près celui signalé par M. Ponchon, mais il ne
porte que sept griffes à section circulaire, au lieu
des neuf que possède celui d'Amiens.

La douille ronde, de 0^{m}085 mill. de longueur, a
un diamètre de 0^{m}022 mill. à l'ouverture, pour se
terminer par 0^{m}016 mil.; la tige conique du
grappin est façonnée en torsade de 0^{m}015 mill de
diamètre à la partie supérieure et de 0^{m}010 mill.
à la partie inférieure.

Cinq griffes recourbées, à section circulaire,
rayonnent autour d'un petit anneau ou couronne
centrale de 0^{m}035 mill. de diamètre intérieur et de
0^{m}053 mill. de diamètre extérieur, tandis que deux
autres griffes, également recourbées et placées en
avant suivant l'axe de la tige, sont fixées par un
petit support qui s'embranche un peu au-dessus
de l'anneau. Ces deux dernières griffes ont
0^{m}17 cent. de pointe à pointe. Quant aux cinq
autres, elles ont environ 0^{m}20 entre leurs pointes
opposées.

Les archéologues ne semblent pas être d'accord
au sujet de la destination de cet objet, et émettent
des suppositions contradictoires pour déterminer
à quel usage il était destiné.

En effet, les uns prétendent que c'est un instrument de torture; les autres estiment que c'est

un ustensile de cuisine, « harpago », fourchette à tirer la viande d'un grand chaudron ; d'autres encore croient que c'est un rateau destiné à retourner les cadavres lors des incinérations ; enfin les derniers pensent que ce harpon est une arme de guerre propre à désarçonner les cavaliers.

Comme on le voit, on se trouve en présence d'avis bien divers, et, à ce sujet, nous estimons qu'il est assez difficile de pouvoir se prononcer en toute assurance et d'une façon précise, d'autant plus que toutes les suppositions, formulées ci-dessus, peuvent être, jusqu'à preuve du contraire, envisagées comme admissibles.

Quoi qu'il en soit, cette jolie pièce de bronze, coulée d'une seule venue, nous est parvenue dans un très bon état de conservation, à l'exception toutefois de l'extrémité de quatre de ses pointes ou griffes qui sont légèrement cassées. Elle possède en outre une belle patine verdâtre bien archaïque.

INVENTAIRE SOMMAIRE

DU

CARTULAIRE D'ARROUAISE

Par M. Henri MICHEL.

Le Cartulaire d'Arrouaise fait partie de la collection de manuscrits formée par Eugène et Arthur de Marsy et léguée par ce dernier à la Bibliothèque d'Amiens.

C'est un volume en parchemin de 252 sur 170^{mm}, contenant 139 feuillets. Il est revêtu de sa couverture originale en bois et basane. Cette reliure est très détériorée. Les pages sont à lignes entières, sauf celles des feuillets 136, 137 et 138 recto, qui sont à deux colonnes. La plupart des actes sont précédés d'un titre rubriqué qui en indique brièvement le sujet, mais souvent d'une façon peu exacte ou très incomplète. On trouve quelques lettres peintes et ornées.

Le Cartulaire d'Arrouaise a été rédigé par ordre et sous l'administration de Gautier de Cambrai, élu abbé en 1180, mort en 1193. C'est ce que nous apprend Gautier de Cambrai lui-même dans la longue « préface » où il résume l'histoire de l'abbaye depuis sa fondation. Quelques actes intercalés à des époques diverses sont d'une écriture moins ancienne que celle du corps principal. Dans l'analyse ci-après j'ai indiqué par une astérisque les notices qui s'y réfèrent.

Sur l'abbaye d'Arrouaise voir : *Histoire de l'abbaye et de l'ancienne congrégation des chanoines réguliers d'Arrouaise...* par M. Gosse..., Lille, Danel, 1786. L'auteur, qui fut le dernier prieur d'Arrouaise, a largement utilisé le Cartulaire ; quelques-uns des actes les plus importants sont mentionnés, analysés ou transcrits dans son ouvrage. — *Note sur l'abbaye d'Arrouaise,* par Le Gentil. *(Statistique monumentale du Pas-de-Calais.* T. II). — *Notice sur les archives de l'abbaye d'Arrouaise,* par M. Le Glay. *(Mémoires de l'académie d'Arras.* T. XXX).

La Bibliothèque d'Amiens possède (Ms. 562) une copie inachevée de la règle d'Arrouaise, sous le titre suivant : *Constitutiones congregationis Aroasiensis, ad verbum fideliter transcriptæ ex codice in pergameno, gothico caractere manu exarato, qui servatur in bibliotheca abbatiæ Sanctæ Mariæ ad Fontem Sancti Eligii, ordinis canonicorum regularium, diocesis Noviomensis, quæ fuit quondam membrum dictæ congregationis.*

Fol. 1. * « Guibers de Marricourt (Maricourt) requiert as abbé et au couvent d'Arroase qu'il violt estre hom de l'église d'Arroaise fieves... » s. d.

Fol. 2. * Vente par l'abbaye d'Arrouaise à l'abbaye de Cercamp de certaines terres situées à Beauvoir (Bello loco). Février 1197 (vieux style).

— * Note au sujet de diverses rentes. 1248 (vieux

style), « die conversione sancti Pauli apostoli, tempore abbatis Laurentii »

Fol. 2 v°. « Incipit prefatio in libello privilegiorum nostrorum. Quoniam paucitas dierum hominum finitur brevi. . ». Fol. 9 : « Hoc ideo dixi ne quis contra hanc nostram sententiam aliquid machinetur in posterum. Explicit prefatio in libello privilegiorum nostrorum ». Chronique de l'abbaye par Gautier de Cambrai. Les feuillets 7 et 8, insérés postérieurement contiennent la suite de cette chronique depuis la mort de Gautier jusqu'à l'année 1200.

Fol. 9. « Incipiunt capitula ». Table des actes.

Fol. 13. * André, abbé d'Arrouaise, donne en fief à Gauthier Le Vene une portion de terre « juxta Le Couturele » Août 1287.

Fol. 13 v°. Distiques sur l'abbaye :
« Anno milleno Domini deciesque noveno
Norma Berengarii Trunco nova cepit haberi... »

Fol. 14. Bulle de Pascal II : « Privilegium... ad dominum Richerum de allodiis de Rokennies (Roquigny) et de Bekennies (Béquigny) et de aqua et terra de Margellis (Margelles) ». Latran, 19 mars 1116 (vieux style).

Fol. 15 v°. Bulle de Calixte II. « Privilegium .. ad eundem de Wissant et decima de Taiencort ». Reims, 8 novembre 1119

Fol. 16 v°. Bulle d'Innocent II. « Privilegium... de ordine et correctione abbatum ». Latran, 15 avril 1139 (vieux style).

Fol. 18. Autre bulle d'Innocent II. « Secundum ejusdem de Sancti Audomari ecclesia (Saint-Omer-Capelle)

et de ceteris possessionibus nostris ». Latran,
5 décembre 1142.

Fol. 19 v°. Bulle d'Eugène III. « Privilegium... de
possessionibus nostris et de decimis novalium ».
Vetralla, 5 décembre 1145.

Fol. 21. Autre bulle d'Eugène III. « Secundum ejusdem privilegium de curte Belasie (Bélaise) et Alta
Ripa (Hautrepe) et de libertate electionis ». Segni,
14 avril 1152 (vieux style).

Fol. 22 v°. Bulle d'Adrien IV. « Privilegium de
Domino (Doingt) et de Sartemont et de curte
Belcamp (Beaucamp) et ceteris possessionibus ».
Bénévent, 13 mai 1156.

Fol. 25. Autre bulle d'Adrien IV. « Karta... de
Cercamp ». Latran, 15 mars 1158 (vieux style).

Fol. 26. Autre bulle d'Adrien IV. « Confirmatio. ..
super ecclesiam de Domino » Latran, 26 février
(sans indication de millésime).

Fol. 26 v°. Bulle d'Alexandre III. « Confirmatio ..
super eamdem ecclesiam » Sens, 14 janvier (sans
indication de millésime, 1164 ou 1165).

Fol. 27. Autre bulle d'Alexandre III « Compositio ..
de Genci (Ginchy) ». Sens, 21 janvier (sans indication de millésime, 1164 ou 1165).

Fol 27 v°. Autre bulle d'Alexandre III. « Privilegium
de possessionibus, de libertate benedictionis abbatum ». Latran, 1er mars 1178 (vieux style).

Fol. 29 v°. Autre bulle d'Alexandre III. « Confirmatio...
de Strevelin ». Tusculanum, 2 juin (sans indication
de millésime).

Fol. 29 v°. Autre bulle d'Alexandre III. « Confirmatio...
de ordine ». Viterbe, 28 juillet (sans indication de
millésime, 1181).

Fol. 30. Bulle de Lucius III. « Privilegium... de possessionibus nostris et quibusdam capitulis ». Cette bulle contient l'énumération et la confirmation de presque toutes les possessions de l'abbaye. Vérone, 11 février 1184 (vieux style).

Fol. 32 v°. Bulle d'Urbain III. « Privilegium .. de recensioribus possessionibus nostris et de novalibus, de sepultura, de electione ». Vérone, 19 avril 1186 (vieux style).

Fol. 35 v°. Autre bulle d'Urbain III. « Secundum generale privilegium ejusdem pape de ordine et correctione abbatum ». Vérone, 2 juin 1186.

Fol. 37 v°. Autre bulle d'Urbain III. « Littere... de capitulo annuali ». Vérone, 7 mai (sans indication de millésime).

— Autre bulle d'Urbain III. « Littere ipsius de decimis ». Vérone, 8 avril (sans indication de millésime).

Fol. 38 v°. Bulle de Clément III. « Privilegium... de ordine et correctione abbatum ». S. d. (incomplet).

Fol. 39. Lambert, évêque d'Arras, confirme la fondation d'Arrouaise et fait don à l'abbaye de l'autel de Roquigny, 21 novembre 1097.

Fol. 39 v°. Roger, évêque d'Arras, fait don à l'abbaye des autels de Gouy (Goi) et de Bavincourt (Bavencort), 3 septembre 1116.

Fol. 40. Eustache, comte de Boulogne, confirme la donation faite par Gervais de certains biens patrimoniaux que celui-ci possédait à Wissant. 1115.

— Donation par Louis le Gros, roi de France, de 20 muids de vin à prendre annuellement sur les vignes de Vorges. 1117.

Fol. 40 v°. Donation par Lambert, doyen du chapitre de Péronne de biens situés à Bequigny et à
Ginchy. S. d.

Fol. 41. Jean, évêque de Térouane, érige en abbaye
l'église de Sainte-Marie-aux-Bois (Sancte-Marie
de Nemore) appartenant aux chanoines d'Arrouaise,
et confirme l'élection de son premier abbé.
12 juin 1127.

Fol. 41 v°. Clémence, comtessse de Flandre, confirme
le don fait à l'abbaye d'Arrouaise de certains
biens situés à Beaulencourt (Ballencort). 1127.

— Donation par Roger, châtelain de Péronne, des
biens qu'il possède à Roquigny (in Rocheniis). S. d.

Fol. 42. Cession par l'abbaye au chapitre d'Arras
des autels de Gouy et de Bavincourt (Bavaincort)
en échange des cures de « Liegescort » et de
Gueudecourt (Geldecort), avec leurs dépendances,
Beaulencourt et Horrec. Acte passé sous le scel
d'Alvisus, évêque d'Arras. S. d.

Fol. 42 v°. Milo, évêque de Térouane, autorise l'abbé
d'Arrouaise à construire à Rebreuve (Rebroves)
une maison, une chapelle, une ferme et un cîme-
tière à l'usage des sœurs de l'ordre. 1137.

— Donation par le même de l'autel d'Isbergues (de
Iberga). 1138.

Fol 43. Donation par Oger, prévôt de Saint-Omer,
de certaines terres situées dans les diocèses de
Noyon et de Beauvais « in villa que dicitur Cau-
mont et in Salenci (Salency) et Kanectecort
(Canectancourt), Apenni et Buci, et in Belvacensi
territorio Buri (Bury) ». 1138.

Fol. 43 v°. Confirmation de la précédente donation
par Milo, évêque de Térouane, 1138.

Pas de folio 44.

Fol. 45. Donation par Mathilde, reine d'Angleterre, de la dîme de Marcq (Merc) 1142, « in vigilia Sancti Johannis-Baptiste ».

Fol. 45, en marge. Lettre missive d'Etienne de Blois, roi d'Angleterre, à Mathilde, sa femme, au sujet de la précédente donation

Fol. 45 v°. Confirmation de la précédente donation par Milo, évêque de Térouane. 1142.

Fol 46. Lettre de Gautier Giffart, comte, à l'abbé d'Arrouaise, portant approbation de l'échange de terres fait entre l'abbaye et Walo de Beveno. S. d.

— Confirmation par Louis VII, roi de France, de la donation de 20 muids de vin à prendre sur les vignes de Vorges faite par Louis-le-Gros. 1145.

Fol. 46 v°. Confirmation par Henri, fils de David, roi d'Ecosse de la donation faite par son père de la moitié des cuirs et du quart des suifs de tous les animaux que l'on tuait à Strevelin. S. d.

— Lettres de « Wimarch, uxor Torgis de Abrincis », portant donation de l'église de Saint-Clément « de Veteri Romanel ». S. d.

— Donation par Raoul de Dena et Robert Pincerna, son père, d'une rente annuelle de deux marcs d'argent, à l'occasion d'une sœur converse. 1154, « in festivitate sancti Georgii martyris ».

Fol 47. Confirmation de la précédente donation par Hilaire, évêque de Chester. S. d.

— Requête des prieur et chanoines de « Wartria » au chapitre d'York touchant leur agrégation à l'ordre d'Arrouaise. S. d.

Fol. 47 v°. Adololde, évêque de Carlisle, permet à son

chapitre d'embrasser la vie régulière et l'institut
d'Arrouaise. S. d.

Fol. 48. * Donation par Jean de Hamelle de certains
biens qu'il possède dans la paroisse de Curlu.
Janvier 1230 (vieux style).

Fol. 48 v°. * Formules ou actes incomplètement transcrits Tous les noms propres manquent S. d.

— * Adjudication des prés de Margelles. Mars 1254
(vieux style).

Fol. 49. Arbitrage de Baudouin, évêque de Noyon,
entre l'abbaye d'Arrouaise et Mascelin de Sailly
(de Salli), fils de Willefroi le Jeune, de « Lieges-
court » au sujet de certaines redevances que ledit
Mascelin prétendait lui être dues par l'abbaye.
1152.

Fol. 49 v°. Donation par Mathilde, reine d'Angleterre,
de la terre de Saint-Omer-Capelle (de Sancto-
merglise) dans la vicomté de Marcq. Février 1140
(vieux style).

Fol. 50. Confirmation de la précédente donation par
Milo, évêque de Térouane. 1141.

Fol. 50 v°. Confirmation de la précédente donation
par Thierry, comte de Flandre. 1141.

Charte originale insérée : Contrat passé entre l'abbaye
d'Arrouaise et Simon Le Bege au sujet de certains
biens acquis par ledit Simon de Gobert de Mais-
semy (Maiscemi). Mai 1201.

Au verso : « Divisio decime de Mairicort (Maricourt)
et de Vaus (Vaux) ». 1202.

Fol. 51. Donation par Baudouin Mordens d'une portion de terre à « Oldedic ». S. d.

— Confirmation de la précédente donation par Milo
évêque de Térouane. 1154.

Fol. 51 v°. Accord entre les abbayes d'Arrouaise et de Hasnon au sujet de la terre de Saint-Omer-Capelle. 1145.

Fol. 52. Donation par Roger, châtelain de Péronne, de quatre muids de blé à prendre annuellement sur son terrage de Ginchy. L'abbé d'Arrouaise s'était rendu caution de Roger pour une redevance équivalente à laquelle celui-ci avait dû s'obliger envers l'abbaye de Saint-Lucien de Beauvais, afin d'être relevé d'excommunication. 1150.

Fol. 52 v°. Confirmation de la précédente donation par Raoul, comte de Vermandois. 1150.

— Acte de Nicolas, évêque de Cambrai, au sujet de la dîme de Bancourt (Baencurt) résignée entre ses mains. S. d.

Fol. 53 Acte de Godescalc, évêque d'Arras, au sujet de la même dîme. 1154.

Fol. 53 v°. Confirmation par Baudouin, évêque de Noyon, de la donation faite à l'abbaye d'Arrouaise par Roger, châtelain de Péronne 1154.

Fol. 54. Donation par Mathieu de Ham d'une terre à Curlu et Fargny (Farniers). S. d.

Fol. 54 v°. Charte de Baudouin, évêque de Noyon « de libertate curtis de Farniers ». 1155.

Fol. 55 v°. Donation par Enguerrand Candavene, comte de Saint-Pol, d'une habitation et d'une terre à « Diherevile ». 1157.

Fol. 56. Charte de Beaudouin, évêque de Noyon, « de curte de Genci ». 1158.

Fol. 56 v°. Charte de Baudouin, évêque de Noyon, « de decimis novalium et animalium apud Genci et Farniers ». S. d.

Fol. 57. Transaction entre le prieuré de Lihons et l'abbaye d'Arrouaise pour terminer leur différent au sujet d'un défrichement de bois fait, dans la paroisse de Ginchy, par un frère du prieuré, sur le terrain de l'abbaye. 1163.

Fol. 57 v°. Charte de Baudouin, évêque de Noyon, relative à ladite contestation. 1163.

Fol. 58. Nouvel accord au sujet de la même affaire. S. d.

Fol. 58 v°. Transaction entre les abbayes de Sainte-Marie d'Avesnes et d'Arrouaise au sujet de la dîme de « Seires ». 1161.

— Charte de Milo, évêque de Térouane, « super altari de Rebreves (Rebreuve) ». 1162.

Fol. 59. Mathieu de Bertrancourt (Bertramecurt) concède à l'abbaye d'Arrouaise, sous certaines conditions, une terre « in querceto Bertramecurt ad sartandum et excolendum ». 1164.

Fol. 59 v°. Charte de Raoul, comte de Vermandois « de remissione vectigalis in terra Vermandensis comitis ». S. d.

Fol. 60. Lambert, abbé d'Arrouaise, donne à cens à Robert de Fossa les biens allodiaux possédés par l'abbaye « apud Gornai ». 1168.

Fol. 60 v°. Charte de Martin, abbé de Saint-Vast, portant accord avec l'abbaye d'Arrouaise au sujet d'une maison à Arras. S. d.

— Donation par Anselme Candavene, comte de Térouane, d'un sart près de Buquoy (Buscoi) 1170.

Fol. 61. Confirmation de la précédente donation par Hugues, comte de Saint-Pol. 1176.

— Donation par Oilardus de Manancourt (de Manencurte) d'un muid de blé à prendre annuellement sur ses moulins de Manancourt. Acte passé en présence et sous le scel de Baudouin, évêque de Noyon. 1170.

Fol. 61 v°. Eustache, abbé de Mont-Saint-Eloi, et Baudouin, abbé de Marœil, commis à ce par le pape, jugent sans appel la contestation entre l'abbaye d'Arrouaise et le chapitre d'Arras au sujet des dîmes de Buquoy et de Douchy. 1170.

Fol. 62. Accord avec l'abbaye de Mont-Saint-Quentin au sujet de certains alleux à Béquigny et à Roquigny. 1174.

Fol. 63. « De censu quod debemus monacho de Lehun (Lihons) de reditu de Rocheniis ». 1175.

— « De remissione tholonei et vectigalis per terram comitis Flandrensis ». S. d.

— « Comitis Flandrensis de sarto Rocheniis ». 1173.

Fol. 63 v°. « Item, comitis de sarto apud Farniers ». 1175.

— « Item, privilegium generale comitis Flandrie ». 1175, 1162, 1160, 1173. C'est, en partie, la reproduction des trois actes précédents.

Fol. 64 v°. « Item, confirmatio ejus de Trembloi, de Rochenies et Bechenies ». 1177.

— « Item, de xl solidis ad sacrificium altaris ». 1177.

Fol. 65. Frumaldus, évêque d'Arras, déclare que Simon Corbisons a restitué à l'abbaye d'Arrouaise la dîme de Buquoy dont s'était emparé Guillaume Corbisons, son père, et qu'il a été relevé d'excommunication. 1176.

Fol. 65 v°. L'abbaye d'Arrouaise fait échange avec Hugues de Buquoy d'une terre située à Bayencourt contre une dîme à Monchy. S. d.

Fol. 66. Confirmation par Pierre, châtelain de Péronne de la cession de ladite dîme 1177.

— Confirmation par Rainaldus, évêque de Noyon, de la cession de ladite dîme et de certaines libéralités faites à l'abbaye. 1178.

Fol. 66 v°. Confirmation par les chanoines de Sainte-Marie de Cambrai de la donation faite par Henri de Belmes et Azo, son frère, à l'abbaye d'Arrouaise d'une terre à Doignies (Dohennies). 1178.

Fol. 67. Pierre, châtelain de Péronne, confirme les religieux d'Arrouaise dans la possession d'une terre qu'ils ont achetée à Guy de Loicvache. 1177.

Fol. 67 v°. « De remissione vectigalis in terra Betuniensis advocati ». 1177.

Fol. 68. Accord avec l'abbaye de Mont-Saint-Quentin au sujet d'un moulin et d'un vivier à Béquigny. 1178.

— Le chapitre de Péronne cède, sous cens annuel, à l'abbaye d'Arrouaise « totam decimam culturellarum de Ligescurt ». 1177.

Fol. 68 v°. Reconnaissance de cens par l'abbaye à Bernard Offier. S. d.

— Reconnaissance de cens par l'abbaye à Richer. S. d.

— Pierre, châtelain de Péronne, confirme les libéralités faites à l'abbaye par son père et par tous ses ancêtres, à Béquigny, Roquigny, Ginchy et Moronval. Il y joint six muids de blé à prendre annuellement sur sa terre de Flers et une rente de 20 sous. 1182.

Fol. 69. Jacques, abbé d'Arrouaise, cède aux religieux de « Messenden » les autels et les cures de « Harewold » et de « Braelled », sous le cens de 30 sous, monnaie anglaise. S. d.

Fol. 69 v°. Confirmation par Frumaldus, évêque d'Arras, des privilèges accordés à l'abbaye par ses prédécesseurs. 1182.

Fol. 71. Philippe, comte de Flandre et de Vermandois, confirme la donation de trois muids de blé à prendre annuellement sur la terre de Gueudecourt faite par Sagualo Hukeden, afin qu'à certains anniversaires le couvent d'Arrouaise « solito lautiori refectione gauderet ». 1184.

Fol. 72. Pierre, évêque d'Arras, confirme la cession faite à l'abbaye d'Arrouaise par Raoul « maior de Ligescurt » de dix mencaudées de blé à prendre sur les terres du Trembloi et de Ligescourt. 1195.

Fol. 72 v°. Gérard de Ligescourt et Raoul de Beaulencourt, son frère, font remise à l'abbaye de certains droits de justice qui leur appartiennent, réserve faite de certains autres et sous diverses conditions. 1190, 1199.

Fol. 73. * Accord passé avec Hugo Hanes et Léone, sa femme, au sujet de l'extinction de certaines rentes dues par eux à l'abbaye. Acte passé devant l'official d'Arras. 1250.

— * Accord intervenu entre l'abbaye d'Arrouaise, d'une part, et Simon de Neele, trésorier de Saint-Martin de Tours et Amaury, prévot de Lille, son frère, d'autre, au sujet du pâturage et de l'herbage des marais et vivier de Margelles. Mars 1288. En français.

Charte originale insérée : Donation par Bernard de Barast et Ada, sa femme, de quatre mencaudées de terre « in loco quod ad Stephani Valcellum dicitur ». S. d.

Fol. 74. Cession par Baudouin d'Encre, seigneur de
Curlu, des deux tiers de la dîme de Frégicourt et
du tiers de celle de Saillisel. 1190.

Charte originale insérée : Cession faite à l'abbaye par
Gérard de Hamel, « precinctus lherosolomitanie
peregrinationis », de ce qui lui appartient sur
le moulin « de Fonte ». 1090 (*Sic*, pour 1190).

Fol. 75. Philippe, comte de Flandre et de Vermandois,
autorise Baudouin d'Encre à céder à l'abbaye
d'Arrouaise une part des dîmes de Frégicourt et
de Saillisel 1189.

Fol. 75 v°. « Privilegium domini Stephani, Noviomensis episcopi. de eisdem decimis ». 9 août 1180.

— « Confirmatio Elizabeth, comitisse Bellimontis
(Beaumont) de eisdem decimis ». S. d.

— « Littere emptionis earumdem decimarum ». S. d.

Fol 76. Gautier, abbé d'Arrouaise, Baudouin d'Encre
et Gérard de Hamel affranchissent leurs serfs
(homines capitales) de tout droit de chevage (ab
omni exactione capitali). 1190.

— Donation sous cens d'un moulin à Fargny faite à
l'abbaye par Achard de Hardecourt 1190.

Fol. 76 v°. Donation par Rorgo de Hardecourt de
deux muids de blé à prendre annuellement à sa
grange de Cléry (Clari). 1190.

— Jean, abbé de Saint-Barthélemy de Noyon, autorise l'abbaye d'Arrouaise à posséder à Fargny un
oratoire et un cimetière. 1198.

Fol. 77. Echange de dîmes à Driencourt et à Bussu
entre les abbayes d'Arrouaise et de Mont-Saint-
Quentin. S. d.

Fol. 77 v°. Transaction et contrat de confraternité

entre les abbayes d'Arrouaise et de Mont-Saint-Quentin. 1er janvier 1195 (vieux style).

Fol. 78 v°. Cession par l'abbaye de Bucilly à l'abbaye d'Arrouaise de tous les biens qu'elle possède à « Valebun ». 1196.

Fol. 78 bis. Lettre de Roger, évêque de Laon, portant confirmation générale pour tous les biens possédés par l'abbaye dans son diocèse. 1194.

Fol. 78 bis v°. * Donation faite à l'abbaye par Gilio, seigneur de Marchais, au nom de sa mère Marie de Marchais, d'un muid de blé à prendre annuellement sur la dîme de « Bovaincourt ». 1202.

Fol. 79. * Copie très abrégée de la bulle d'Urbain II, du 2 juin 1186, transcrite au folio 35 v°.

Fol. 80. Lambert, évêque de Noyon et de Tournay, confirme la permission accordée à l'abbé Richer par son prédécesseur Baudry, de joindre un cimetière à l'oratoire de Margelles. Il y ajoute le privilège de recevoir immédiatement de l'évêque l'huile des infirmes pour l'usage de cette celle. 1114.

— Gérard de Ham accorde à l'abbaye certains droits de pêche, de pâture, etc. dans ses possessions de Margelles. 1145.

Fol. 80 v°. Privilège de Simon, évêque de Noyon, « super decima de Cempieng (Champien) et altari de Chivières (Quivières) ». 1146.

Fol. 81. Guarin, évêque d'Amiens, confirme certaines libéralités faites par Lescelin et Hubert de Fournival en faveur du prieuré de Margelles, où leur sœur Herma a pris l'habit religieux, ainsi que la transaction intervenue à ce sujet entre le prieuré de Margelles et l'abbaye d'Ourscamp. S. d.

Fol. 82 Donation par Ives, comte de Soissons, au prieuré de Margelles, du four et du moulin de Falvy (Falevi). 1142.

— Nouvel acte de donation dudit moulin, par le même· 1146.

Fol. 82 v°. Baudouin, évêque de Noyon, confirme la donation du tiers de la dîme de « Diviscurt », faite par Ansculfus de Roye au prieuré de Margelles. 1151.

— Donation par Guillaume du Plessier (de Plasseio) au prieuré de Margelles d'une terre située dans la paroisse de Ronquerolles (in territorio de Roncho-rolos). S. d.

Fol. 83. Confirmation générale par Baudouin, évêque de Noyon, de toutes les possessions du prieuré de Margelles. S. d.

Fol. 85. Echange de terres entre l'abbaye d'Hom-blières et le prieuré de Margelles. S. d.

Fol. 85 v°. Baudouin, évêque de Noyon, confirme la donation faite par Eudes de Falvy, chevalier, de la part qui lui revient sur les dîmes de Lanchy. 1165.

Fol. 86. Donation par Eudes Awaitars, « dapifer Nigelle », au prieuré de Margelles de deux muids de blé à prendre annuellement sur sa terre de Hombleux. Confirmation par Ives, comte de Soissons. S. d.

— Baudouin, évêque de Noyon, confirme la donation d'une dîme faite au prieuré de Margelles par Anselme de Roye, S. d.

Fol. 86 v°. Déclaration par Fulbert, abbé, et par le chapitre d'Arrouaise des biens que possède l'abbaye

du fait des libéralités d'Adelive, châtelaine de
Nesle, et de Raoul, son fils. S. d.

Fol. 86 v°. Donation par Ives, comte de Soissons, au
prieuré de Margelles, d'une rente de deux muids
de blé. S. d.

— Charte de Maurice, évêque de Paris, portant transaction entre les abbayes d'Arrouaise et de Vézelay
« super quibusdam possessionibus... de terra Auree
Vallis ». 1174.

Fol. 87. Baudouin, évêque de Noyon, confirme la
donation de la dîme de la guède de Monchy
(Waisdii de Munci) faite jadis par Robert Leroux
(Rufus) au prieuré de Margelles, 1175

— Ives, comte de Soissons, confirme toutes les donations et libéralités antérieurement faites par lui
au prieuré de Margelles. 1175.

Fol. 88 Guermond de Triechoc donne au prieuré de
Margelles une part des revenus de sa ferme de
Vauxbuin, S. d.

— Confirmation par Eudes, seigneur de Ham, de la
donation faite au prieuré de Margelles, par Simon
de Montécourt d'un muid d'avoine à prendre
annuellement sur sa terre de Matigny. S. d.

Fol. 88 v°. Donation par Gautier de Brouchy (de Bruci)
au prieuré de Margelles de la terre « que vulgo
dicitur Campus Alburget ». S. d.

— Lettres de R., évêque Laon, à R., évêque de Noyon,
attestant que Raoul, seigneur de Chauny, a
accordé aux religieuses (dominabus) de Margelles
le droit de prendre chaque jour quatre charges de
bois dans le bois d'Ugny (ad nemus de Unga). S. d.

Fol. 89. Accord entre les abbayes d'Arrouaise et de

Saint-Barthélemy de Noyon au sujet de la dîme
« cujusdam sarti » entre Hardecourt et Guillemont.
1201.

Fol. 89 v°. * Contrat de confraternité et accord entre
les abbayes d'Arrouaise et de Saint-Géry de
Cambrai, portant, entre autres clauses, la cession
sous cens à l'abbaye d'Arrouaise d'un clos, d'un
oratoire et d'un cimetière à Servin, dans la paroisse
d'Haucourt. 1188.

Fol. 90. Simon, évêque de Noyon et de Tournay, fait
don à l'abbaye d'Arrouaise de l'autel et de la cure
de Doingt (de Dumniaco). 1124.

— Rainier Dapifer concède à l'abbaye d'Arrouaise ses
terres de Sartemont et d' « Altavesne » « ad sextam
garbam in perpetuum » et une autre terre pour
quinze ans « ad societatem ». 1138.

Fol. 90 v°. Confirmation du précédent contrat par
Raoul, comte de Vermandois. S. d.

Fol. 81. Baudouin, évêque de Noyon, confirme la donation faite par Raoul de Péronne, chevalier, au
prieuré de Sainte-Marie de Doingt, de deux parties
de la dîme de Bouchavesnes (Buissavesnes). 1152.

Fol. 91 v°. Théobald, évêque d'Amiens, confirme la
donation de la dîme de Lignières faite au prieuré
de Sainte-Marie de Doingt par Mathilde de Roye
et renouvelée par Rorigo, son fils. 1173.

— Baudouin, évêque de Noyon, confirme toutes les
donations et libéralités faites, dans son diocèse,
au prieuré de Sainte-Marie de Doingt. 1174.

Fol. 94. Hugues, doyen, et le chapitre de Péronne
donnent à cens leur dîme de Doingt aux religieux
de Sainte-Marie. 1175.

Fol. 94. Ives, comte de Soissons et seigneur de Nesle, confirme la donation sous cens faite par Baudouin Canis au prieuré de Sainte-Marie de Doingt. 1177.

Fol. 94 v°. *Bail à cens d'une terre « que vocatur li Cholerie », par frère Roger de l'Hostelerie à Richer de Biaches. A l'expiration du bail la terre reviendra à l'abbaye d'Arrouaise. S. d.

Fol. 95. Les doyen et chanoines de Saint-Géry de Cambrai donnent à cens annuel aux religieux d'Arrouaise les terres qu'ils possèdent dans la paroisse d'Haucourt. S. d.

— Hugues d'Oisy, châtelain de Cambrai, donne à l'abbaye d'Arrouaise ses maison, pré et terre de Bélaise. 1135.

Fol. 95 v°. Jean, évêque de Cambrai, accorde le privilège de libre mouture aux religieux d'Arrouaise demeurant à Gembremont. 1195.

— Hugues d'Oisy, châtelain de Cambrai, donne à l'abbaye la terre « que ex nemore de Trescau (Trescault) extorta est ». S d.

Fol. 96. Hugues d'Oisy donne à l'abbaye « dimidiam carrucatam nemoris in territorio de Haverincort (Havrincourt) ». S. d.

— Nicolas, évêque de Cambrai, confirme l'abbaye dans toutes ses possessions de Servin et de Bélaise. 1157.

Fol. 98 v°. Simon d'Oisy, châtelain de Cambrai, confirme les donations faites à l'abbaye par son père Hugues d'Oisy. 1159

— Simon d'Oisy confirme la vente et donation faite à l'abbaye par Raoul de Conteham. 1160.

Pas de folio 99.

4*

Fol. 100. Simon d'Oisy confirme les religieux d'Arrouaise dans toutes leurs possessions de Servin relevant de lui. 1166.

Fol. 102 v°. Jean, Ernulphe, Anselme, Wautier, Mathieu et Henri, fils de Hugues de Villers, reconnaissent qu'ils ont injustement réclamé une terre vendue jadis par leur père à l'abbaye d'Arrouaise. 1199.

Fol. 103. Arbitrage par Herbert, abbé de Saint-Aubert de Cambrai, et autres, d'une contestation entre Gaucher (Walcerus, Walcherus), écolâtre de Cambrai, et l'abbaye d'Arrouaise, au sujet d'un oratoire et d'un cimetière à Beaucamp et de dîmes à « Wahercort » et « Ribercort ». 1197.

— Approbation dudit arbitrage par le chapitre de Sainte-Marie de Cambrai. 1197.

Fol. 103 v°. Approbation par Gaucher. 1197.

— En présence du doyen de Sainte-Marie de Cambrai, Asso de Ribécourt, chevalier, reconnait ses torts envers l'abbaye d'Arrouaise et l'injustice de ses réclamations. 1202.

Fol. 104. Liétard, évêque de Cambrai, concède à l'abbaye d'Arrouaise « locum illum qui est inter Fedemium (Fesmy) et Ors, vocatum Altam Ripam (Hautrepe) ». 1134.

— Nicolas, évêque de Cambrai, confirme l'abbaye d'Arrouaise dans ses possessions d'Hautrepe et de Gembremont. 1157.

Fol. 105 v°. Nicolas, évêque de Cambrai, concède à l'abbaye, à cens annuel, cinq maisons et une portion de terre à Basuel (Baisiu). 1162.

— Accord entre les abbayes d'Arrouaise et de Saint-

André du Câteau au sujet de certaines dîmes à Gembremont, 1181.

Fol. 106. Roger, évêque de Cambrai, confirme les donations faites par ses prédécesseurs à l'abbaye d'Arrouaise, 1186.

Fol. 107. Les prévôt, doyen et chapitre de Sainte-Marie de Cambrai ratifient, sous réserve du cens qui leur est dû, la donation faite à l'abbaye d'Arrouaise par Roger, évêque de Cambrai, « quatuor mediatarum terre in territorio de Ferieres (Ferrières) ». 1188.

Fol. 107 v°. Frédéric Ier Barberousse, empereur, confirme l'abbaye d'Arrouaise dans la possession de tous ses biens et, en particulier, de la terre de Gembremont. 1188.

Fol. 108. Nicolas, évêque de Cambrai, confirme l'abbaye d'Arrouaise dans la possession de ses biens et privilèges de Beaucamp. 1139.

Fol. 108 v°. Les prévôt, doyen et chapitre de Sainte-Marie de Cambrai concèdent aux religieux d'Arrouaise « ad sartandum » le bois de « Cantinoul » près de Beaucamp et confirment la donation à cens d'une autre terre qui leur a été faite par Robert, chanoine de Sainte-Marie. S. d.

— « Confirmatio Nicolai, episcopi, de omnibus possessionibus de Belcamp ». 1157.

Fol. 109 v°. Simon d'Oisy, châtelain de Cambrai, confirme l'abbaye d'Arrouaise dans la possession de ses biens de Trescault, de Beaucamp et d' « Oucurl ». 1161.

Fol. 110. Donation par Simon d'Oisy de certaines terres dans son fief de Trescault. 1168.

Fol. 110. « Item, de eodem expressius ». 1168.

— Confirmation de la dite donation par Simon d'Oisy et Gertrude, sa femme. S. d.

Fol. 110 v°. Hugues d'Oisy confirme la donation faite à l'abbaye d'Arrouaise par Baudouin de « Wahiercurt », Robert de « Goisaucourt » et « Helboldus de Hunecurt » de tout ce qu'ils possèdent dans le bois de Beaucamp. 1175.

— Donation par Girard, abbé de Saint-Pierre de Honnecourt de la terre de Saint-Quentin de Villers « que jacet inter terras de Belcamp et terras de Vilers ». S. d.

Fol. 111 (1). Transaction entre les abbayes de Honnecourt et d'Arrouaise au sujet de la dîme de Beaucamp. S. d.

— Gautier Piles s'étant présenté dans l'église de Marcoing, confesse ses torts envers l'abbaye d'Arrouaise et reconnait par serment l'injustice de ses prétentions. 1200.

Fol. 111 v°. Asso de Ribécourt, chevalier, sur le point de partir pour la Croisade, reconnait ses torts envers l'abbaye d'Arrouaise, dans l'église de Ribécourt, et se rend ensuite dans l'église de Cambrai pour y renouveler l'aveu de ses fautes en présence du doyen et des chanoines. Juin 1202.

Fol. 112. « Ex dono Johannes Papalardi habemus apud Felcires duo curtilia... ». Etat détaillé des biens de l'abbaye avec l'indication des titres de propriété. On y trouve la transcription de quelques actes et le résumé de beaucoup d'autres.

____

(1) A partir du folio 111 la pagination ancienne très défectueuse a été remplacée par une pagination nouvelle.

Au folio 130 v° commence une autre rédaction du même état qui n'est pas de tout point conforme à la première.

Fol. 131. * Philippe, comte de Flandre, déclare qu'il prend sous sa protection tous les biens de l'abbaye. 1177.

Fol. 136. « Vinagia Sancti-Nicholai de Arroasia ».

Fol. 138 v°. * Ventes à l'abbaye d'Arrouaise de diverses terres à Beaucourt. 1224, 1231, 1214.

Fol. 139 v°. * Echange entre Jean, évêque de Cambrai, et Jean, abbé d'Arrouaise. 1217.

— * Donation par Godefroid, évêque de Cambrai. 1223.

OUVRAGES REÇUS

PENDANT LES PREMIER ET DEUXIÈME TRIMESTRES DE 1919.

I. Le Ministère.

1° Bulletin archéologique du Comité des travaux historiques, etc., 1917, n° 2; 1918, n° 1. — 2° Bulletin philologique du Comité des travaux historiques, etc., année 1917. — 3° Catalogue général des bibliothèques publiques de France; Université de Paris et Universités des départements. — 4° Journal des savants, 1918, n°ˢ 1-12; 1919, n°ˢ 1-2. — 5° Procès-verbaux de la Commission temporaire des arts, etc., t. II. — 6° Revue des études grecques, 1917, avril-juin. — 7° Revue historique, mars-décembre 1918; janvier-février 1919.

II. La Préfecture de la Somme.

A) Conseil général, 2ᵉ session ordinaire de 1917; Rapports. — *B*) Procès-verbaux. — *C*) Procès-verbaux des délibérations. — *D*) 1ʳᵉ session ordinaire de 1918; Procès-verbaux des délibérations — *E*) 1ʳᵉ session ordinaire de 1918; Rapports, procès-verbaux. — *F*) 2ᵘ session ordinaire de 1918; Rapports du Préfet, de la Commission départementale et des chefs de service.

III. Les Auteurs.

1° Elliston-Erwood (M. F. C.) : Archæology in War Time; A Smal Romano-Gaulish settlement at Albert (Somme), France. — 2° Guyencourt (M. de) : Un hortillon. — 3° Lennel de La Farelle : *A*) Une marque aux armes du général de La Farelle; *B*) Un ex-libris inédit aux armes parlantes. — 4° Vassel (M. Eusèbe) : *A*) Note sur dix-neuf inscriptions puniques de Carthage; *B*) Quatre silex taillés du nord de la Tunisie; *C*) Etudes puniques, Epigraphes et anépigraphes; *D*) L'épigraphie de Maxula, fragments inédits; *E*) Etudes puniques : les animaux des stèles de Carthage, le bélier; *F*) Ancienneté de la crémation à Carthage; *G*) L'épigraphie de Maxula, inscriptions publiées, une estampille romaine.

IV. Don de M. Pillot.

A) Description et histoire du château de Pierrefonds, par Viollet le-Duc. — *B*) Une carte de Picardie inconnue et le géographe Jean Jolivet, par M. G. Marcel. — *C*) Anciennes cloches municipales de Bordeaux, d'Orléans et d'Amiens, par M. J. Berthelé. — *D*) Causeries Beauvaisines, par V. Lhuillier.

V. Acquisitions.

1º Amiens, la Cathédrale, par M. P. Léon. — 2º Joann's brief guide to Amiens, with city plan. — 3º La Cathédrale d'Amiens, conférence par M. G. Durand. — 4º La guerre en 1917; les crimes allemands dans la Picardie dévastée, par M. M. Thiéry. — 5º La marchande de modes de Marie-Antoinette; Rose Bertin, par M. E. Langlade. — 6º La seconde bataille de la Somme (texte anglais), par John Buchan. — 7º Ville d'Amiens, Union des Comités, soirée du 6 avril 1919.

BULLETIN

DE LA

SOCIÉTÉ DES ANTIQUAIRES

DE PICARDIE

ANNÉE 1919. — 3ᵉ ET 4ᵉ TRIMESTRES

Séance ordinaire du Mardi 8 Juillet 1919.

Présidence de M Maurice COSSERAT, Vice-Président.

Sont présents : MM. l'abbé Cardon, Collombier, M. Cosserat, P. Cosserat, Durand, de Guyencourt, l'abbé Leroy et Roux, membres titulaires.

MM. l'abbé Olive et Ponchon, membres non-résidants assistent à la séance.

Mgr Mantel et M. Ledieu se font excuser.

Correspondance. — M. le Président du Conseil paroissial de Saint-Germain d'Amiens remercie du don de dix mille francs fait par la Société à cette église bombardée, pour sa restauration

— La Société Néerlandaise d'Archéologie recherche les moyens d'empêcher, en cas de guerre, les belligérants de détruire les monuments historiques, et adresse un questionnaire à ce sujet.

— M. le capitaine Carbon signale, chez un de ses amis, un mortier d'apothicaire, en métal, qui porte en caractères gothiques l'inscription suivante : Iehan Lengles me fit en lan de grace mil CCCC et XII à Noyon.

Ouvrages signalés. — La Société vient d'acquérir, pour sa bibliothèque, un ouvrage de M. L. Gillet intitulé : *Un type d'officier français, Louis de Clermont-Tonnerre, commandant de zouaves, 1877-1918.* — Cet officier était notre compatriote.

— On doit aussi remarquer une autre publication portant pour titre : *Amiens avant et pendant la guerre, un guide, un panorama, une histoire,* et, dans l'*Annuaire-Bulletin de la Société de l'histoire de France,* (année 1918, pp. 75 et suiv.), un magnifique éloge de la Picardie, plein d'aperçus historiques d'un haut intérêt, par M. Lefèvre-Pontalis.

Chronique. — Le prix Ducange a été mérité cette année par M. Henri Petit, élève du Lycée d'Amiens.

— M. Alb. Roze, membre de notre Société, vient d'être nommé conservateur du Musée de

Picardie, en remplacement de M. Delambre, décédé.

— M. le Curé de La Chaussée-Tirancourt désire faire restaurer la belle croix de pierre qui se trouve sur le territoire de sa paroisse. La Société s'est engagée à couvrir les frais de cette restauration, mais il faut savoir, avant tout, si ce petit monument s'élève sur une propriété communale ou sur le fonds d'un particulier. Une enquête sera faite pour élucider ce point.

Administration. — M. F. Morviller, professeur à l'Ecole de médecine d'Amiens, présenté en la dernière séance, est élu membre non résidant.

Travaux. — M. Ponchon énumère divers objets intéressants qui gisent dans les ruines des villes et villages de la Somme victimes de la guerre, et qui pourraient et mériteraient d'être sauvés. On a ramassé sur une route les vases sacrés de l'église de Lihons et, à Sauvillers-Mongival, des ornements sacerdotaux gisaient dans la poussière d'un chemin. A Grivesnes, les statues de l'église mériteraient un abri. — A Péronne, de belles boiseries, provenant de l'église, lambrissent encore un poste d'officiers allemands, et les superbes grilles de la même église sont exposées à être rongées par la rouille. Que sont devenues aussi les deux belles statues exécutées, au xviiie siècle, par Carpentier, que possédait le même sanctuaire et une porte sculptée par le poète-patoisant Hector Crinon?

À Chaulnes, la statue de Lhomond a disparu. Les croix de Castel et de Moreuil n'existent plus et les délicates sculptures qui ornaient le portail de l'église de cette dernière paroisse sont anéanties. — Et ce n'est pas seulement dans les régions dévastées que les destructions s'accentuent. Dans la zone préservée, la croix de Tirancourt est en ruine et l'on a soustrait les grillages anciens qui donnaient tant de caractère à certaines fenêtres du château de Picquigny. Les enfants ont détruit à coups de pierres l'antique statuette qui ornait jadis, au Pont-de-Metz, la fontaine Saint-Cyr, aujourd'hui tarie, et, à Frémontiers, ils ont adopté pour cible, dans leur rage dévastatrice, les statues et les vitraux de l'église. Comment mettre un terme à ce vandalisme ?

— M. Durand a fait des observations identiques dans la région dévastée. Bon nombre d'objets d'art qui auraient pu être sauvés sont devenus la proie du premier venu, grâce à l'ignorance et à l'incurie générale. — Il signale une statue de Maresmontiers qu'il a pu sauver lui-même. Un tableau à Rouy-le-Grand, une vierge à Faverolles, la chaire et une clôture en bois sculpté à Piennes, certains tableaux de l'église de Moreuil méritaient d'être protégés.

— M. l'abbé Leroy signale l'abandon des panneaux de l'orgue et des grilles de l'église d'Hangest-en-Santerre.

— M. Ponchon pense que certaines publications

périodiques, telles « le Dimanche » et « le Bulletin de l'enseignement primaire », pourraient aider à combattre ce déplorable état de choses. La Société décide donc de prier les directeurs de ces publications de demander, aux curés et aux instituteurs, l'indication des objets intéressants abandonnés dans les ruines. Ils seront ensuite signalés au Ministère de l'Instruction Publique et des Beaux-Arts qui, espère-t-on, voudra bien intervenir auprès des autorités municipales pour les sauver.

— Après cette délibération, M. l'abbé Olive continue le récit des petits événements qui se produisirent dans la principauté de Poix au cours du xviiie siècle, puis la séance est levée à 9 heures.

Funérailles de M. le Chanoine ROHAULT

Le 25 Septembre 1919, la Société des Antiquaires de Picardie eut la douleur de perdre l'un de ses membres titulaires les plus sympathiques, M. le Chanoine François Rohault, décédé dans sa 76e année. Selon la volonté expresse du défunt, la cérémonie de ses funérailles fut empreinte de la plus extrême simplicité. Après le service funèbre, célébré le Lundi 29 Septembre en l'église Saint-Martin d'Amiens, la dépouille mortelle du vénéré chanoine fut accompagné par l'assistance jusqu'à la limite de la paroisse, puis elle fut transportée à Pierrepont-sur-Avre, pour y être inhumée. — Étaient présents : MM. l'abbé Cardon, Collombier, Dubois, de Guyencourt, Ledieu, Mgr Mantel et Schytte, membres titulaires, ainsi que plusieurs membres non-résidants et de nombreux amis.

Séance ordinaire du Mardi 21 Octobre 1919.

Présidence de M. COLLOMBIER, Doyen d'âge.

Sont présents : MM. Brandicourt, l'abbé Cardon, Collombier, P. Cosserat, Dubois, de Guyencourt, Ledieu, l'abbé Leroy et Roux, membres titulaires.

M. Sulmont, membre non-résidant assiste à la séance.

Mgr Mantel se fait excuser.

Correspondance. — M. Le Verdier, conseiller général de la Seine-Inférieure, offre de nombreux exemplaires du compte-rendu d'un voyage qu'il a fait aux pays dévastés en 1918, au lendemain de l'armistice, et exprime le désir que ces brochures soient spécialement distribuées aux bibliothèques et aux écoles du département de la Somme.

— M. E. Bocquet, réfugié à Saint-Valery-sur-

Somme, signale diverses publications allemandes qui s'efforcent d'excuser la destruction du château de Ham, parce qu'il fut le théâtre d'une « douloureuse capitulation allemande en 1870 ».

— M. Morviller remercie de son élection en qualité de membre non résidant.

— La Société d'Emulation de Cambrai fait part de la destruction complète de sa bibliothèque et demande qu'on l'aide à la reconstituer.

— M. le Curé de La Chaussée-Tirancourt annonce que la jolie croix monumentale de cette paroisse est érigée sur une propriété communale, et réitère une demande de subvention pour sa restauration.

— M. Thorel adresse, de la part de Madame Daire, les dessins de quelques anciens appareils d'éclairage.

— L'Académie de Macon invite à une fête de la Victoire et de la Paix.

— M. l'abbé Poiret, curé de Puchevillers, demande quelles sont les armes de cette commune qui doivent être gravées sur la plaque commémorative portant les noms des habitants du lieu, morts pour la Patrie. Ce sont celles reproduites sur un sceau publié par G. Demay dans son « Inventaire ».

— M. de Proyart de Baillescourt demande où on pourrait placer la croix de la Légion d'honneur, dans les armes de la Ville de Cambrai. Un projet lui a été adressé à ce sujet.

— M. Aug. Vincent, conservateur de la bibliothèque royale de Belgique, remercie de la médaille qu'il a obtenue au concours de la Société, en 1914, ce que les événements l'avaient empêché de faire jusqu'à ce jour.

Ouvrages offerts. — La Société doit à la générosité :

1° De M. Ponchon : *Les Villas Gallo-romaines en Picardie ;* contribution à l'étude de la région picarde aux premiers siècles de l'ère chrétienne. Cette brochure a été éditée par les Rosati picards.

2° De M. Le Verdier, conseiller général de la Seine-Inférieure : *Voyage aux pays délivrés ; ce que nous avons vu.* Cette brochure intéresse spécialement le département de la Somme.

3° De M. Maurice Roy : *La famille de Jehan Bullant.*

4° Du Dʳ Cahon : *La Cathédrale d'Amiens ;* poésie.

5° De M. Pillot : *Règlement de la compagnie d'artillerie de la garde nationale d'Amiens, 1868.*

6° De M. de Guyencourt : *Mémoire pour les prieur et religieux de l'abbaye royale de Notre-Dame de Foresmontier,* ordre de Saint-Benoit, diocèse d'Amiens. Factum du xviiiᵉ siècle.

7° De M. Jos. Destrée : *Un livre d'heures peint par Simon Marmion.* — Simon Marmion était d'origine amiénoise.

8° De M. Jean Tramblot : A) *Blason populaire*

SOCIÉTÉ

DES

ANTIQUAIRES DE PICARDIE

PROGRAMME DES CONCOURS

POUR LES ANNÉES 1920 ET 1921

I. — Prix d'Histoire — Fondation Le PRINCE

Un prix de la valeur de **500 fr.** à l'auteur du meilleur *Mémoire manuscrit sur un sujet d'histoire relatif à la Picardie, antérieur à 1789, laissé au choix des concurrents* (Histoire civile, religieuse, militaire, artistique ou littéraire ; même celle des légendes et des chansons en dialecte picard, en patois ou en français ; Étude du Commerce et de l'industrie en Picardie ; Description des costumes usités en Picardie ; Publication de textes antérieurs au xive siècle, etc.)

L'auteur qui choisira pour sujet un groupe de communes, devra prendre un groupe historique ou administratif, ancien ou moderne, comme Pagus, Doyenné, Seigneurie, Canton, Arrondissement, etc.

La Société a décidé, dans son Assemblée générale de 1902, que, bien qu'aucun des travaux présentés ne doive traiter de questions **postérieures à l'année 1789,** on peut y citer, **accessoirement,** des faits qui se sont produits depuis cette époque.

II. — Prix d'Archéologie. — Fondation LE DIEU

Un prix de la valeur de **500** fr. à l'auteur du meilleur *Mémoire manuscrit d'archéologie, concernant la Picardie, au choix des concurrents.* (Description archéologique d'une église, d'un monument civil ou militaire. — Epigraphie. — Numismatique. — Tapisseries. — Vitraux. — Collection de dessins et relevés archéologiques inédits, etc.).

Comme pour le concours d'histoire, les auteurs pourront traiter **accessoirement** de questions archéologiques postérieures à 1789 mais relatives au sujet principal développé dans le corps de l'ouvrage, sujet toujours choisi antérieurement à cette date.

III. — Prix d'Archéologie. — Fondation PINSARD

Un prix de la valeur de **600** fr. à l'auteur de la meilleure *Etude archéologique soit sur le quartier d'Amiens correspondant à l'ancienne paroisse de Saint-Martin-au-Bourg, soit sur la rue des Trois-Cailloux, soit sur l'ancien cimetière Saint-Denis, soit sur le beffroi. (Sujets imposés).*

L'auteur devra utiliser les manuscrits de M. Pinsard déposés à la bibliothèque communale d'Amiens, en insistant spécialement sur les sous-sols de la ville, les fouilles qui y furent faites les conclusions à en tirer, et sur les édifices de tous genres qui existaient dans le quartier désigné.

IV — Prix de Geographie politique du territoire picard

Offert par MM. Cosserat

— Une médaille d'or de la valeur de **dix mille francs** à l'auteur de la meilleure étude sur la géographie politique du territoire ayant formé le gouvernement de Picardie (en y comprenant les gouvernements de Boulogne et de Calais), tel qu'il a existé avec ses variations jusqu'à la Révolution française ; Etude des différentes circonscriptions civiles, religieuses, administratives, militaires et féodales dont il a pu dépendre en tout ou en partie, depuis l'époque gallo-romaine jusqu'en 1789.

Rechercher aussi l'origine du mot « Picard » et de ses diverses acceptions, telles que dialecte picard, nation universitaire de Picardie, etc., et déterminer les territoires auxquels elles ont pu s'appliquer.

Ce travail devra être accompagné de cartes détaillées et spécialement d'une carte au cent millième du Ministère de l'Intérieur sur laquelle figureront trois tracés :

Le premier représentant la limite des territoires ayant certainement fait partie de la Picardie

Le second représentant la limite des territoires n'ayant certainement pas fait partie de la Picardie.

Le troisième représentant une ligne purement conventionnelle, inscrite dans la zone comprise entre les deux premiers tracés, et pouvant au besoin se confondre avec l'un des deux ; cette ligne pourrait être considérée avec une certaine raison comme la limite du domaine picard.

Le prix ne sera décerné que si l'un des travaux en est jugé digne ; dans le cas contraire, il sera affecté à un nouveau Concours sur le même sujet ; le prix pourra au besoin être divisé.

———

CONDITIONS GÉNÉRALES

Les Mémoires seront adressés avant le **1er Juillet** 1920, ou avant le **1er Juillet** 1921 pour les trois premiers concours, et avant le **1er Avril** 1924, pour le *quatrième*, à M. le Secrétaire perpétuel de la Société des Antiquaires de Picardie, au Musée d'Amiens . ils ne seront point signés et porteront une devise qui sera répétée sur un billet cacheté renfermant le nom et l'adresse de l'auteur.

Les mémoires présentés ne doivent point contenir de *dédicace*.

Ils seront paginés et écrits seulement au recto.

Ils devront être *inédits* et n'avoir point été présentés à d'autres Sociétés.

L'auteur qui se fera connaître sera, par ce seul fait, exclu du concours.

Tout mémoire présenté au Concours deviendra la propriété de la Société; l'auteur ne pourra le retirer, ni le faire imprimer, sans l'autorisation expresse de la Société et sans spécifier expressément, au début de l'ouvrage, que la Société n'est pas responsable de son contenu : mais il aura la faculté d'en garder, d'en prendre ou d'en faire prendre copie sans déplacement du manuscrit. — Cependant l'auteur d'un travail non récompensé pourra, en se faisant connaître, rentrer en possession de son manuscrit. — Les rapports sur les mémoires présentés au concours ne seront pas lus en séance publique où l'on proclamera seulement les noms des lauréats, mais une brève analyse, qui en donnera la substance, sera insérée dans le bulletin de la Société.

La Société ne prend en aucune façon l'engagement de publier à ses frais tout mémoire récompensé ou même couronné

de l'arrondissement de Clermont (Oise); B) *Règlement de la communauté parrochiale de Liencourt, au diocèse de Beauvais, MDCXXXXVI;* C) Deux gravures : *La Place de Rantigny vers 1800* et *Plan de Liancourt* situé dans l'Isle de France entre Creil et Clermont, (reproductions modernes).

9° De M. Wagon : L'estampage d'un graffite qu'il a découvert à Mailly-Maillet, sur une pierre d'une chapelle funéraire sise à l'est du village. On y lit en caractères gothiques : 𝔖ᵉ 𝔍𝔢𝔥. 𝔡𝔢 𝔐𝔞𝔦𝔩𝔩𝔶 𝔠𝔥𝔢..... 𝔡𝔲𝔡𝔦𝔱 𝔩𝔦𝔢𝔲 𝔣𝔬𝔫𝔡𝔞𝔱𝔢𝔲𝔯 ..... 𝔩'𝔢𝔤𝔩𝔦𝔰𝔢 𝔡𝔢 𝔠é𝔞𝔫𝔰 𝔱𝔯𝔢𝔰𝔭𝔞𝔰𝔰𝔞..... 𝔧𝔬ʳ 𝔡𝔢 𝔪𝔞𝔶 𝔪𝔦𝔩 ..... 𝔢𝔱 𝔠𝔦𝔫𝔮.

Il s'agit certainement de Jehan III de Mailly, époux d'Isabeau d'Ailly, représentée au porche de l'église. Jehan III de Mailly mourut en effet, selon l'abbé Ledru (Hist. de la Maison de Mailly), le 27 mai 1505. Il fut enterré dans l'église des Cordeliers du lieu.

Ouvrages signalés. — M. le Secrétaire perpétuel signale parmi les ouvrages dernièrement reçus :

1° *Soissons avant et pendant la guerre.*

2° Les tables du *Dictionnaire des Antiquités grecques et romaines* enfin terminé.

3° *Manuel d'archéologie française,* etc , par M. C. Enlart, nouvelle édition. T. I.

4° *Abbeville, Past and Present, by the Revd.* H W. Fox, etc.

5° *En batterie! Verdun 1916, la Somme, l'Aisne, Verdun 1917*, par le lieutenant Fousagrive. — Le futur historien de la guerre en Picardie, aura peu à puiser en cet ouvrage.

6° *La Géographie historique du département de la Somme*, par notre collègue, M. de Witasse, (2° fascicule du T. II). Cet ouvrage est publié par la Société d'Emulation d'Abbeville.

7° Le T. III du *Dictionnaire historique et archéologique de la Picardie*, édité par notre Société.

8° *Le Procès d'Enguerran de Coucy*, ouvrage d'un intérêt tout local de M. Tardif, publié dans la Bibliothèque de l'Ecole des Chartes. T. LXXIX.

9° Un numéro de la *Revue Picarde et Normande* (mai-juillet 1919), consacré à la mémoire du poëte-charron Marius Touron, de Nibas, mort au champ d'honneur.

10° *Souvenir de la grande guerre.* Visite des régions dévastées du nord de la France : I. Lens, Arras, Albert ; II. Montdidier, Chaulnes, Péronne, champ de bataille de la Somme. 2 brochures.

11° *Glanes et copeaux*, par Marius Touron, œuvres posthumes, vers et prose ornés du portrait de l'auteur, etc.

12° *Marius Touron, 1882-1915.* Notice biographique ornée d'un portrait, etc., par M. Fernand Halley.

13° *A travers le passé de la Picardie*, choix de lectures historiques sur le département de la Somme, par M. Robert Watel.

14° *Les Régiments picards à la guerre :*
72° d'infanterie, 272° d'infanterie, 12° territorial,
par J. Picavet.

15° Le T. XV des *Mémoires de la Société his-*
torique de Tournai — A propos d'une exposition
de produits des anciennes industries d'art, orga-
nisée en cette ville, divers objets qui en sont origi-
naires ont été notés, entre autres les tombeaux
en pierre de Tournai de l'évêque Jean Avantage
et de Robert de Fontaines, dans la cathédrale
d'Amiens. On y voit leurs photographies.

16° *La Bibliographie générale des travaux*
historiques et archéologiques, etc., etc. T. VI,
4° livraison. — On y trouve une copieuse énumération des études publiées par notre Société.

Chronique. — Juillet. — La Société a eu le
malheur de perdre, pendant la période des va-
cances, M. Louis Seminel, membre non-résidant.

— Vers la fin du même mois, les journaux
locaux ont signalé le commencement du retour en
la cathédrale d'Amiens, des objets qui en avaient
été enlevés au moment du bombardement de la
ville, en 1918.

— A la même époque, on découvrit, à Corbie,
dans l'ancienne église Saint-Étienne, d'intéressantes substructions ainsi que des bases de colonnes ornées de griffes et encore en place.

— Août. — Le 1ᵉʳ août, est mort à Mers,

M. Paul de Boiville, ancien magistrat et membre non-résidant depuis le 14 novembre 1893.

— Sur l'avis de M. Collombier, le bureau a cru devoir voter une somme de 50 francs pour travaux urgents à exécuter à la croix de Tirancourt.

— Lors de la session du Conseil général de la Somme, au mois d'août, mention fut faite de la destruction complète de l'église d'Ercheu.

— La Société regrette que, dans la restauration de la façade bombardée d'une maison d'Amiens, construite par un élève de l'architecte Rousseau, on ait supprimé divers ornements à certaines places, pour en mettre où il n'y en avait pas, ce qui a dénaturé cette jolie façade.

— Les Antiquaires de Picardie apprennent avec regret la mort de M. F. Herbet, qui faisait partie de la Société depuis quarante ans, et celle de M. le docteur Duchaussoy père, de Beauquesne, survenue il y a quelque temps déjà.

— Octobre. — Dans les premiers jours du mois d'octobre des ossements humains assez abondants furent trouvés à Amiens, à l'angle de la rue de Lameth et de la rue Cardon, où se trouvait un cimetière gallo-romain assez pauvre et déjà signalé plusieurs fois.

— Ce même mois, la Société a appris avec douleur la mort de M. Bry, l'un de ses membres, habitant à Noyon, et celle de M. le comte de Beaumont.

Administration. — M. Perrault-Dabot, présenté en la dernière séance, est élu membre non-résidant.

— La Société décide la reprise, en 1920, de la recette des cotisations, suspendue depuis le début de la guerre.

Travaux. — M. Joseph Destrée, conservateur aux Musées royaux du Cinquantenaire à Bruxelles, fait une communication sommaire au sujet d'un important travail en préparation, sur *Simon Marmion, miniaturiste*. Depuis le travail déjà ancien (1894) de Mgr Dehaisnes sur ce grand artiste amiénois, sa biographie a été complétée, précisée, par les recherches minutieuses de M. Hénault, archiviste de Valenciennes. On ne connaissait de Marmion qu'une œuvre certaine, le retable de l'abbaye de Saint-Bertin aujourd'hui au Musée de Berlin. Il était vraisemblable que Marmion, comme la plupart des peintres du xve siècle, comme presque tous les peintres des ducs de Bourgogne, avait été aussi enlumineur et qu'il avait, comme les plus notables artistes de son temps, contribué à enrichir la bibliothèque ducale et celles des grands officiers bourguignons. La preuve en fut fournie en 1904 par M. Salomon Reinach, qui reconnut Marmion dans l'illustrateur des *Grandes Chroniques de Saint-Denis* conservées au Musée de l'Ermitage. En 1913 M. Winkler retrouva son style dans un livre d'heures du cabinet des Estampes de Berlin, et dans le *Pontifical de Sens* conservé à Bruxelles.

M. Joseph Destrée, en s'aidant de très belles photographies et de reproductions en phototypie, montre les analogies entre les manuscrits antérieurement attribués à Marmion et plusieurs autres du très riche fonds de Bourgogne, conservé à la Bibliothèque royale de Bruxelles : la *Fleur des Histoires* par Jean Mansel, le *Triomphe de l'une et l'autre Fortune*...... et aussi avec un livre d'heures, d'une très grande qualité d'art, dont la trace actuelle est perdue mais qui était, il y a peu d'années, aux mains d'un libraire de Prague. Cet exposé très minutieux et riche en rapprochements démonstratifs, atteste la haute compétence de M. Destrée en cette délicate matière : les membres présents accueillent cette importante communication avec l'attention la plus soutenue et en remercient vivement l'auteur, puis la séance est levée à 9 h. 1/4.

Séance ordinaire du Mardi 11 Novembre 1919.

Présidence de Mgr MANTEL, Président.

Sont présents : MM. l'abbé Cardon, Collombier, M. Cosserat, P. Cosserat, Dubois, Durand, de Guyencourt, Héren, Josse, Ledieu, Mgr Mantel et Roux, membres titulaires.

M. l'abbé de Sérent, membre non-résidant, assiste à la séance.

MM. Michel et l'abbé Leroy se font excuser.

Correspondance.—M. Perrault-Dabot remercie de son élection en qualité de membre non-résidant.

— M. Collombier signale, dans le *Journal des Débats* du 29 octobre 1919, l'analyse de résidus de vin, d'une époque très reculée, qui auraient été découverts, pendant la dernière guerre, à Ercheu, à 35 mètres de profondeur. Ce vin devait être similaire au *picatum vinum* des anciens, et aux vins poissés de l'Orient.

— M. Collombier fait aussi connaître un compte-rendu élogieux du tome III du *Dictionnaire historique et archéologique de la Picardie,* publié par la Société. Cet article se trouve dans le numéro du 4 novembre 1919 du journal précité.

Ouvrage offert. — M. le baron de Bonnault a bien voulu adresser à la Société une brochure intitulée: *La première Ambulance sous Henri IV.*

— Cette première ambulance fut installée, lors du siège d'Amiens de 1597, à Longpré-lès-Amiens. L'historique qu'en a fait M. de Bonnault présente le plus réel intérêt.

Ouvrages signalés. — On trouve dans *La Renaissance de la région de Bray-sur-Somme,* premier numéro d'un nouveau périodique. de nombreux renseignements sur les églises de ce pays dévasté.

— La Société vient d'acquérir le volume que Hermann Erhard, un allemand, a publié pendant la guerre sur l'œuvre de Quentin de la Tour, par le moyen de l'imprimerie d'un corps de réserve, cantonné à Bapaume. C'est un bel ouvrage illustré de nombreuses gravures et de chromos.

Chronique. — M. le Secrétaire perpétuel annonce que la restauration de la croix de Tirancourt continue, et que le prix en sera sans doute fort élevé.

Administration. — M. Narcisse Vivien, architecte de la Ville d'Amiens, est élu membre titulaire, à l'unanimité.

— Sont aussi élus, en qualité de membres non-résidants : MM. Robert de Rosny et Charles de la Charrie, ainsi que Mesdames Decrept et Lechat.

Travaux. — M. le Secrétaire perpétuel communique deux notes de M. Goudallier. La première, inspirée par un article du *Journal des Débats* du 13 septembre 1919, a pour sujet un rébus picard. Son auteur était Guillaume de Salluste, seigneur de Bartas, qui, voulant glorifier la reine de Navarre, Jeanne d'Albret, ne trouva rien de mieux que de la symboliser par une grosse grenouille (raine), ce qui, selon lui, devait exprimer l'idée de « grande reine ». — Comme on le pense bien, Bartas fit beaucoup rire à ses dépens.

La seconde note est relative à la chapelle de Panthemont qui s'élevait rue de Grenelle à Paris. C'était une dépendance de l'abbaye de Panthemont, fondée au xiiie siècle dans le diocèse de Beauvais. L'édifice parisien avait été construit par l'architecte Coutant d'Ivry.

— M. le Secrétaire perpétuel donne lecture de la description, par M. Hackspill, d'une grille en fer forgé provenant de l'abbaye de Selincourt. On ne sait ce qu'est devenu ce très remarquable spécimen de la ferronnerie picarde de la fin du xive siècle.

— M. de Guyencourt décrit la belle statue de saint Antoine que possède l'église de Montonvillers. C'est une œuvre de pierre du xvie siècle, érigée peut-être par Antoine de Bussu, seigneur du lieu. Depuis, la dévotion à saint Antoine est restée vivace à Montonvillers et les paroisses voisines y firent même souvent des pèlerinages solennels.

— M. de Guyencourt entreprend ensuite la description des vestiges de peintures murales observés dans la cathédrale d'Amiens, après son dépouillement exigé par la crainte d'un bombardement.

Ces peintures sont apparentes : 1° sur le pilier contre lequel était adossé l'autel de Notre-Dame du Puy. On y distingue, sur un fond rouge, des représentations de bouquets de lis et des phylactères; 2° dans la chapelle de saint Jean-Baptiste, où, sur un fond rouge encore, on voit un semis de petits écussons aux armes de l'évêché d'Amiens et de l'évêque Jean Rolland; 3° sur les parois de la chapelle de Notre-Dame de la Paix où l'on remarque une décoration assez vulgaire représentant, sous une arcature simulée, érigée sur un stylobate, une succession de fleurs de lis florencées, blanches sur fond pourpré; 4° on a découvert enfin, dans la chapelle de l'Annonciation, les traces d'une peinture représentant la Salutation angélique. C'était une œuvre remarquable par l'élégance de sa composition et l'éclat de son coloris.

— Après cette communication la séance est levée à 9 heures.

Séance ordinaire du Mardi 9 Décembre 1919

Présidence de Mgr MANTEL, Président.

Sont présents : MM. Brandicourt, l'abbé Cardon, Collombier, P. Cosserat, Dubois, Durand, de Guyencourt, Josse, Ledieu, l'abbé Leroy et Mgr Mantel, membres titulaires.

M. Roux se fait excuser,

Correspondance. — Mesdames Decrept et Lechat; MM. de la Charrie et de Rosny remercient de leur élection en qualité de membres non-résidants.

— M. N. Vivien remercie à l'occasion de son élection comme membre titulaire.

— M. Massiet du Biest, nommé archiviste de la Haute-Marne, prend congé de la Société.

Ouvrages signalés. — M. le Secrétaire perpétuel recommande à l'attention de l'assemblée les ouvrages suivants :

— 1° *Le Bailliage de Vermandois aux* XIII° *et* XIV° *siècles*, étude d'histoire administrative par H. Waquet.

— 2° Un envoi des Rosati picards comprenant neuf brochures, à savoir :

1° *Joncs, roseaux et osiers en Picardie*, par M. V. Brandicourt.

2° *Eche jonne marié*, comédie en un acte et en patois picard, par M. Héren.

3° *Une promenade à la foire d'Amiens, 1213-1913*, par M. Alf. Ansart

4° *La corporation des ménétriers et le lieutenant du roi des violons à Amiens*, par E. Niquet.

5° *A travers une collection d'autographes*, par M. Henri Chenu.

6° *Les poésies d'Adrien de la Morlière, chanoine et historien d'Amiens*, par M. Ch. Florisoone.

7° *Deux miniaturistes amiénoises, Adélaïde et Augustine Lamy (1777-1849)*, par M. Ch. Lamy.

8° *Grainville,* étude amiénoise, par M. Maurice Garet.

9° *Proverbes et dictons picards* (région de Montdidier), par M. L. Seurvat.

— 3° Le dernier volume des *Mémoires de l'Académie d'Amiens*, contenant entre autres travaux, diverses études de notre collègue M. Thorel.

— 4° *Une glorieuse mutilée, Notre-Dame de Brebières à Albert,* par M. le chanoine Gosset.

— 5° *La Cathédrale Notre-Dame d'Amiens,* par M. Ledru, étude publiée dans le périodique « le Noël ».

Chronique. — M. de Guyencourt annonce l'arrivée des caisses contenant les objets légués à la Société par M. le chanoine Müller.

Administration. — Mgr de la Villerabel, évêque d'Amiens, ayant manifesté le désir de faire partie de la Société, les Antiquaires de Picardie se font un devoir de le nommer, par acclamation, membre d'honneur, à titre de correspondant.

— MM. les abbés Boury, Colligniez et Salingue sont admis en qualité de membres non-résidants.

— L'ordre du jour prévoit les élections au scrutin secret, pour le renouvellement du bureau. Au premier tour l'unanimité est acquise à M. Maurice Cosserat, mais celui-ci, déclinant un

honneur que ses multiples et graves occupations
ne lui permettent pas d'accepter, il est procédé à
un second vote à la suite duquel M. l'abbé Cardon
est proclamé président.

Deux scrutins successifs désignent enfin
M. H. Michel comme vice-président, et M. Pierre
Cosserat comme secrétaire annuel.

Le bureau sera donc formé pour l'année 1920,
outre les membres inamovibles, par

> M. l'abbé Cardon, Président.
> M. H. Michel, Vice-Président.
> M. Pierre Cosserat, Secrétaire annuel.

— M. de Guyencourt propose, encore une fois,
un changement de l'heure des séances, motivé
par la difficulté de la circulation nocturne dans
les rues d'Amiens, par le défaut de chauffage du
local réservé à la Société et par toutes les autres
conséquences fâcheuses de la dernière guerre. La
Société prenant cette proposition en considération
et désireuse de concilier autant que possible les
désirs contradictoires qui lui ont été exprimés,
décide donc qu'elle adoptera désormais deux
heures différentes pour tenir ses réunions, fixées
à 2 heures de relevée pendant l'hiver, et à 8 h. 1/2
pendant les mois d'été.

— Il est ensuite procédé à la révision du programme des concours de la Société pour les années
1920 et 1921. — Ce programme est maintenu tel
qu'il fut dressé en 1917, pour les années 1918 et
1919, en ce qui concerne les prix Le Prince,

Ledieu et Pinsard. — M. Dubois déplore encore une fois à leur sujet, que les statuts de la Société (qu'il serait pourtant imprudent de chercher à modifier), empêchent les concurrents de dépasser dans leurs recherches la date de 1789. — M. Pierre Cosserat communique ensuite une lettre, écrite au nom de son frère et au sien, par laquelle tous deux déclarent rétablir le prix de géographie politique du territoire picard, fondé par eux et suspendu depuis 1914, à cause de la guerre.

Le programme de ce concours restera tel qu'il fut antérieurement arrêté, mais MM. Cosserat annoncent que la valeur du prix sera portée à *dix mille francs.* — L'Assemblée salue par des applaudissements prolongés cette généreuse initiative et décide de lui donner toute la publicité possible.

Travaux. — M. Collombier décrit un sceau circulaire du XIIIe siècle appartenant à M. Théry, avocat à Lille, et portant la légende : Iohanna in. de Corbie, qui entoure une croix pattée cantonnée d'un croissant à sa partie supérieure de gauche. — l'abréviation in. semble être le début du mot *infirmaria,* infirmière. En effet les textes prouvent l'existence d'une infirmerie à Corbie dès la fin du XIIe siècle.

— M. Collombier signale aussi, d'après la *Revue numismatique,* la découverte au Quesnoy-en-Santerre, en août 1916, d'un petit trésor con-

tenant des monnaies de Charles VIII, de Louis XII
et de François Ier, ainsi que quelques pièces de
Henri VII, d'Angleterre.

— M. Ponchon adresse une note concernant
quelques indications intéressant la Picardie, qu'il
a relevées dans diverses publications, à savoir :
1° dans la *Revue des traditions populaires*, une
mention d'une étude de M. Tramblot où l'on
trouve quelques dictons en patois picard recueillis
dans l'arrondissement de Clermont (Oise). —
2° Dans la *Revue de Paris*, une note de M. E. Mâle
sur le Volto Santo de Lucques, si prochement
apparenté au Christ de Saint-Sauve, de la cathédrale d'Amiens, tous deux étudiés naguère par
notre regretté collègue, M. E. Soyez. — 3° Enfin,
dans la *Revue archéologique*, une notice biographique sur M. V. Commont, due à la plume de
M Salomon Reinach. M. Commont, que la Société
avait l'honneur de compter parmi ses membres,
était un préhistorien éminent qui avait réuni une
collection précieuse d'objets paléolithiques. .

— Après cette communication, la séance est
levée à 9 h. 1/4.

CARRIÈRES ET SOUTERRAINS-REFUGES

Note par M. A. Ponchon.

Dans le courant de l'année 1916, à l'automne, entre Dreuil et Ailly-sur-Somme, en face de la cité ouvrière qui précède l'usine de M Carmichaël, des sapeurs du génie, en effectuant des travaux de terrassement pour élargir la voie ferrée, mirent à jour, dans le talus crayeux, plusieurs ouvertures dont une s'apercevait de la route d'Abbeville.

Passant par là au printemps de 1917, je demandai à quelques habitants de la cité ouvrière ce qu'ils pensaient de cette excavation, et ils furent unanimes pour me dire que c'était un refuge qu'avaient creusé les soldats du 5ᵉ génie en vue de se mettre à l'abri de la pluie et des bombes.

Ce renseignement ne m'ayant pas convaincu et soupçonnant déjà autre chose, je profitai du premier jour de beau temps pour aller explorer la falaise, dans laquelle d'ailleurs j'avais remarqué, plus près de Dreuil, une espèce de fosse, un enfoncement où l'herbe plus verte, sur une surface de un à deux mètres carrés, indique une terre remuée fermant probablement une entrée de galerie souterraine. Je ne fus donc pas surpris de constater que trois entrées de galerie existaient dans le grand talus ou falaise limitant au sud-est la voie ferrée, dont deux distantes seulement de quelques mètres et la troisième, plus à l'est, à environ 60 mètres des deux premières.

La plus intéressante de ces trois entrées est un témoin parlant, car elle est maçonnée en plein-cintre, de pierres bien taillées et d'un mortier sans chaux, rougeâtre, formé de terre glaise. Cette entrée de refuge se trouve à environ quatre mètres du niveau de la voie ferrée, près du vallon qui y donnait accès. C'est la plus rapprochée du village actuel ; elle a 0^m63 de largeur, et 1^m20 de hauteur jusqu'à la clef de voûte, et une épaisseur de 0^m70, avec retrait d'un décimètre environ.

L'usure des pierres par le frottement prouve que cette ouverture fut pendant longtemps fréquentée et le retrait qui se trouve vers l'intérieur de la crypte indique suffisamment qu'une fermeture, une porte solide, pouvait y être appliquée, comme cela se constate dans plusieurs souterrains-refuges de Picardie.

Des éboulements se sont produits tout près de chacune de ces trois entrées et les éboulis, d'une craie assez friable, rendent pénible, dangereuse et même impossible l'exploration des galeries. Il serait pourtant à désirer que l'on y pénétrât pour y rechercher quelques vestiges pouvant donner des certitudes sur leur origine et sur leur existence dans un lointain passé.

Ce sont des souterrains-refuges tels que ceux qui ont été décrits par M. Bouthors dans son savant ouvrage sur les cryptes de Picardie (1) et comme il s'en trouve encore beaucoup à signaler et à explorer. Ils se rattachent à cette suite de carrières qui ont été creusées dans la couche crétacée tout le long de la vallée de la Somme, aussi bien sur la rive droite que sur la rive gauche. Dans nos excursions du dimanche, avec mon ami E. Bienaimé, membre de la Société des Antiquaires, nous en avons relevé un certain nombre; de très vastes à la sortie de Picquigny, sur la gauche de la route, en allant vers Abbeville; puis, sous le camp du bois du Gard, en face de l'abbaye de ce nom, si tristement en ruines. Un important affaissement des terres, dû aux pluies abondantes, a mis à découvert, non loin de la lisière du bois, deux profondes galeries qui s'enfoncent dans la direction du midi. Puis, à Liercourt, en face de l'école communale, où l'entrée presque monumentale de la carrière est voûtée de briques, à Saleux, à Salouël. Entre Rivery et Camon, à l'endroit dénommé « creuse », se trouve l'entrée d'une crypte où furent rencontrés, il y a deux ou trois ans, des débris de tuiles romaines.

Il existe des souterrains-refuges de tous côtés, autour d'Amiens, sous nos riches plaines ondulées, au penchant de nos vallons picards et de nos agrestes vallées.

Ils sont de toutes les époques, tous les hommes

____

(1) Voir *Mémoire de la Société archéologique du département de la Somme*. Tome Ier, 1838.

ayant éprouvé le besoin d'en creuser, depuis le Néolithe armé d'un pic en silex jusqu'au Boche grand remueur de terre, avec, pour nous, l'inquiétante prévision que, pour les guerres futures, il sera prudent d'ouvrir ceux qui existent déjà et d'en creuser de plus profonds !

Car, à quoi ont-ils servi ces souterrains ? — Beaucoup moins à fournir des matériaux pour les constructions et les chemins que pour y cacher les gens et les animaux domestiques, avec leurs provisions, depuis que la guerre existe à l'état permanent, entre les tribus d'abord et les nations ensuite. Enfin, les carrières servaient de refuge et d'abri à nos ancêtres, durant les longs et « forts » hivers, pour y travailler et s'y soustraire à la dent meurtrière du froid et des loups.

Un vieillard de Wanel m'affirma que, dans son enfance, les habitants de cette localité descendaient dans les carrières pour les veillées de l'hiver et, à propos des souterrains ou cryptes d'Yvrench et de Noyelles-en-Chaussée, je lis dans les Affiches de Picardie du 26 avril 1777 : « Il n'y a pas longtemps que ces souterrains « étaient encore ouverts et que les femmes allaient « y travailler l'hyver ; il a fallu que l'autorité s'en « mêlât pour les faire fermer, à cause des dé- « sordres qui s'y passaient et du danger qu'il y « avait d'être écrasé ».

Le ruissellement sur les pentes rapides des rideaux, les éboulements au flanc des « grands larris » crayeux en ont fermé beaucoup d'autres, comme ils effacèrent de la mémoire les cryptes-muches de Naours et les carrières-refuges d'Ailly-sur-Somme. Mais, tous ces « dédales », si modestes qu'ils soient, appartiennent à notre histoire provinciale jusque dans son plus lointain passé, et la Société des Antiquaires de Picardie ne saurait se désintéresser de leur existence, ni même de leur conservation.

DEMI-MOULE EN PIERRE

POUR COULER DES MONNAIES OU DES OBJETS DE PARURE
TROUVÉ A WIRY-AU-MONT (SOMME).

Note par M. A. HACKSPILL.

Les anciens moules en pierre pour fondre des monnaies ou des objets de parure en métal, recueillis jusqu'alors en Picardie, ont été, croyons-nous, assez rares.

Parmi eux, il convient de mentionner le demi-moule en pierre que nous reproduisons et qui fut trouvé dans un champ, à Wiry-au-Mont (1), par un ouvrier terrassier, lors de la construction de la ligne du chemin de fer d'intérêt local de Frévent à Gamaches, en 1870 (2).

C'est une pierre à grain fin, mesurant 0^m097 de longueur, sur 0^m055 de largeur et 0^m017 d'épaisseur, avec ses deux angles inférieurs complètement arrondis. Elle ne forme en réalité, nous le répétons, que la moitié seulement du moule qui était constitué dans son ensemble par deux parties

(1) Wiry-en-Vimeu, canton d'Hallencourt, arrondissement d'Abbeville, possédait une forteresse qui fut prise et détruite par les Anglais en 1330.

(2) Cette pierre nous a été donnée en 1872, par M. Auroux, entrepreneur-tâcheron des travaux de terrassements de la dite ligne de chemin de fer.

distinctes (supérieure et inférieure), à peu près
semblables.

Toutes les surfaces de cette pierre ont été soi-

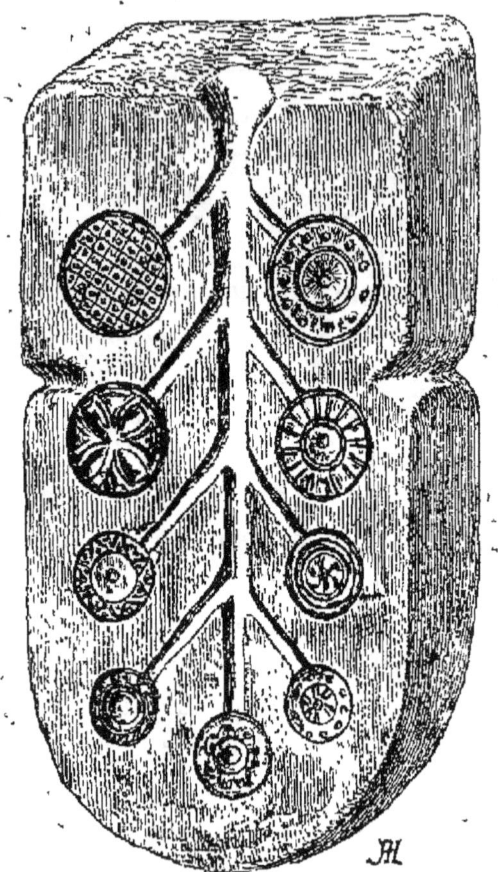

Demi-moule en pierre trouvé à Wiry-au-Mont.

gneusement polies. Au milieu de son épaisseur,
sur les côtés, se voient deux encoches dans lesquelles devaient passer des liens, peut-être des

lanières en cuir, destinées à réunir et à maintenir ensemble les deux parties du moule lors de l'opération de la fonte. A la partie supérieure et au milieu de la surface interne de notre pierre, on remarque un orifice taillé en forme de demi-cône, c'est-à-dire présentant un évasement propre à faciliter l'introduction du métal en fusion dans le moule. Ce trou se prolonge en ligne droite, au milieu de la pierre, et est creusé de manière à former une conduite principale qui se termine en s'amincissant. Des ramifications, ou canaux plus petits, se détachent à droite et à gauche du conduit principal pour aboutir à des entailles de forme circulaire gravées en creux. Ces dernières ont l'aspect de petites rondelles plates de peu d'épaisseur. Elles sont au nombre de neuf et sont placées, quatre à droite et quatre à gauche du canal principal, tandis que la dernière, plus petite, termine l'extrémité de la conduite principale.

Le diamètre de ces cavités varie de 0^m007 à 0^m011, sur une profondeur de 0^m002. Les ornements représentés sur les épreuves obtenues sont des plus simples, avec une variété de détails ou de motifs capricieux qui varient pour chacune d'elles. Le dessin que nous donnons fera comprendre mieux qu'une froide analyse, les diverses figures qui ornent leur surface. On y remarque des quadrillages ou des hachures qui se coupent à angle droit, des rosaces, des dessins en zigzag ou chevronnés avec perles saillantes, des cercles radiés, etc., etc.

Bien que l'opération de la coulée soit généralement connue, il importe peut-être, en la circonstance, de la rappeler brièvement, ne serait-ce que pour ce qui concerne le moule de Wiry. Ce travail ne présentait aucune difficulté. Il consistait à appliquer d'abord l'une sur l'autre, les deux surfaces internes du moule qui représentaient sur chacune d'elles, les figures gravées en creux, puis au moyen de liens passés dans les encoches creusées sur les côtés, on fixait les deux pierres. Ensuite, le moule était placé verticalement, et lorsque le métal à couler (plomb, étain, or, argent, bronze, etc.) était fondu dans le creuset, on en répandait le contenu dans le goulot d'introduction, et la matière fusible s'épanchait dans le canal principal pour se répandre dans les diverses ramifications, à l'extrémité desquelles, elle rencontrait les rondelles gravées en creux qu'elle remplissait et l'on obtenait ainsi les empreintes des pièces ou objets, coulés en relief et solidifiés. Il ne restait plus qu'à enlever les liens du moule et à rompre les ramifications ou branches qui reliaient les canaux aux rondelles.

On peut voir, dans les Musées, que plusieurs moules en pierre (1) sont munis de points· de repère ou de trous concordants, servant à passer

(1) Il est bien rare de retrouver des moules (à deux pierres) entiers; parmi ceux que nous avons examinés, les uns sont unifaces, les autres à deux faces et certains autres à faces opposées.

des broches pour raccorder d'une façon exacte les deux moitiés (supérieure et inférieure), de manière à leur assurer une fixité plus absolue pendant l'opération de la coulée ; ils sont munis aussi de trous d'évents pratiqués pour faciliter l'écoulement de la matière en fusion, mais notre moule ne possède aucun de ces accessoires.

L'absence de points de repère constatée sur le moule de Wiry, ne serait-elle pas un indice certain de son origine ancienne ? Les liens pour le fixer qui étaient en usage alors ne sembleraient-ils pas indiquer une industrie assez primitive ?

Quoique sa facture présente une certaine analogie avec ceux que nous avons examinés (1) et qui ont servi à couler, en plomb, ces petits orne-ments variés, ronds et plats trouvés dans la Seine à Paris et dans la Loire à Orléans (2); nous esti-mons que notre moule doit être antérieur à ces derniers, par la raison que nous avons émise au sujet des liens qui le fixaient, et aussi à cause du genre des dessins qui le caractérisent ; ce qui pourrait nous autoriser à en faire remonter l'origine à une époque bien antérieure.

(1) *Collection de plombs historiés trouvés dans la Seine et recueillis,* par M A. Forgeais. Paris, Aubry, 1862-1872, 6 vol. in-8°.

(2) Nous avons trouvé une certaine analogie entre le moule de Wiry et la figure donnée par M. Forgeais sur la couverture de son ouvrage : *Collection de plombs historiés,* etc , 1866, in-8° ; leur ressemblance est remarquable, à l'exception cependant que la gravure en question représente des points de repère qui n'existent pas sur le moule de Wiry.

En tous cas, nous ne saurions affirmer que ces petites pièces rondes et plates soient des monnaies, car on peut y reconnaître simplement des méreaux ou des objets de parure

OUVRAGES REÇUS

PENDANT LES TROISIÈME ET QUATRIÈME TRIMESTRES DE 1919

I. Le Ministère.

1° Annales du Musée Guimet, bibliothèque d'études, t. XXVIII.
— 2° Journal des savants, 1919, n°ˢ 4 à 10. — 3° Revue des
études grecques, n°ˢ 139 et 140. — 4° Revue historique,
t. CXXX, n° 2, 1919; t. CXXXI, n° 1, 1919.

II. Les Auteurs.

1° Baron X. de Bonnault (M le) : La première Ambulance
sous Henri IV. — 2° Destrée (M.) : Un livre d'heure peint par
Simon Marmion. — 3° Le Verdier (M.) : Voyage aux pays délivrés; Ce que nous avons vu. — 4° Pouchon (M. A.) : Les Villas
gallo-romaines en Picardie; Contribution à l'étude de la région
picarde aux premiers siècles de l'ère chrétienne. — 5° Roy
(M. Maurice) : La famille de Jean Bullant.

III. Dons.

1° Godet (Mᵐᵉ) : Les protestants à Abbeville au début des
guerres de Religion (1560-1572), par M. Marcel Godet. —
2° Guyencourt (M. de) : Mémoire pour les prieur et religieux
de l'abbaye royale de Notre-Dame de Foresmontier, Ordre de
Saint-Benoît, diocèse d'Amiens. — 3° Pillot (M.) : *A)* Règlement de la compagnie d'artillerie de la garde nationale d'Amiens.
— *B)* Discours prononcé par S. G. Monseigneur Dizien, évêque
d'Amiens, etc., à Sens.

IV. Acquisitions.

1° Anonyme : Amiens avant et pendant la guerre; un guide,
un panorama, une histoire. — 2° Soissons avant et pendant la
guerre; un guide, un panorama, une histoire. — 3° Souvenir
de la grande guerre; visite des régions dévastées du Nord de
la France, Lens, Arras, Albert. — 4° Souvenir de la grande
guerre; visite des régions dévastées du Nord de la France,

Montdidier, Chaulnes, Péronne, champs de bataille de la Somme. — 5° Auteurs divers : Aus städten und schlossern Nordfrankreichs, Cambrai. — 6° Dottin (M. G.) : La langue gauloise. — 7° Enlart (M. C.) · Manuel d'archéologie, t. I. Nouvelle édition. — 8° Erhard : La Tour, pastelliste de Louis XV. — 9° Fonsagrive (M.) : En batterie ! Verdun (1916), la Somme, l'Aisne, Verdun (1917). — 10° Fox (The rev. H. W) . Abbeville, Past and Présent. — 11° Gillet (M. L.) : Un type d'officier français, Louis de Clermont-Tonnerre, commandant de zouaves 1877-1919. — 12° Gosset (M. l'abbé) ; Une glorieuse mutilée, Notre-Dame de Brebières. — 13° Halley (M. F.) : Marius Touron, 1882-1915, etc. — 14° Ledru (M. A.) : La Cathédrale d'Amiens. — 15° Leroy (M H.) : Le bombardement d'Amiens en 1918. — 16° Picavet (M. J.) : Les régiments picards à la guerre. — 17° Rauch : Aus Städten und Schlossern Nordfrankreichs, Douai. — 18° Touron (Marius) : Glanes et copeaux. — 19° Waquet (H.) · Le Bailliage de Vermandois, etc. — 20° Watel (M. R.) · Histoires de Picardie.

TABLE DES MATIÈRES

TABLE

DES PLANCHES & ILLUSTRATIONS

Supplément au Bulletin n°⁵ 3-4, 1917.

SOCIÉTÉ

DES

ANTIQUAIRES DE PICARDIE

PROGRAMME DES CONCOURS

POUR LES ANNÉES 1918 ET 1919

I. — Prix d'Histoire. — Fondation Le PRINCE

Un prix de la valeur de **500** fr. à l'auteur du meilleur *Mémoire manuscrit sur un sujet d'histoire relatif à la Picardie, antérieur à 1789, laissé au choix des concurrents* (Histoire civile, religieuse, militaire, artistique ou littéraire ; même celle des légendes et des chansons en dialecte picard, en patois ou en français ; Etude du commerce et de l'industrie en Picardie ; Description des costumes usités en Picardie ; Publication de textes antérieurs au xiv⁰ siècle ; etc.).

L'auteur qui choisira pour sujet un groupe de communes, devra prendre un groupe historique ou administratif, ancien ou moderne, comme Pagus, Doyenné, Seigneurie, Canton, Arrondissement, etc.

La Société a décidé, dans son Assemblée générale de 1902, que, bien qu'aucun des travaux présentés ne doive traiter de questions **postérieures à l'année 1789**, on peut y citer, **accessoirement**, des faits qui se sont produits depuis cette époque.

II. — Prix d'Archéologie. — Fondation LE DIEU

Un prix de la valeur de **500** fr. à l'auteur du meilleur *Mémoire manuscrit d'archéologie, concernant la Picardie, au choix des concurrents.* (Description archéologique d'une église, d'un monument civil ou militaire, — Epigraphie. — Numismatique. — Tapisseries. — Vitraux. — Collection de dessins et relevés archéologiques inédits, etc.).

Comme pour le concours d'histoire, les auteurs pourront traiter **accessoirement** de questions archéologiques postérieures à 1789 mais relatives au sujet principal développé dans le corps de l'ouvrage, sujet toujours choisi antérieurement à cette date.

III. — Prix d'Archéologie. — Fondation PINSARD

Un prix de la valeur de **600** fr. à l'auteur de la meilleure *Etude archéologique soit sur le quartier d'Amiens correspondant à l'ancienne paroisse de St-Martin-au-Bourg, soit sur la rue des Trois-Cailloux, soit sur l'ancien cimetière St-Denis, soit sur le beffroi. (Sujets imposés).*

L'auteur devra utiliser les manuscrits de M. Pinsard déposés à la bibliothèque communale d'Amiens, en insistant spécialement sur les sous-sols de la ville, les fouilles qui y furent faites, les conclusions à en tirer, et sur les édifices de tous genres qui existaient dans le quartier désigné.

CONDITIONS GÉNÉRALES

Les Mémoires seront adressés avant le **1ᵉʳ Juillet** 1918 ou 1919, à M. le Secrétaire perpétuel de la Société des Antiquaires de Picardie, au Musée d'Amiens, ils ne seront point signés et porteront une devise qui sera répétée sur un billet cacheté renfermant le nom et l'adresse de l'auteur.

Les commissions des concours prendront en considération les qualités du style.

Les mémoires présentés ne devront point contenir de *dédicace.*

Ils seront paginés et écrits seulement au recto.

Ils devront être *inédits* et n'avoir point été présentés à d'autres Sociétés.

L'auteur qui se fera connaître sera, par ce seul fait, exclu du concours.

Tout mémoire présenté au Concours deviendra la propriété de la Société ; l'auteur ne pourra le retirer, ni le faire imprimer, sans l'autorisation expresse de la Société et sans spécifier expressément, au début de l'ouvrage, que la Société n'est pas responsable de son contenu ; mais il aura la faculté d'en garder, d'en prendre, ou d'en faire prendre copie sans déplacement du manuscrit. — Cependant l'auteur d'un travail non récompensé pourra, en se faisant connaître, rentrer en possession de son manuscrit. — Les rapports sur les mémoires présentés au concours ne seront pas lus en séance publique où l'on proclamera seulement les noms des lauréats, mais une brève analyse, qui en donnera la substance, sera insérée dans le bulletin de la Société.

La Société ne prend en aucune façon l'engagement de publier à ses frais tout mémoire récompensé ou même couronné.

Publications in-f° Jésus

Publications in-8°

Ces ouvrages se trouvent au Musée de Picardie. S'adresser, pour les demandes d'achat, à M. le Secrétaire perpétuel, au Musée.

La Société rachète volontiers, ou échange contre d'autres, celles de ses publications qu'elle ne possède plus. — S'adresser dans ce but à M. le Secrétaire perpétuel, au Musée.

Le Gérant : Th. TELLIER.

BULLETIN TRIMESTRIEL

DE LA

SOCIÉTÉ DES ANTIQUAIRES

DE PICARDIE

ANNÉE 1917 — 2me TRIMESTRE

AMIENS

IMPRIMERIE YVERT & TELLIER

37, Rue des Jacobins et 52, Rue des Trois-Cailloux

1917

SOMMAIRE

PUBLICATIONS

DE LA SOCIÉTÉ DES ANTIQUAIRES DE PICARDIE

Prix fixés pour les Membres de la Société

Les volumes non indiqués sont épuisés

Mémoires in-8°

Publications in-f° Jésus

Publications in-8°

Ces ouvrages se trouvent au Musée de Picardie. S'adresser
pour les demandes d'achat, à M. le Secrétaire perpétuel, au Musée.

------

*La Société achète volontiers, ou échange contre d'autres,
celles de ses publications qu'elle ne possède plus. — S'adresser
dans ce but à M. le Secrétaire perpétuel, au Musée.*

Le Gérant : Th. TELLIER.

BULLETIN TRIMESTRIEL

DE LA

SOCIÉTÉ DES ANTIQUAIRES

DE PICARDIE

Année 1917. — 3ᵐᵉ et 4ᵐᵉ Trimestres

AMIENS

IMPRIMERIE YVERT & TELLIER

37, Rue des Jacobins et 52, Rue des Trois-Cailloux

1918

SOMMAIRE

PUBLICATIONS

DE LA SOCIÉTÉ DES ANTIQUAIRES DE PICARDIE

Prix fixés pour les Membres de la Société

Les volumes non indiqués sont épuisés

Mémoires in-8°

Publications in-f° Jésus

La Picardie Historique et Monumentale. Fondation Soyez

Tome I. Arrondissement d'Amiens.
  1er fascicule. Cathédrale d'Amiens . . . . 10 »
Tome II. Arrondissement de Montdidier.
  2e fascicule. Cantons d'Ailly-sur-Noye et de Moreuil . 10 »
Tome III. Arrondissement d'Abbeville.
  1er fascicule. Abbeville et ses cantons . . . . 10 »
Tome IV. Arrondissement d'Abbeville.
  1er fascicule. Canton de Gamaches . . . . 10 »
  3e fascicule. Canton d'Ailly-le-Ht-Clocher (2e partie,
    Saint-Riquier) . . . . 30 »
Tome V. Arrondissement de Doullens.
  1er fascicule. Ville et Canton de Doullens . . . . . . 10 »
  2e fascicule. Cantons de Domart et de Bernaville . . 10 »
  3e fascicule. Canton d'Acheux . . . . 10 »

Album archéologique. Fascicules 1-8, 10, 11, 14-16.
  Le fascicule . . . . 3 »
Cueilloir de l'Hôtel-Dieu d'Amiens (1277), par
  G. Boudon 1 50
Catalogue des manuscrits de la Bibliothèque, par
  M. G. Brunel 1 50

Publications in-8°

Dictionnaire historique et archéologique de la Picardie.
  Tome II. Arrondissement d'Amiens, cantons de Corbie,
    Hornoy et Molliens-Vidame . . . . 3 »
Le Canton de Bernaville, par l'abbé Théodose Lefèvre 1 »
Catalogue de la Bibliothèque de la Société. Série N
  (Ouvrages relatifs aux départements de l'Aisne, du
  Nord, de l'Oise, du Pas-de-Calais et de la Seine
  Inférieure) 1 50
Idem. Séries O.—T. (Ouvrages relatifs au département
  de la Somme) 1 50
Plusieurs brochures relatives à la construction du Mu-
  sée de Picardie et à la Loterie picarde. La brochure. 0 10
Catalogues des Expositions rétrospectives organisées
  par la Société 0 10

Ces ouvrages se trouvent au Musée de Picardie. S'adresser,
pour les demandes d'achat, à M. le Secrétaire perpétuel, au Musée.

---

*La Société achète volontiers, ou échange contre d'autres,
celles de ses publications qu'elle ne possède plus.— S'adresser
dans ce but à M. le Secrétaire perpétuel, au Musée.*

BULLETIN TRIMESTRIEL

DE LA

SOCIÉTÉ DES ANTIQUAIRES

DE PICARDIE

Année 1918. — 1er et seul Trimestre

AMIENS
IMPRIMERIE YVERT & TELLIER
37, Rue des Jacobins et 52, Rue des Trois-Cailloux

1919

SOMMAIRE

PUBLICATIONS

DE LA SOCIÉTÉ DES ANTIQUAIRES DE PICARDIE

Prix fixés pour les Membres de la Société

Les volumes non indiqués sont épuisés

Mémoires in-8°

BULLETIN TRIMESTRIEL

DE LA

SOCIÉTÉ DES ANTIQUAIRES

DE PICARDIE

Année 1919. — 1er et 2e Trimestres

AMIENS

IMPRIMERIE YVERT & TELLIER

37, Rue des Jacobins et 52, Rue des Trois-Cailloux

1919

PUBLICATIONS

DE LA SOCIÉTÉ DES ANTIQUAIRES DE PICARDIE

Prix fixés pour les Membres de la Société

Les volumes non indiqués sont épuisés

Mémoires in-8°

Tome II, 1839	3 »
Tome IX, 1848	3 »
Tome X, 1850	3 »
Tome XIII, 1854	3 »
Tomes XV à XXX inclusivement, 1856-1889. Le vol.	3 »
Tomes XXXV à XXXVIII, 1908 à 1916. Le vol.	3 »

BULLETIN TRIMESTRIEL

DE LA

SOCIÉTÉ DES ANTIQUAIRES

DE PICARDIE

Année 1919. — 3º et 4º Trimestres

AMIENS

IMPRIMERIE YVERT & TELLIER

51, Rue des Jacobins et 52, Rue des Trois Cailloux

1920

SOMMAIRE

PUBLICATIONS

DE LA SOCIÉTÉ DES ANTIQUAIRES DE PICARDIE

Prix fixés pour les Membres de la Société

Les volumes non indiqués sont épuisés

Mémoires in-8°

Tome II, 1839	3 »
Tome IX, 1848	3 »
Tome X, 1850	3 »
Tome XIII, 1854	3 »
Tomes XV et XVI, 1858-1859. Le vol.	3 »
Tomes XVIII à XXX inclusivement, 1861-1889. Le vol.	3 »
Tomes XXXV à XXXVIII, 1908 à 1916. Le vol.	3 »

Mémoires in-4°

Publication in-4°

Bulletin

Bulletins : fascicules séparés à 0 fr. 50

I. Années complètes

1862, 67, 1871, 79, 1881, 84, 85, 88, 1890, 93, 94, 97, 99,
1902, 4, 5, 6, 7, 8, 1911, 2, 4, 5, 6, 7, 8, 9.

II. Années incomplètes.

1842, n° 2. — 1848, n°s 3, 4. — 1855, n°s 2, 4. — 1856,
n°s 2, 3. — 1857, n° 1. — 1864, n° 4. — 1865, n°s 1, 2. — 1869,
n° 3. — 1870, n°s 2, 3, 4. — 1872, n°s 1, 2, 3. — 1873, n° 3.
— 1874, n°s 1, 2, 4. — 1875, n°s 1, 3, 4. — 1876, n° 1. —
1878, n°s 2, 3, 4. — 1882, n°s 1, 2, 3. — 1883, n°s 1, 4. — 1886,
n°s 1, 3, 4 — 1889, n°s 2, 3, 4. — 1891, n°s 2, 3, 4. — 1892,
n°s 1, 2. — 1895, n°s 1, 2, 3. — 1896, n°s 1, 2, 3. — 1898,
n° 4. — 1900, n°s 2, 3, 4. — 1901, n°s 1, 2 — 1903, n°s 1,
2, 3. — 1909, n°s 2, 3, 4. — 1910, n° 2. — 1913, n°s 1, 2, 4.

Publications in-4° Jésus

Monographie de la Cathédrale d'Amiens, par M. Georges
Durand, archiviste départemental, membre correspondant de l'Institut. Nombreuses héliogravures.

1920